全民健身竞赛简明裁判法

主　编　季汝元　袁同春

副主编　秦文明

编　委　（以姓氏笔画为序）

王　勇（大）	王　勇（小）	朱五一
刘飞虎	刘东辉	祁　红
孙洪涛	杨冒南	吴　坚
时　平	邹钧人	张亚琼
郑国祥	赵　丹	秦文明
袁同春	耿　源	柴业宏
徐　艳	程　亮	霍忠军

主　审　成守允　邓　玉　刘昌艳

合肥工业大学出版社

前　言

随着人们生活水平的提高，健身运动成为广大人民群众日益关注的热点和追求。大众体育的蓬勃开展，迫切需要普及相关的裁判法。

本书较全面、系统、科学地介绍了全民健身运动项目竞赛组织、编排和裁判法，具体包括：田径、篮球、排球、足球、手球、羽毛球、乒乓球、网球、毽球、健身健美操、健美、体育舞蹈、拉拉队、传统项目、跆拳道、自行车运动、游泳、台球和趣味运动等。

考虑到当前我国全民健身运动的现状及发展所需，本书在具体竞赛方法和阐释上作了适度的取舍，努力做到理论与实践相统一。本书简明扼要，实用性较强，可满足业余裁判员、体育专业学生、从事体育工作的工会管理员、社会体育指导员及健身运动爱好者的需求。

本书由合肥工业大学体育部部分老师参加编写。全书由季汝元、袁同春担任主编，秦文明担任副主编，成守允、邓玉、刘昌艳担任主审。

本书在编写过程中，广泛参阅了国内已出版的相关资料，在此一并致谢。由于我们的水平所限，其中难免有误和不妥之处，诚请广大读者批评指正，并以中国各体育项目协会对各个项目规则和裁判员手册的最新解释为准。

在本书的编写和出版过程中得到了合肥工业大学出版社和合肥工业大学体育部的合作与支持，在此表示最衷心的感谢。

编　者

2011年4月

目　录

第一章　田　径……………………………………………………（1）
第一节　径赛项目……………………………………………（1）
第二节　田赛项目 ……………………………………………（13）
第二章　篮　球 ………………………………………………（32）
第一节　规则简介 ……………………………………………（32）
第二节　裁判法简介 …………………………………………（42）
第三节　3人篮球比赛规则 …………………………………（45）
第四节　比赛的组织与编排 …………………………………（47）
第三章　排　球…………………………………………………（52）
第一节　竞赛工作 ……………………………………………（52）
第二节　比赛编排和成绩计算方法 …………………………（55）
第三节　裁判法简介 …………………………………………（60）
第四节　软式排球竞赛简介 …………………………………（77）
第五节　沙滩排球简介 ………………………………………（80）
第四章　足　球 ………………………………………………（85）
第一节　11人制足球比赛规则………………………………（85）
第二节　11人制足球比赛裁判法简介 ……………………（104）
第三节　小型足球的竞赛规则与裁判法……………………（107）
第五章　手　球………………………………………………（119）
第一节　竞赛规则简介………………………………………（119）
第二节　裁判员临场分工和配合……………………………（132）
第六章　羽毛球………………………………………………（135）
第一节　规则简介……………………………………………（136）
第二节　裁判法………………………………………………（143）

第七章 乒乓球…………………………………………………(151)
第一节 比赛的主要规则……………………………………(151)
第二节 比赛的组织与编排…………………………………(170)
第八章 网 球…………………………………………………(175)
第一节 竞赛规则简介………………………………………(175)
第二节 比赛的编排方法……………………………………(185)
第三节 裁判的分工职责……………………………………(188)
第九章 毽 球…………………………………………………(193)
第一节 竞赛规则简介………………………………………(193)
第二节 竞赛裁判法…………………………………………(201)
第十章 健身健美操……………………………………………(213)
第一节 竞赛的组织…………………………………………(213)
第二节 中国学生健身健美操竞赛评分规则………………(217)
第十一章 健 美………………………………………………(234)
第十二章 体育舞蹈……………………………………………(244)
第一节 竞赛组织方法………………………………………(244)
第二节 竞赛特点……………………………………………(250)
第三节 裁判工作……………………………………………(252)
第四节 计 分………………………………………………(256)
第十三章 拉拉队………………………………………………(265)
第一节 总 则………………………………………………(265)
第二节 评分规则……………………………………………(269)
第三节 评分办法……………………………………………(275)
第十四章 传统项目……………………………………………(278)
第一节 组织机构……………………………………………(278)
第二节 太极拳竞赛规则……………………………………(280)
第三节 木兰拳竞赛规则……………………………………(287)
第十五章 跆拳道………………………………………………(294)
第一节 竞赛规则(竞技)……………………………………(294)
第二节 竞赛裁判法简介……………………………………(307)

第三节　跆拳道品势比赛规则简介……………………（310）
第十六章　自行车运动……………………………………（318）
第一节　项目简介………………………………………（318）
第二节　竞技比赛项目的分类…………………………（319）
第三节　休闲比赛项目的分类…………………………（325）
第十七章　游　泳………………………………………（328）
第一节　裁判员 ………………………………………（328）
第二节　比赛通则………………………………………（332）
第三节　各项泳式的比赛规定…………………………（336）
第四节　场地和器材设备………………………………（338）
第十八章　台　球………………………………………（342）
第一节　斯诺克(Snookered)标准规则 ………………（342）
第二节　美式普尔(8 球)标准规则 …………………（358）
第三节　9 球规则及裁判法 ……………………………（362）
第十九章　趣味运动……………………………………（365）
参考文献…………………………………………………（373）

第一章 田径

本章内容涉及的田径竞赛规则部分是以国际田径联合会(国际田联)颁发的《2008竞赛规则》为依据,依照中国田径协会《田径竞赛规则2008》编写的,主要为社会各界体育爱好者、社会团体和组织开展田径类竞赛活动提供简要的规则和组织裁判方法。

第一节 径赛项目

一、跑道测量

(一)标准跑道全长应为400米,由两个平行的直道和两个半径相等的弯道组成。跑道内侧应由适宜的材料制成突沿加以分界。突沿高约5厘米,宽至少5厘米。

(二)应在跑道内突沿外沿以外30厘米处测量跑道长度。如无内突沿,则应在标志线以外20厘米处进行测量。

(三)赛跑的距离应从起跑线后沿量至终点线后沿。

(四)400米及以下各项径赛中,每位运动员应占有一条分道,分道宽应为1.22米(误差1厘米),分道线宽5厘米,所有分道宽应相同。

(五)跑道的最大左右倾斜度不得超过1∶100,在跑进方向上的向下倾斜度不得超过1∶1 000。

二、起跑器

400米及以下(包括4×400米接力的第一棒)各项径赛的起跑必须使用起跑器,其他径赛项目的起跑不得使用起跑器。在跑道上安放起跑器时，起跑器的任何部分不得触及起跑线或延伸至其他分道。

起跑器必须符合下列规格：起跑器的结构必须十分坚固，不会给运动员以不公正的利益。

可用销钉或钉子将起跑器固定在跑道上。安放后应能快速、方便地撤掉。

三、起跑

（一）应用5厘米宽的白线标出起跑线。所有不分道的径赛项目，起跑线应为弧线，从而使所有运动员从与终点相同的距离处开始起跑。所有项目的出发位置应面对跑进方向，从左至右编号。

（二）所有径赛项目比赛时，发令员均应在确认运动员处于稳定状态、起跑姿势正确之后，使用发令枪或经批准的发令器材朝天鸣放起跑。

（三）在所有国际比赛中，400米及以下的各项径赛（包括4×400米接力），发令员应用本国语言或英语和法语中的一种语言发令："各就位（On your mark）"、"预备（Set）"，当运动员全部"预备"就绪，即可鸣枪或启动经批准的发令器材。

400米以上的各个项目，起跑时只使用"各就位"口令，在所有运动员稳定时鸣枪或启动经批准的发令器材。起跑时，运动员的手不得触地。

（四）400米及以下的各项径赛（包括4×400米接力的第一棒），运动员必须使用起跑器进行蹲踞式起跑。运动员已就位时，其双手或双脚均不得触及起跑线或起跑线前的地面。

（五）在"各就位"或"预备"口令发出后，所有运动员均应立即做好最后的预备姿势，不得延误。

（六）运动员在做好最后预备姿势之后，只能在接收到发令装置发出的信号之后开始起跑。如果发令员或者召回发令员认为有任何在发令装置发出的信号之前开始动作，都将判为起跑犯规。

（七）对第一次起跑犯规的运动员应给予警告。除全能项目之外，每项比赛只允许一次起跑犯规而运动员不被取消资格，之后每次起跑犯规的运动员均将被取消该项目的比赛资格。

在全能项目中，如果一名运动员两次起跑犯规，将被取消比赛资格。

（八）若发令员或任何一位召回发令员认为本次起跑不公允，将鸣枪召回运动员。

四、跑进的方向和分道编号

跑进的方向应为左手靠内场方向。分道编号应以左手最内侧的分道为第一分道。

五、阻挡

运动员挤撞或阻挡别人，从而妨碍其他运动员行走或跑进时，应取消其该项目的比赛资格。在比赛中如发生此类情况，有关裁判长有权命令除被取消资格以外的运动员重赛。

六、分道跑

（一）在分道跑的比赛中，运动员自始至终在自己的分道内跑进。当运动员在弯道上或在标记跑道内侧的线上或线内跑进时，如果有关裁判长确认了一位裁判员、检查员或其他人员关于某运动员跑出了自己分道的报告，则应取消该运动员的比赛资格。

（二）运动员由于受他人推、挤或被迫跑出自己的分道，但未从中获得利益，不应取消其比赛资格。

如果运动员发生下列情况之一的，且未阻挡其他运动员，同样不应被取消资格：

1. 在直道上跑出自己的分道，没有获得实际利益；

2. 在弯道上跑出自己的分道外侧分道线，没有获得实际利益。

七、离开跑道

运动员自愿离开跑道后，将不得继续参加该项目比赛。

八、标记

除分道接力赛跑外，运动员不得在跑道上做标记，也不得在跑道上或沿跑道放置对他有帮助的标志物。

九、终点

（一）应用 5 厘米宽的白线标出终点线。

（二）判定运动员的终点名次，应以其躯干（不包括头、颈和四肢）的任何部位抵达终点线后沿垂直面的先后顺序为准。

十、计时和终点摄像

（一）下列计时方法均被承认为正式计时：

以终点摄像系统为基础的全自动计时；手动计时。

（二）计时应以至运动员躯干（不包括头、颈和四肢）的任何部位抵达终点线后沿垂直面的瞬间为止。

（三）需记录所有抵达终点的运动员时间。如有可能，计取 800 米及以上项目的每圈时间和 3 000 米及以上项目的每 1 000 米时间。

（四）计时员应在跑道外侧，与终点线呈一条直线。如有可能，计时员的位置应距离跑道外侧至少 5 米远，为使所有的计时员都能清楚地观察到终点情况，应提供升高的计时台。

（五）计时员应使用机械秒表或人工操作的数字式电子秒表。

（六）分段或圈时间，应指定计时组的计时员使用可计取分段时间的秒表，或另安排计时员计取。

（七）计时应从发令枪或经批准的发令器材发出的闪光或烟开始。

（八）每个项目的第一名成绩应由三名正式的计时员（其中一人为主计时员）和一至两名后备计时员计取。

（九）每名计时员都应独立工作，不得让其他任何人看表或讨论其所计成绩，将成绩填写在成绩记录卡内，签名后交主计时员。主计时员可以验表，以核对所报成绩。

（十）在跑道上举行的径赛项目，手计时成绩应判读到较差的1/10秒。部分或全部在场外举行的径赛项目，手计时成绩应判读到较差的整秒。如马拉松 2∶09∶44.3 应进位成 2∶09∶45。

停表时，如果指针停在两线之间，应按较差的时间计算。使用1/100秒的秒表或人工操作的数字式电子秒表，当百分位不为零时，应进位至较差的1/10秒，如10.11秒应进位成10.2秒。

（十一）在三只正式表中，两只表所计时间相同而第三只不同时，应以这两只表所计时间为准；如三只表所计时间各不相同，就以中间时间为准；如只用两只表，而所计时间不相同时，应以较差的时间作为正式成绩。

十一、径赛项目的运动员排序、抽签和录取

（一）赛次和分组

1. 参赛运动员人数过多，不能在一个赛次（决赛）中进行比赛的径赛项目，应举行若干赛次的比赛（分组赛）。举行决赛前各赛次比赛时，所有运动员都必须参赛，并通过各个赛次取得决赛资格。

2. 应由技术代表安排比赛的预赛、次赛和复赛。如未认命技术代表，则应由组委会安排。如无特殊情况，应使用下表确定径赛项目和赛次、各赛次的组数和每一赛次的录取方法。

表 1－1　100 米、200 米、400 米、100 米栏、110 米栏、400 米栏

报名人数	第一赛次	录取人数		第二赛次	录取人数		第三赛次	录取人数	
	组数	按名次	按成绩	组数	按名次	按成绩	组数	按名次	按成绩
9～16	2	3	2						
17～24	3	2	2						
25～32	4	3	4	2	3	2			
33～40	5	4	4	3	2	2			
41～48	6	3	6	3	2	2			
49～56	7	3	3	3	2	2			
57～64	8	3	8	4	3	4	2	4	
65～72	9	3	5	4	3	4	2	4	
73～80	10	3	2	4	3	4	2	4	
81～88	11	3	7	5	3	1	2	4	
89～96	12	3	4	5	3	1	2	4	
97～104	13	3	9	6	3	6	3	2	2
105～112	14	3	6	6	3	6	3	2	2

表 1－2　800 米、4×100 米、4×400 米

报名人数	第一赛次	录取人数		第二赛次	录取人数		第三赛次	录取人数	
	组数	按名次	按成绩	组数	按名次	按成绩	组数	按名次	按成绩
9～16	2	3	2						
17～24	3	2	2						
25～32	4	3	4	2	3	2			
33～40	5	4	4	3	2	2			
41～48	6	3	6	3	2	2			

（续表）

报名人数	第一赛次	录取人数		第二赛次	录取人数		第三赛次	录取人数	
	组数	按名次	按成绩	组数	按名次	按成绩	组数	按名次	按成绩
49～56	7	3	3	3	2	2			
57～64	8	2	8	3	2	2			
65～72	9	3	5	4	3	4	3	2	2
73～80	10	3	2	4	3	4	3	2	2
81～88	11	3	7	5	3	1	3	2	2
89～96	12	3	4	5	3	1	3	2	2
97～104	13	3	9	6	3	6	3	2	2
105～112	14	3	6	6	3	6	3	2	2

表 1-3　1 500 米、3 000 米

报名人数	第一赛次	录取人数		第二赛次	录取人数	
	组数	按名次	按成绩	组数	按名次	按成绩
16～30	2	4	4			
31～45	3	6	6	2	5	2
46～60	4	5	4	2	5	2
61～75	5	4	4	2	5	2

如有可能，在比赛的所有赛次中要将同一国家或同一队的运动员编在不同的组内。

3. 第一赛次之后，应按下列程序安排运动员后继赛次的分组。

100 米至 400 米跑、4×400 米及较短距离的各项接力，应根据运动员前一赛次的名次和成绩，依照蛇形分布的方法编入各组。例如用下列方法将排序录取的 24 名运动员编为三组。

A组：	1	6	7	12	13	18	19	24
B组：	2	5	8	11	14	17	20	23
C组：	3	4	9	10	15	16	21	22

抽签排定A、B、C三组的比赛顺序。

4. 100米至800米的各项径赛、4×400米及以下各项接力赛，如在一次比赛中要连续进行几个赛次时，应按下列规定抽签排定道次：

(1)第一个赛次，抽签排定道次。

(2)对于后继赛次，应在每一赛次之后对运动员排序，然后分三次抽签排定道次：

选择排列前四名的运动员或运动队，抽签排定3、4、5、6道。选择排列第五、第六名的运动员或运动队，抽签排定7、8道。选择排列后两名的运动员或运动队，抽签排定1、2道。

5. 如有可能，在任一赛次和最后一组及后继赛次或决赛的第一组之间，必须留出的最短间隔时间分别为：

200米及以下各项目为45分钟；

200米以上至1 000米各项目为90分钟；

1 000米以上各项目不在同一天举行。

(二)成绩相等

成绩相等时应采用下列方法解决：

在任一赛次中，按成绩录取进入下一赛次时，如运动员成绩相等，则终点摄像主裁判应考虑1/1 000秒的实际时间，如依然相等，则有关运动员均进入下一赛次。如实际条件不允许，应抽签决定进入下一赛次的人选。

决赛中出现第一名成绩相等，有关裁判长有权根据实际情况决定这些运动员是否需要重新比赛，如该裁判长认定无法安排重赛，则成绩相等的运动员名次并列。其他名次的运动员成绩相等时，按并列处理。

当用手计时出现成绩相等时，应根据判读的1/100秒成绩处理。

(三)跨栏跑

1. 距离

标准比赛距离如下：

成年男子、青年男子和少年男子：110 米，400 米。

成年女子、青年女子和少年女子：100 米，400 米。

每条分道按下表设置 10 个栏架。

表 1-4　成年男子、青年男子和少年男子栏架的设置　（单位：米）

组别	全程距离	栏架高度	起点至第一栏	栏间距离	最后一栏至终点
成年男子	110	1.067	13.72	9.14	14.02
	400	0.914	45	35	40
青年男子	110	0.990	13.72	9.14	14.02
	400	0.914	45	35	40
少年男子	110	0.914	13.72	9.14	14.02
	400	0.840	45	35	40

表 1-5　成年女子、青年女子和少年女子栏架的设置　（单位：米）

组别	全程距离	栏架高度	起点至第一栏	栏间距离	最后一栏至终点
成年女子	100	0.840	13	8.50	10.50
	400	0.762	45	45	40
青年女子	100	0.840	13	8.50	10.50
	400	0.762	45	45	40
少年女子	100	0.762	13	8.50	10.50
	400	0.762	45	45	40

放置在跑道上的栏架底座的支架应指向运动员的跑来方向。放置栏架时,栏板后沿应与跑道上放置栏架的标记后沿重合。

2. 结构

栏架应由金属或其他适宜材料制成,栏顶横木系木料或其他适宜材料。栏架应包括两个底座支架和由一条或数条横木加固的用以支撑长方形框架的两根立柱。立柱固定于底座的末端。在横木顶端中央水平方向至少要施加 3.6 千克的重力才能使栏架翻倒时,栏架设计方为合格。栏架高度可按不同项目进行调整。栏架配重按栏架的不同高度调整,使各种高度的栏架均需 3.6～4 千克的重力方可被推倒。

3. 栏架规格

表 1-6　栏架的标准高度　　　(单位:米)

项目	男子			女子		
	成年	青年	少年	成年	青年	少年
110/100	1.067	0.990	0.914	0.840	0.840	0.762
400	0.914	0.914	0.84	0.762	0.762	0.762

注:由于制造的差异,青年男子 110 米栏架高度最高为 1.000 米。

栏架宽度为 1.18～1.20 米,栏架底座最长为 70 厘米,栏架总重量不得少于 10 千克。制作栏架时,栏架高度的允许误差为 ±3 毫米,栏架顶横木宽 7 厘米,厚 1.0～2.5 厘米,边缘应圆滑,两端应固定,栏顶横木应漆成黑白相间的颜色或其他强烈醒目的对比颜色,两端为浅色条纹,其宽度至少有 22.5 厘米。

4. 所有跨栏跑项目均为分道跑,运动员应自始至终在各自分道跑进。

5. 运动员应跨越每一个栏架,如果没有达到要求,将取消比赛资格。下列情况将被取消比赛资格:

(1)在跨栏瞬间其脚或腿低于栏顶水平面;

(2)跨越其他分道内的栏架;

(3)裁判长认为运动员有意撞倒栏架。

(四)接力赛跑

1. 应在跑道上画出5厘米宽的横线标明各段之间的距离和接力区中心线。

2. 每个接力区的长度为20米,在中心线前后各10米。接力区的开始和结束都从接力区分界线的后沿算起。

3. 4×400米第一接力区的中心线与800米起跑线相同。

4. 起/终点线(第一直曲段分界线)前后10米之间的距离为4×400米接力的第二、第三接力区。

5. 进入非终点直段处的弧线,表示允许第二棒运动员(4×400米)可以离开各自的分道,切入内道。

6. 4×100米接力应为全程分道跑。

7. 4×100米接力项目的第二、三、四棒运动员可从接力区后面10米以内的地方起跑,应在每条分道上清楚标明此预跑线的位置。

8. 4×400米接力的第一次交接棒应在各自分道内完成,第二棒及以后各棒运动员必须在接力区内起跑。

9. 4×400米接力的第三、四棒的运动员应在指定裁判员的指挥下,按照同队传棒运动员跑完200米时的先后顺序(由里向外)排列各自的接棒位置。一旦传棒运动员跑过200米处,接棒运动员必须保持其排列顺序,不能改变其在接力区起点处的位置。任何运动员不遵守本规定,均被取消其接力队的比赛资格。

10. 在不分道的接力比赛中,接棒运动员在同队传棒队员即将到达时,可移向跑道内侧的位置接棒,但不得冲撞、阻挡其他运动员,以致于妨碍其跑进。

11. 标志物。当接力的全程或第一棒为分道跑时,运动员可在自己分道内用胶布做一个标志,其最大尺寸为5厘米×40厘米,颜色应明显区别于跑道上其他永久性标志。不允许使用粉笔或其他任何擦不掉痕迹的类似物质。不得使用其他标志物。

12. 接力棒应为光滑的空心圆管，由整段木料、金属或其他适宜的坚固材料制成，长度为28～30厘米，周长为12～13厘米，重量至少为50克。接力棒应涂成彩色，以便于在比赛中明显可见。

13. 运动员必须手持接力棒跑完全程。不允许运动员戴手套或在手上放置某种物质以便更好地抓握接力棒。如发生掉棒，必须由掉棒运动员捡起。允许掉棒运动员离开自己的分道捡棒，但不得因此缩短比赛距离。

14. 在所有接力赛跑中，都必须在接力区内传递接力棒。接力棒的传递开始于接力棒第一次触及接棒运动员，只有接棒运动员手持接力棒的瞬间才算完成传递。仅以接力棒和位置决定是否在接力区内完成接力，而不取决于运动员的身体或四肢的位置。在接力区外传接棒将被取消比赛资格。

15. 运动员在接棒前和传棒后，均应留在各自的分道或接力区内，直到跑道畅通，以免阻挡其他运动员。如果运动员在其分段终点处跑离所在位置或跑出分道，而故意阻碍其他接力队员，则应取消该队的比赛资格。

16. 凡通过推动跑出或采用其他方法得到帮助的，应取消该队比赛资格。

17. 参加接力比赛的任何轮次的4名运动员，可以是报名参加比赛的任何运动员，包括参加其他项目比赛的运动员，然而，一旦接力队开始比赛，只允许该队有两人作为替补队员参加比赛。如果违反此规定，将取消该队比赛资格。

18. 按力队的队员和各棒的顺序，须在每一赛次第一组的第一次检录前至少1小时正式申报。如再次变动，必须经由组委会任命的一名医务官员进行验证，但也只能在该接力队所在组最后一次检录之前提出。如果违反此规定，将取消该队比赛资格。

第二节　田赛项目

一、在比赛区域的准备活动

（一）比赛开始前，每名运动员均可以在比赛区域练习试掷或试跳。投掷项目的练习试掷应始终在裁判员的监督下按抽签排定的顺序进行。

（二）一旦比赛开始，不允许运动员使用下列内容进行练习：

1. 助跑道或起跳区；

2. 各种器材；

3. 投掷圈或落地区地面，无论徒手或持器械。

二、助跑标志物

（一）在使用助跑道的田赛项目中，应沿助跑道旁边放置标志物，跳高助跑的标志物可放置在助跑道上。每名运动员可放置1～2个标志物（由组委会批准或提供），以帮忙运动员助跑和起跳。如未提供此类标志物，运动员可使用胶布，但不得使用粉笔或任何不易去除痕迹的类似物质。

（二）在投掷圈内比赛的投掷项目，比赛中运动员仅允许使用一个标志物，可直接放置在投掷圈后面或紧靠投掷圈附近。仅限运动员在自己试投期间临时放置，并且不能干扰裁判员的视线。落地区内及其旁边不能放置任何个人标志物。

三、比赛顺序

运动员应按抽签的顺序参加比赛。如有及格赛，则决赛的顺序应重新抽签。

四、试跳(掷)

(一)除跳高和撑竿跳高外,在其他田赛项目中如参赛运动员多于8人,则每名运动员均有3次试跳(掷)机会,有效成绩最好的前8名运动员可再试跳(掷)3次。

当运动员人数只有8人或少于8人时,每人均有6次试跳(掷)机会。

(二)除了世界锦标赛和奥运会之外,其他所有国际比赛中,田赛远度项目试跳(掷)的次数可以减少。

五、试跳(掷)的完成

(一)试跳(掷)完成后裁判员才能举白旗表示试跳(掷)成功。

(二)在田赛项目中,如果参赛运动员人数较多而无法顺利进行决赛时,应举行及格赛。举行及格赛时,所有运动员都必须参加,通过及格赛获得决赛资格。及格赛的成绩不能成为正式比赛的成绩。

(三)将运动员分成两组或多组进行及格赛。比赛时,应提供各组在相同时间和同等条件下进行比赛的设施,否则应在上一组比赛结束后,立即进行下一组的准备活动。

(四)运动会超过三天的,建议在高度跳跃项目的及格赛与决赛之间安排一天休息。

(五)由技术代表决定及格条件,如及格标准和进入决赛的运动员人数。如没有任命技术代表,则由组委会决定。

(六)在及格赛中,除跳高和撑竿跳高之外,每名运动员最多有3次试跳(掷)机会。一旦运动员达到及格标准,不得继续参加及格赛。

(七)如果运动员均未达到事先制定的及格标准或达标人数少于规定人数,则应根据运动员在及格赛中的成绩,补齐进入决赛的人数。

六、比赛时阻挡

在田赛的某一次试跳(掷)中,由于任何原因使运动员受阻,有关裁判长有权予以补试机会。

七、延误比赛

田赛项目比赛时,运动员无故延误试跳(掷)时间,将不允许其参加该次试跳(掷),并被记录为该次试跳(掷)失败。

表 1-7　一般不应超过下列时限　　(单位:分钟)

仍在参赛的运动员人数	单项			全能		
	跳高	撑竿跳高	其他项目	跳高	撑竿跳高	其他项目
3人以上	1	1	1	1	1	1
2～3人	1.5	2	1	1.5	2	1
1人	3	5		2	3	
连续试跳(掷)	2	3	2	2	3	2

八、离开比赛场地

在田赛项目比赛中,运动员得到许可,在一位裁判员陪同下,可以离开该项目的比赛场地。

九、变更比赛场地

裁判长认为客观条件证明有必要时,有权变更比赛场地。此类变更应在赛完一轮之后进行。

十、成绩相等

在以远度判定成绩的田赛项目中,如成绩相等,应以其次优成绩判定名次。如次优成绩仍相等,则以第三优成绩判定,余类推。如仍相等，并涉及第一名者，则令成绩相等的运动员按原比赛顺序，进行新的一次试跳（掷），直到分出名次为止。

十一、比赛成绩

每名运动员应以其最好的一次试跳（掷）成绩，包括因第一名成绩相等而进行的决名次赛的成绩，作为其最后的决定成绩。

十二、高度跳跃项目

（一）通则

比赛开始前，主裁判应向运动员宣布起跳高度和每轮结束后横杆的提升高度，此计划直至比赛中只剩下一名已获胜的运动员或出现第一名成绩相等时为止。

1. 试跳

（1）运动员可以在主裁判事先宣布的横杆升高计划中的任何一个高度上开始试跳，也可在以后的任何一个高度上根据自己的意愿决定是否试跳。只要运动员在一个高度上连续三次试跳失败，即失去继续比赛的资格，第一名成绩相等而进行决名次赛的情况除外。

允许运动员在某一高度上第一次试跳或第二次试跳失败后，在其第二次或第三次试跳时请求免跳，并在后继的高度上继续试跳。

运动员在某一高度上请求免跳后，不准在该高度上恢复试跳，除非出现第一名成绩相等的情况。

（2）即使所有其他运动员均已失败，一名运动员仍有资格继续试跳，直至放弃继续比赛的权利。

（3）除非比赛中只剩下一名运动员，并且他已获得该项目比赛的冠军，否则：

① 跳高项目每轮之后横杆升高不得小于 2 厘米；撑竿跳高项目每轮之后，横杆升高不得少于 5 厘米。

② 横杆升高的幅度不得增大。

当某运动员在比赛中已获胜时,有关裁判员或裁判长应征求运动员的意见,由该运动员决定横杆的提升高度。

2. 测量

(1)所有高度项目的测量均应以厘米为单位,从地面垂直量至横杆上沿最低点。

(2)每次升高横杆后,在运动员试跳之前,均应测量横杆高度。当横杆放置在纪录高度时,有关裁判员必须进行审核测量。如果自上一次测量纪录高度后,横杆又被触及,在后继的纪录高度的试跳之前,裁判员必须再次测量横杆高度。

3. 横杆

横杆应由玻璃纤维或其他适宜材料制成,不得使用金属材料。除两端外,横杆的横截面呈圆形。跳高横杆全长为 4.00 米(±2 厘米),最大重量 2 千克。撑竿跳高横杆全长为 4.5 米(±2 厘米),最大重量 2.25 千克。横杆圆形部分直径 30 毫米(±1 毫米)。

横杆应由两部分组成,即圆杆和两端。为便于放置在横杆托上,横杆两端应宽 30~35 毫米,长 15~20 厘米。

4. 成绩相等

如出现成绩相等,按以下规定解决:

(1)在出现成绩相等的高度上,试跳次数较少者名次列前。

(2)如成绩仍然相等,则在包括最后跳过的高度在内的全赛中,试跳失败次数少者名次列前。

(3)如成绩仍相等:

① 如涉及第一名时,运动员根据有关规则规定再试跳一次最后通过高度的下一高度。如有关运动员都跳过或都未跳过而仍不能判定名次,则横杆应提升或降低一定高度:跳高为 2 厘米,撑竿跳高为 5 厘米。运动员应在每个高度上只试跳一次,直到分出名次为止。相关运动员必须参加决定名次的每次试跳。

② 如不涉及第一名时,则运动员的比赛名次并列。

5. 外力

当横杆明显受外力(如阵风)作用而掉落,且与运动员无关的情况:

(1)如果运动员越过横杆时身体并未触及横杆,但在过杆后横杆掉落,应认为该次试跳成功。

(2)如果在其他情况下发生横杆掉落,则应给予一次重新试跳的机会。

(二)跳高

1. 比赛

(1)运动员必须单脚起跳。

(2)如出现下列情况之一者,应判为试跳失败:

① 试跳后,由于运动员的试跳动作,致使横杆未能留在横杆托上;

② 在越过横杆之前,运动员身体的任何部位触及横杆后沿(靠近助跑道)垂直面以前的地面或落地区。如果运动员在试跳中一只脚触及落地区,而裁判员认为他并未从中获得利益,则不应因此判定该次试跳失败。

(3)助跑道的长度不得短于 15 米。条件允许时,助跑道长度应至少长 25 米。

(4)助跑道和起跳区朝向横杆中心地点最后 15 米的总最大倾斜度不得超过 1∶250。

(5)起跳区应保持水平。

2. 器材

(1)跳高架:可以使用结构坚固的各种类型的跳高架或立柱。

跳高架应有能稳定放置横杆的横杆托。

跳高架应有足够的高度,至少应超过横杆实际提升高度 10 厘米。

两立柱间的距离为 4.00~4.04 米。

(2)在比赛过程中不得移动跳高架或立柱,除非有关裁判长认为该起跳区或落地区变得不适于比赛。

如需移动跳高架或立柱，应在试跳一轮之后进行。

(3)横杆托：横杆托应水平放置，呈长方形，宽 4 厘米，长 6 厘米。在跳跃过程中，横杆托必须牢固地被固定在立柱上，且不可移动。横杆托必须朝向对面立柱，放在托上的横杆被运动员触碰时，应易于向前或向后掉落。

在横杆托上不得包裹橡胶或其他能够增大与横杆之间摩擦力的任何物质，亦不得使用任何种类的弹簧。

横杆托在起跳区横杆两端的高度是相同的。

(4)横杆两端与立柱之间至少应有 1 厘米的空隙。

3. 落地区

落地区不得小于 5 米×3 米。建议落地区长、宽、高分别为 6 米、4 米和 0.7 米。

(三)撑竿跳高

1. 比赛

(1)运动员可要求向落地区方向移动撑竿跳高横杆，并可移动至(距运动员最近的横杆边缘)从插斗前壁顶端内沿向落地区方向 80 厘米之内的任一位置。

运动员应在比赛开始前将其第一次试跳需采用的立柱或横杆托移动距离通知有关裁判员，移动距离应被记录下来。

此后，如果运动员要求改变立柱或横杆托的移动距离，应在按其原要求调整好立柱位置之前及时通知有关裁判员。否则，应开始计算该运动员的试跳时间。

(2)出现下列情况，应判为试跳失败：

① 试跳后，由于运动员的试跳动作，致使横杆未能留在横杆托上；

② 在越过横杆之前，运动员的身体和所用撑竿的任何部位触及插斗前壁上沿垂直面以前的地面和落地区；

③ 起跳离地后，将原来握在下方的手移动握至上方的手以上或原来握在上方的手向上移握；

④ 试跳时，运动员用手稳定横杆或将横杆放回。

(3)比赛中，允许运动员在双手或撑竿上使用有利于抓握的物质。

除开放性损伤需要包扎以外，不得在双手和手指上使用胶带。

(4)除非撑竿朝向远离横杆或撑竿跳高架的方向倾倒，否则不准有人接触撑竿。如果有人接触撑竿，而裁判长认为如果撑竿不被接触将会碰落横杆，则应判此次试跳失败。

(5)试跳时，撑竿折断，不应判为试跳失败，应给予运动员一次重新试跳的机会。

2. 助跑道

(1)助跑道长度至少应为 40 米，条件允许时应至少长 45 米。助跑道宽度应为(1.22±0.01)米。助跑道的标志线为宽 5 厘米的白线。

(2)助跑道的左右倾斜度不得超过 1∶100，在助跑道最后 40 米的跑进方向上总倾斜度不得超过 1∶1 000。

3. 器材

(1)插斗：撑竿跳高起跳时，撑竿必须插在插斗内。应用适宜的材料制作插斗，插斗上沿最好为弧形，将插斗埋入地下，上沿与地面齐平。插斗底部的斜面长度为 1 米，宽度自后向前逐渐变窄，后端为 60 厘米，前端为 15 厘米。插斗的地面长度和前壁的深度，由插斗底板与前壁构成的 105°角所决定。

插斗底板自与地面齐平的后端向前下方倾斜到与前壁结合处，距地面的垂直深度为 20 厘米。插斗的左右两壁向外倾斜，与前壁衔接处形成的角度约为 120°。

如插斗由木料制成，在底部应衬以 2.5 毫米的金属板，其长度自后端量起为 80 厘米。

(2)撑竿跳高架：任何坚固的撑竿跳高架和立柱均可使用。必须用适宜材料制作的垫子包裹跳高架底座的金属结构，以保护运动员和撑竿。

(3)横杆支架:横杆应放置在圆柱形横杆托上,当运动员或撑竿触及横杆时,横杆易向落地区方向掉落。圆柱形横杆托上不得有刻痕或缺口,横杆托应粗细均匀,直径不超过13毫米。

横杆托伸出支架的长度不超过55毫米。支架应高于横杆托35～40毫米。

横杆托之间的距离为4.30～4.37米。

在横杆托上不得包裹橡胶或任何能够增大与横杆之间摩擦力的物质,亦不得使用任何种类的弹簧。

4. 撑竿

运动员可使用自备撑竿。未经物主同意,不得使用他人撑竿。

撑竿可由一种或多种合成材料制成,长度和直径不限,但撑竿表面必须光滑。可在撑竿的抓握处和下端缠上多层保护性胶布。

5. 落地区

落地区面积不小于5米(不算前端)×5米,落地区边沿距离插斗应为10～15厘米,从插斗方向向外倾斜约45°。

十三、远度跳跃项目

(一)通则

1. 测量成绩

在所有远度跳跃项目中,记录测量距离的最小单位为0.01米,不足1厘米不计。

2. 助跑道

(1)助跑道长度至少应为40米,从起跳线量至助跑道尽头。助跑道宽度为(1.22±0.01)米,应用5厘米宽的白线标出助跑道。

(2)助跑道的左右最大倾斜度不超过1∶100,在助跑道最后40米的跑进方向上总倾斜度不得超过1∶1 000。

(二)跳远

1. 比赛

(1)如出现下列情况,应判为试跳失败:

① 在未做起跳的助跑中或在跳跃中,运动员身体任何部位触及起跳线以前的地面;

② 从起跳板两端之外起跳,无论是否超过起跳线的延长线;

③ 触及起跳线和落地区之间的地面;

④ 在助跑或跳跃中采用任何空翻姿势;

⑤ 在落地过程中触及落地区以外地面,且落地区外的触地点较落地区内的最近触地点更靠近起跳线;

⑥ 离开落地区时,运动员在落地区外地面的第一触地点较落地区内最近触地点和在落地区内因身体失去平衡而留下的任何痕迹更靠近起跳线。

(2)当运动员离开落地区时,运动员的脚在落地区边线或边线外地面的第一触地点,应较在沙坑内的最近触地点离起跳线更远。

(3)测量成绩时,应从运动员身体任何部位在落地区内的最近触地点量至起跳线或起跳线的延长线。测量线应与起跳线或其延长线垂直。

2. 起跳板

(1)起跳板是起跳的标志,应埋入地下,上沿与助跑道和落地区齐平。靠近落地区的起跳板边沿称为起跳线。紧靠起跳线前端应放置一块橡皮泥显示板,以便于裁判员进行判断。

(2)起跳线至落地区远端的距离应为10米。

(3)起跳线至落地区近端的距离为1～3米。

(4)结构:起跳板应为长方形,由木料或其他适宜的坚硬材料制成,长1.22米(±0.01米),宽20厘米(±2毫米),厚10厘米,涂成白色。

(5)橡皮泥显示板:应由木料或其他适宜的材料制成,质地坚硬,长1.22米(±0.01米),宽10厘米(±2毫米),并漆成不同于起跳板的颜色。如有可能，橡皮泥应采用第三种对比度强的颜色。此板应安放在紧靠起跳板前端的凹槽或隔板里，其高度超过起跳板 7 毫米(±1 毫米)。显示板边沿既可以向助跑道方向倾斜 45°，在倾斜面上覆盖 1 毫米厚的橡皮泥，也可以切去边角，填充橡皮泥使之倾斜 45°。

3. 落地区

(1)落地区宽度最短 2.75 米，最长 3 米。助跑道应对准落地区中央，使助跑道中心延长线与落地区的中心线重合。

(2)落地区内应填充湿软的沙子，沙面与起跳板齐平。

(三)三级跳远

除下列规则之外，跳远的规则也适用于三级跳远。

1. 比赛

(1)三级跳远的三跳顺序是一次单足跳、一次跨步跳和一次跳跃。

(2)单足跳时应用起跳脚落地，跨步跳时用另一条腿(摆动腿)落地，然后完成跳跃动作。

运动员在跳跃中摆动腿触地，不应视为试跳失败。

2. 起跳板

(1)起跳板：起跳线至落地区远端的距离不得少于 21 米。

(2)在国际比赛中，建议起跳线至落地区近端的距离：男子不少于 13 米，女子不少于 11 米。在其他比赛中，此距离应与比赛水平相适应。

(3)为了便于运动员完成跨步跳和跳跃，在起跳板和落地区之间应有 1.22 米(±0.01 米)宽的坚实匀质的地面。

十四、投掷项目

(一)通则

1. 正式器材

(1)在所有国际比赛中，应使用符合国际田联有关规定的器材。

表1-8 投掷器材的重量

器材	少年、青年、成年女子	少年男子	青年男子	成年男子
铅球	4.000千克	5.000千克	6.000千克	7.260千克
铁饼	1.000千克	1.500千克	1.750千克	2.000千克
链球	4.000千克	5.000千克	6.000千克	7.260千克
标枪	600克	700克	800克	800克

(2)所有器材将由组委会提供，下列情况除外：

根据每次比赛的有关技术规程，技术代表可以允许运动员使用他们自己的器械，或者使用供应商提供的器械，但是这些器械必须有国际田联的认证，并在比赛前经过组委会的检查和做好标记，比赛时所有运动员均可使用。

(3)比赛期间不得对器材作任何改变。

2. 个人保护措施

(1)运动员不得在比赛时使用有助于试投(掷)的方法，例如使用胶带将两个或更多的手指捆在一起，或者使用重物捆绑在其上。除了开放性损伤需要包扎以外，不得在手上使用胶带。

(2)除掷链球外，运动员不得在比赛中使用手套。

(3)为了更好地持握器械，运动员可以使用某种适宜物质，但仅限于双手。

(4)为防止脊柱受伤，运动员可系一条皮带或由其他适宜材料制成的腰带。

(5)推铅球时，为了防止手腕受伤，运动员可以在手腕处缠绕绷带。

(6)掷标枪时，运动员可戴护肘。

3. 投掷圈

(1)投掷圈应由带状铁板、钢板或其他适宜材料制成，其上沿应与圈外地面齐平。圈内地面应用混凝土、沥青或其他坚硬而不光滑的材料建成。圈内地面应保持水平，低于铁圈上沿1.4～2.6厘米。

(2)铅球投掷圈内沿直径为2.135米(±5毫米)。铁饼投掷圈内沿直径为2.50米(±5毫米)。

投掷圈边沿应至少厚6毫米，漆成白色。

(3)从金属圈顶两侧向外各画一条宽5厘米、长至少为75厘米的白线。此线可以画出，也可以用木料和其他适宜材料制成。白线后沿的延长线应能通过圆心，并与落地区中心垂直。

(4)不允许运动员向圈内或鞋底喷洒任何物质，或使圈内地面粗糙。

4. 标枪助跑道

助跑道应至少长30米，条件许可时，应不短于33.5米。用宽5厘米的两条平行白线标出助跑道，白线之间的距离为4米。助跑道前端是半径为8米的一条弧线，运动员应在投掷弧后面试掷。投掷弧可以画出，也可以用木料或金属制成，弧宽7厘米，涂成白色，与地面齐平。投掷弧两端向外各画一条白色直线，线宽7厘米，长75厘米，与助跑道标志线垂直。

5. 落地区

(1)应用煤渣、草地或其他适宜材料铺设落地区，器械落地时应能留下痕迹。落地区在投掷方向上的总倾斜度不超过1∶1000。

(2)用两条5厘米宽的白线标出落地区，其内沿的延长线应能通过投掷圈圆心，夹角为34.92°，但标枪落地区除外。

(3)在掷标枪项目中，用两条5厘米宽的白线标出落地区，其内沿延长线，须通过投掷弧内沿与助跑道标志线内沿的交点，并相交于投掷弧的圆心。落地区的夹角约为29°。

6. 试掷

(1)在投掷圈内完成铅球、铁饼的试掷。在助跑道内完成标枪的试掷。在圈内进行试掷时，运动员在圈内从静止姿势开始试掷。允许运动员触及铁圈内侧。在推铅球时,允许运动员触及抵趾板内侧。

(2)如果运动员在试掷中出现下列情况,判为试掷失败:

① 铅球或标枪出手姿势不符合规定;

② 在进入投掷圈内并开始投掷之后,身体的任何部分触及铁圈上沿或圈外地面;

③ 推铅球时,身体的任何部分触及抵趾板上沿;

④ 掷标枪时,身体的任何部分触及投掷区标志线或外地面。

(3)如果在试掷过程中未违反上述各投掷项目的有关规则,运动员可中止已开始的试掷,可将器械放在投掷圈、助跑道内或外边,也可离开投掷圈或助跑道。

(4)铅球、铁饼和标枪枪尖第一次接触地面时,触及了落地区角度线或落在落地区角度线以外,将判为失败。

(5)运动员在器械落地后方可离开投掷圈或助跑道。

① 在圈内完成试掷,离开投掷圈时,首先触及的铁圈上沿或圈外地面要完全在圈外白线的后面;

② 掷标枪时,当运动员离开助跑道时,首先触及的助跑道标志线或助跑道外地面要完全在投掷弧两端的白线后边,该线与助跑道标志线垂直。

(6)在每次试掷后,将器械运回投掷圈或助跑道附近的区域,不得掷回。

7. 成绩测量

(1)在所有投掷项目中,记录测量距离的最小单位为 0.01 米,不足 1 厘米不计。

(2)每次有效投掷后立即进行成绩测量。

① 从铅球、铁饼落地痕迹的最近点取直线量至投掷圈内沿,测量线应通过投掷圈圆心;

② 在标枪项目中,从标枪尖的首次触地点取直线量至投掷弧内沿,测量线应通过投掷弧圆心。

8. 标记

应用一面易于识别的旗帜或标记标出每一名运动员的最好试掷成绩，标志物沿扇形落地区标志线外放置。

(二)推铅球

1. 比赛

用单手从肩部将铅球推出。当运动员进入圈内开始试掷时，铅球要抵或靠近颈部或下颌，在推球过程中持球手不得降到此部位以下。不得将铅球置于肩轴线后方。

2. 抵趾板

(1)结构：抵趾板由木料或其他适宜材料制成，漆成白色，其形状为弧形，以便其内沿与铁圈内沿重合。抵趾板安装在两条落地区标志线之间的正中位置，并固定于地面。

(2)规格：抵趾板宽度为 11.2～30 厘米，长 1.15 米(±0.01 米)，弧线的弦长 1.21 米(±0.01 米)，弧线的半径与投掷圈的半径相同。高出圈内地面 10 厘米(±0.2 厘米)。

3. 铅球

结构：铅球应由铁、铜或其他硬度不低于铜的金属制成，或由此类金属制成外壳，中心灌以铅或其他材料。铅球的外形必须为球形，表面不得粗糙，结点处应光滑。

(三)掷铁饼

1. 铁饼

结构：铁饼的饼体可分为实心或空心结构，应由木料或其他适宜材料制成，周围镶以金属圈，金属圈边缘应呈圆形。外缘横断面应为标准圆形，半径约为 6 毫米。铁饼两面中央可镶有与饼体齐平的圆片。也可不安装金属圆片，但相同部位应呈平面。铁饼的几何尺寸和总重量应符合规定。

铁饼的两面必须相同，制造时不得带有凹陷、凸起或尖缘。从金属圈边缘弯曲处至饼心边沿，铁饼表面应呈直线倾斜，饼心半径为 25.0～28.5 毫米。

铁饼和整个铁圈不得粗糙，结点处应光滑，铁饼各处应均匀一致。

2. 掷铁饼护笼

(1)必须从挡网或护笼内将铁饼掷出，以确保观众、工作人员和运动员的安全。

(2)在设计、制造和维护铁饼护笼时，必须使其能够阻挡以25米/秒的速度运行的重量为2千克的铁饼。护笼的安放应使其避免铁饼弹出护笼或向运动员反弹或从护笼顶部飞出的危险。

(3)护笼的俯视图为“U”字形。护笼开口的宽度为6米，位于投掷圈圆心前方7米处。挡网或挂网高度至少4米。护笼的设计与结构应能防止铁饼从护笼或挡网连接处、挡网或挂网下方冲出。

(4)制作挡网可采用适宜的天然材料或合成纤维，也可使用低碳钢丝或高张力钢丝。

(5)在同一场比赛中，运动员用左手或右手从护笼中掷出铁饼的最大危险扇形区均为69°，因此，护笼的位置和方向对安全使用极为重要。

(四)掷标枪

1. 比赛

(1)掷标枪时应握在把手处，从肩部或投掷臂上臂的上方掷出，不得抛甩。不得用非传统姿势进行投掷。

(2)只有标枪的金属枪尖先于标枪的其他部位触地，试掷方为有效。

(3)运动员试掷时，在标枪出手以前，身体不得完全转向背对投掷弧。

(4)如果标枪在试掷时或在空中飞行时折断，只要该次试掷符合规则，不应判为试掷失败，而如果运动员因此失去平衡而违反本规则的任何条款，也不应判作一次试掷失败，而应允许重新进行一次试掷。

2. 标枪

(1)结构：标枪由三个主要部分组成，即枪头、枪身和缠绳把手。枪身可以实心或空心，由金属或其他适宜的类似材料制成，以便组成一个固定整体，并装有尖形金属枪头。

标枪枪身表面不得有凹窝、凸起、沟槽、突脊、空洞、粗糙，枪尾自始至终必须平滑和均匀一致。

枪头应完全用金属制成。可以在枪头前端焊接一个其他合金的加固枪尖，但整个枪头表面必须平滑和均匀一致。

(2)把手：须包绕标枪重心，其直径不得超过枪身直径 8 毫米。把手表面应为规则的不光滑型，但不得有任何种类的绳头、结节或呈锯齿形。把手的厚度应均匀。

(3)标枪所有部位横断面应为规则的圆形。枪身最大直径应在紧靠把手前端的地方。枪身中央部位，包括把手下面的部分，应为圆柱形或向枪尾方向稍微变细。把手下面的部分应为圆柱形或向枪尾方向稍微变细。从把手前后两端枪身直径减小不得超过 0.25 毫米。从把手处起，标枪应有规则地向两端逐渐变细。从把手至标枪前后两端的点纵剖面应为直线或略有凸起，除了在枪头与枪身结合部位和把手前后两端以外，枪身任何部位的直径均不得有突然改变。在枪头后端与枪身结合部位，枪身直径减小不得超过 2.5 毫米，在枪头后面 300 毫米以内，枪身纵剖面的变化也不得大于这个数字。

3. 标枪的直径

(1)标枪不得有可移动部分或投掷时可以改变其重心或投掷性能的装置。

(2)枪尖张角不得大于 40°。距枪尖 150 毫米处，枪头直径不得大于枪身最大直径的 80%。在重心至枪尖的中心处，枪身直径不得大于枪身最大直径的 90%。

(3)在标枪重心至枪尾末端的中心处，枪身直径不得小于枪身最大直径的 90%。在距枪尾末端 150 毫米处，枪身直径不得小于枪身最大直径的 40%。枪尾末端直径不小于 3.5 毫米。

十五、全能比赛

(一)男子青年、成年五项和十项全能

1. 五项全能包括5个单项,在同一天按下列顺序进行:

跳远、标枪、200米、铁饼、1 500米。

2. 十项全能包括10个单项,在连续两天内按下列顺序进行:

第一天:100米、跳远、铅球、跳高、400米;

第二天:110米栏、铁饼、撑竿跳高、标枪、1 500米。

(二)女子青年、成年七项和十项全能

1. 七项全能包括7个单项,在连续的两天内按下列顺序进行:

第一天:100米栏、跳高、铅球、200米;

第二天:跳远、标枪、800米。

2. 女子十项全能包括10个单项,在连续的两天内按下列顺序进行:

第一天:100米、铁饼、撑竿跳高、标枪、400米;

第二天:100米栏、跳远、铅球、跳高、1 500米。

(三)男子少年八项全能

八项全能包括8个单项,在连续两天内按下列顺序进行:

第一天:100米、跳远、铅球、400米;

第二天:110米栏、跳高、标枪、1 000米。

(四)女子少年七项全能

七项全能包括7个单项,在连续两天内按下列顺序进行:

第一天:100米栏、跳高、铅球、200米;

第二天:跳远、标枪、800米。

(五)总则

1. 在可能的情况下,全能裁判长有权决定给予每名运动员在上一项比赛结束之后至下一项比赛开始之前至少有30分钟的休息时间。如有可能,在第一天的最后一项结束和第二天第一项开始之间至少应有 10 小时休息时间。

2. 除了最后一项外，全能比赛每个单项的分组将由技术代表或全能裁判长安排，如有可能，将前阶段成绩相近的分在同组。各组的运动员人数最好为 5 人或 5 人以上，但不得少于 3 人。

如竞赛日程不允许做到以上要求，则要顺前一项比赛结束后，对已满足比赛时间要求的运动员进行下一项分组。

3. 国际田联有关单项的比赛规则均适用于全能各项目比赛，但以下情况除外：

(1)跳远和各个投掷项目，每名运动员只能试跳(掷)3 次；

(2)当未使用全自动电子计时器时，由 3 名计时员独立计取每名运动员的时间；

(3)在径赛项目中，凡一名运动员两次起跑犯规，应取消其该项目的比赛资格。

4. 全能各单项比赛只能始终使用一种计时方法。承认记录时，应使用全自动电子计时成绩，而不管这种计时成绩对该项目的其他运动员是否有用。

5. 在任何一个单项比赛中，如果某运动员未能参加起跑或试跳(掷)，则不能参加后继项目的比赛，按放弃比赛处理，不能计算总成绩。

凡决定退出全能比赛的运动员，应将其决定立即通知全能裁判长。

6. 每一个单项比赛后，应根据国际田联现行评分表向全体运动员宣布该项得分和各项的累积分。总积分最多者获胜。

7. 如果总分相等，则以得分较高的单项数量多者为优胜。如仍相等，则以任何一个单项得分最高者为优胜。如仍相等，则以第二得分高的单项分数较高者名次列前，并依此类推。此方法适用于全能比赛中任何名次的成绩相等情况。

第二章 篮 球

篮球运动1891年起源于美国。1936年第十一届奥运会将男子篮球列为正式比赛项目,1976年第二十一届奥运会将女子篮球列为正式比赛项目。1895年篮球运动传入中国。篮球运动是集身体素质、技巧、智力为一体的紧张、激烈并有直接身体接触的对抗性项目,对人体有较高的锻炼价值,富有很高的表演性和观赏性,深受人们的喜爱。本章主要对篮球比赛的规则和裁判法进行简要介绍。

第一节 规则简介

一、尺寸和器材

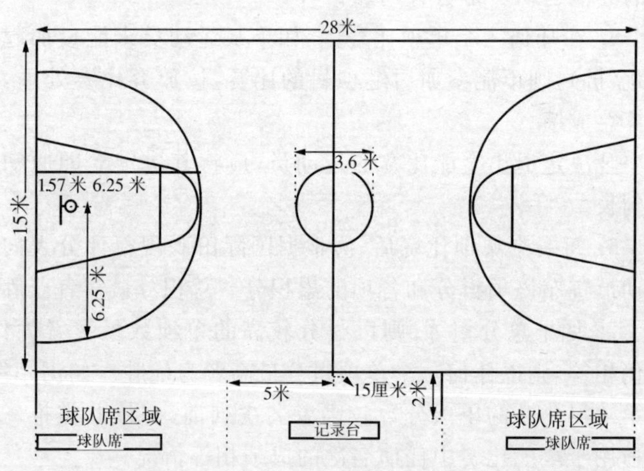

图 2-1 正规球场的全部尺寸

(一)球场尺寸

1. 对于国际篮联主要的正式比赛,球场尺寸为长 28 米,宽 15 米,球场的测量是从界线的内沿量起。

2. 天花板或最低障碍物的高度至少 7 米。

(二)线条及其尺寸

1. 界线

(1)球场要用线条画出,并且界线距观众、广告牌或任何其他障碍物至少 2 米;

(2)球场长边的界线叫边线,短边的界线叫端线。

2. 中线

从边线的中点画一平行于端线的线叫中线,中线要向两侧边线外各延长 0.15 米(15 厘米)。

3. 罚球线、限制区和罚球区

(1)罚球线要与端线平行,它的外沿距离端线内沿 5.80 米,罚球线长为 3.60 米。它的中点必须落在连接两条端线中点的假想线上。

(2)从罚球线两端画两条线至距离端线中点各 3 米的地方(均从外沿量起)所构成的地面区域叫限制区,也称“三秒区”。

(3)罚球区包括限制区和以罚球线中点为圆心的以 1.80 米为半径向限制区外所画出的半圆区域。

4. 中圈

中圈要画在球场的中央,半径为 1.80 米,从圆周的外沿测量。

5. 3 分投篮区

某队的 3 分投篮区是指除对方球篮附近被下述条件限制出的区域之外的整个球场地区。它的画法是:以篮圈的中心在地面的投影点为圆心(距端线中心内沿 1.575 米),以 6 .25 米为半径(至弧线外沿),画半圆弧,弧线的两端接两条平行于边线的线与端线相交。

注:以上所提到的线条必须是用相同颜色画出,宽度为 0.05 米(5 厘米),清晰可辨。

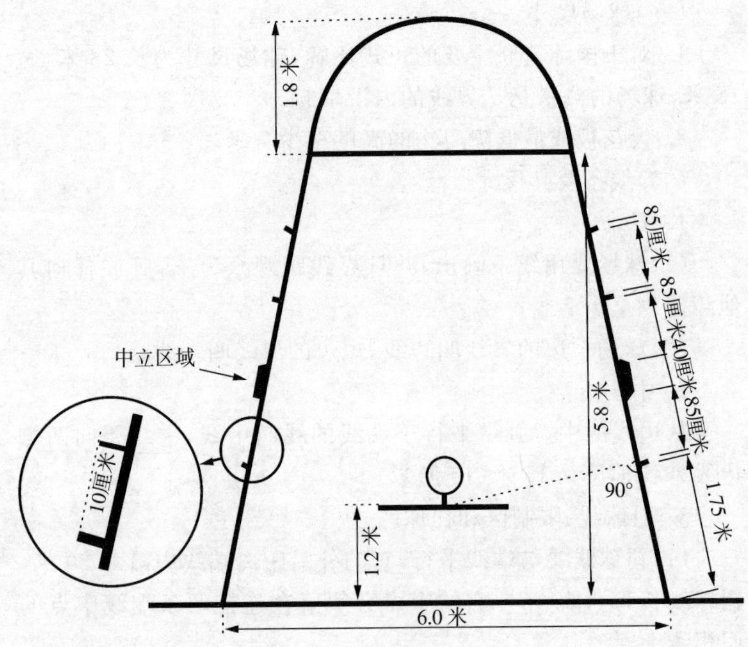

图 2-2 正规的罚球区

（三）器材

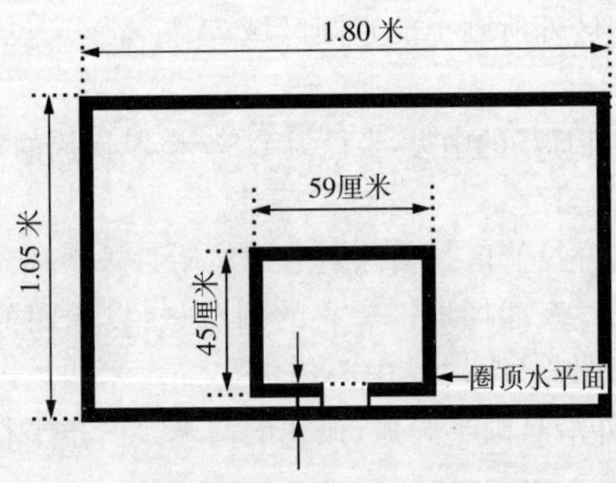

图 2-3 正规的篮板标志

1. 篮板

(1)篮板的尺寸:横宽 1.80 米,竖高 1.05 米,下沿距地面 2.90 米。

(2)篮板的前面要平整,篮板边缘要用线条勾画出。

(3)每块篮板的篮圈后面要求画出长方形,长方形的外沿尺寸为横宽 0.59 米(59 厘米),竖高 0.45 米(45 厘米),长方形底边的上沿要与圈顶水平面齐平。

(4)篮板要牢固地安置在球场的两端,与地面垂直,与端线平行。

2. 球篮

球篮包括篮圈和篮网。篮圈内径为 0.45 米(45 厘米),篮网用白色的细绳结成,悬挂在篮圈上,网长不短于 0.40 米(40 厘米),不长于 0.45 米(45 厘米)。

3. 球的材料、尺寸和重量

(1)球是圆形的,为暗橙色。球外壳应由天然皮革或人造皮革制成。

(2)球的圆周不得小于 0.749 米(74.9 厘米),不得大于 0.780 米(78 厘米)。

(3)球的重量不得轻于 567 克,不得重于 650 克。

(4)球充气后,使球从 1.80 米的高度(从球的底部量起)落到球场的地面上,反弹起来的高度不得低于 1.20 米,也不得高于 1.40 米(从球的顶部量起)。

4. 专用器材

专用器材主要包括比赛计时钟、计秒表、24 秒钟装置、信号、记录板、记录表、队员犯规标志牌、全队犯规标志牌和交替拥有批示器。

二、裁判员及其助理人员

(一)裁判员包括主裁判员和副裁判员各一名。助理人员包括计时员、记录员、助理记录员和 24 秒钟计时员各一名。也可以有一名技术代表到场,技术代表在比赛中的职责主要是监督记录台人员的工作，并协助主裁判员和副裁判员，使比赛顺利进行。

(二)裁判员及其助理人员要按照规则和国际篮联世界技术委员会确定的国际篮联对规则的官方解释来指导比赛，裁判员及其助理人员或技术代表都无权改变规则。

三、一般规定

(一)球队

对于 4×10 分钟的比赛，或竞赛中一个队超过 3 场比赛时，通常情况下每队可报 12 名合格参赛的球员，其中一名合格参赛的球员是队长。同时可配备一名教练员和一名助理教练员。

(二)时间通则

1. 比赛时间

(1)比赛应由四节组成，每节 10 分钟，每个决胜期的比赛时间为 5 分钟。

(2)第一节和第二节、第三节和第四节中间的休息时间分别为 2 分钟，每一决胜期之前有 2 分钟的休息时间。

(3)每半时间的休息时间通常为 15 分钟。

(4)如果在第四节比赛时间终了时比分相等，需要一个或多个 5 分钟的决胜期来继续比赛。在所有的决胜期中，球队应朝向第三节和第四节中相同的球篮继续比赛。

2. 操纵比赛计时钟

下列情况要开动比赛计时钟：

(1)跳球中，球抛到最高点后被跳球队员合法地拍击时；

(2)罚球未成功继续比赛，当球触及场上队员时；

(3)掷界外球后，当球触及场上队员时。

下列情况要停止比赛计时钟：

(1)在半时或一节结束的时间终了时；

(2)当裁判员鸣哨时；

(3)当24秒钟信号发出时；

(4)当投篮得分，对方球队按规则已经请求了暂停时。

(三)要登记的暂停

球队持续1分钟的暂停要登记。对于4×10分钟的比赛，每队每半时(两节)的比赛时间内可以准许请求两次要登记的暂停，每一决胜期内准许1次。一旦出现下列机会，记录台就要发出信号通知暂停要求：球成死球且比赛计时钟停止；裁判员报告犯规或违例已结束和记录台的联系时；某队在对方投篮前后已请求要登记的暂停。暂停期间，允许队员离开比赛场地，坐到球队席上。

(四)替换

替补队员进场前要向记录员报告，并且必须立即做好比赛的准备。替补队员要在场外等候，直到裁判员招手示意他进场。一旦出现下列机会，记录台就要发出信号通知替换要求：球成死球；停止比赛计时钟；当裁判员正在向记录台报告一起犯规，在他报告完毕时；队员受伤不能继续比赛时。罚球的队员不能被替换，除非他受伤了，不能执行罚球。记录员必须在球再次进入比赛状态前向裁判员发出替换的信号。

(五)常见的违例和罚则

违例是违反规则，罚则是发生违例的队失去球权。将球判给对方队在最靠近发生违例的地点掷界外球，直接位于篮板后面的地方除外。

1. 队员出界和球出界

(1)当队员身体的任何部分与界线上、界线上方或界线外的地面或除队员以外的任何物体接触时，即是队员出界。

(2)当球触及界外的队员或任何其他人员、界线上、界线上方或界线外的地面或任何物体的支柱或背面，即为球出界。

(3)球出界或球触及了除队员以外的其他物体出界，最后去触球或被球触到的队员是使球出界的队员。

2. 非法运球

当在球场上已获得控制球的队员将球掷、拍、滚或运在地面上,并在球触及另一队员之前再次接触球为运球开始。队员用双手同时触及球,或使球在一只手或两只手中停留的瞬间运球即完毕。

(1)队员的手不和球接触时,运球队员的步数不受限制。

(2)下列情况不是运球:

① 连续投篮;

② 在运球开始或结束时,队员偶然地失掉球,然后恢复控制球(漏接);

③ 与附近的其他队员抢球中拍击球以试图获得控制球;

④ 拍击另一队员控制的球;

⑤ 拦截传球并获得该球;

⑥ 只要不出现带球走违例,球在触及地面前在手中抛接和停留。

3. 带球走

当队员在球场上持着一个活球,其一只脚或双脚超出本规则所述的限制向任一方向非法移动为带球走。

本规则规定:

(1)确立中枢脚

双脚着地接住球的队员可以以任意一只脚作为中枢脚。一只脚抬起的瞬间,另一只脚成为中枢脚。

在移动中或运球中接到球的队员可以按下述要求停步:

如果一只脚正触及地面,则一旦另一只脚触及地面时,原先那只脚成为中枢脚。队员可以跳起那只脚并双脚同时落地,两只脚都不是中枢脚。

如果双脚离地并且队员双脚同时落地,任一只脚都可以是中枢脚。一只脚抬起的瞬间,另一只脚成为中枢脚。两只脚分先后落地,先触及地面的脚是中枢脚。一只脚落地,队员可以跳起另一只脚,并双脚同时落地,两只脚都不是中枢脚。

(2)带球行进

当队员在球场上控制一个活球并已确定中枢脚后：

传球或投篮时中枢脚可以抬起，但在球离手前不得落回地面。

运球开始，在球出手之前中枢脚不得抬起。

在停步后，两只脚都不是中枢脚时：

传球或投篮时，一只脚或双脚可以抬起，但在球离手前不得落回地面。

运球开始，在球离手前双脚都不得抬起。

(3)队员跌倒、躺坐在地面上

当一名队员持球跌倒在地面上、躺坐在地面上获得控制球后，该队员持球滑动、滚动或试图站起来都是违例。

4. 3 秒钟

某队控制球时，该队队员在对方的限制区内连续停留不得超过 3 秒钟。限制区的各线都属于限制区的一部分，队员触及任何一线都算位于限制区内。3 秒钟的限制在所有掷界外球情况下均无效。它的计算要从掷界外球队员在界外将球掷进场内的一刹那开始。队员在限制区内停留接近 3 秒钟时，可默许他运球投篮。

5. 被严密防守的队员

被严密防守(在正常的一步之内)的持球队员要在 5 秒钟内传、投、滚或运球。

6. 8 秒钟

当一名队员在后场控制活球时，该队必须在 8 秒钟内使球进入前场。当球触及前场或触及有部分身体接触前场的队员或裁判员时，球即进入前场。

7. 球回后场

位于前场的控制球队的队员不得使球回后场。当控制球队的队员出现了下列情况，就认为球已进入后场：在球进入后场前最后触球；他的同队队员在后场首先触及球。

注解:被防守队员断回后场的球可以被双方任一球队重新获得。

8. 24秒钟

每当一名队员在场上获得控制一个活球时,其队员应在24秒钟内尝试投篮。24秒钟规则持续到球离开投篮队员的手直到球触及篮圈为止。

9. 干扰球和干涉得分

当出现下列情况时,在投篮时就发生了干扰球:

(1)当球与篮圈接触时队员触及球篮或篮板;

(2)队员从下方伸手穿过球篮并触及球;

(3)当球在球篮中时防守队员触及球或球篮;

(4)防守队员使篮板或篮圈摇动,根据裁判员的判定,这种手段已妨碍了球进入球篮。

当出现下列情况时,在投篮中就发生了干涉得分:

(1)当球在下落飞行并完全在篮圈水平面之上时队员触及球;

(2)当球碰及篮板后并完全在篮圈水平面之上时队员触及球。

出现以上情况时,如果进攻方发生违例,不判得分。如果防守方发生违例,应判进攻队得分。

(六)常见的犯规和罚则

犯规是违反规则的行为,含有与对方队员的身体接触或违反体育道德的举止。对犯规队员要进行登记,随后按规则的有关条款进行处罚(罚球或罚球外加边线球权)。

1. 侵人犯规

(1)阻挡:阻止对方队员行进时造成了不合法的身体接触。

(2)撞人:持球或不持球的队员推动或移动到对方队员躯干上造成不合法的身体接触。

(3)从背后防守:防守队员从对方队员的背后与其发生不合法的身体接触。即使防守队员正在试图去抢球,但与对方队员发生身体接触也是不正当的。

(4)用手阻挡:防守队员在防守状态中用手接触对方队员,或是阻碍其行动或是帮助防守队员来防守对手的动作。

(5)拉人:干扰对方队员移动自由而发生的身体接触。能用身体的任何部位来造成这个(拉人)接触。

(6)非法用手:发生在队员试图用手抢球接触了对方队员时,如果仅仅接触了对方队员持球的手,则被认为是附带的接触。

(7)推人:用身体的任何部位强行移动或试图移动已经或没有控制球的对方队员时发生的身体接触。

(8)非法掩护:试图非法拖延或阻止非控制球的对手到达希望到达的场上位置。

(9)双方犯规:两名对抗的队员几乎同时犯规的情况。

2. 违反体育道德的犯规

根据裁判员的判断,一名队员不是在规则的精神和意图的范围内合法地试图去直接抢球而发生的侵人犯规为违反体育道德的犯规。

3. 取消比赛资格的犯规

队员、替补队员、教练员、助理教练员或随队人员恶劣的违反体育道德的行为是取消比赛资格的犯规。

4. 技术犯规

队员的技术犯规,是不包含与对方队员接触的犯规。教练员、助理教练员、替补队员或随队人员的技术犯规,是教练员、助理教练员、替补队员或随队人员不礼貌地与裁判员、技术代表、记录台人员或对方队员讲话或接触。当一名队员不顾裁判员的警告或运用如下伎俩是技术犯规:没有礼貌地与裁判员、技术代表、记录台人员或对方队员交涉或触及他们;使用很可能冒犯或煽动观众的语言和举止;戏弄对方队员或在他的眼睛附近摇手妨碍其视觉;阻碍迅速地执行掷球入界以延误比赛;宣判犯规后,在裁判员要求他举手时,不正当地举手;改变自己的号码,没有报告记录员和裁判员;未经批准离开场地;试图防止自己或另一名队员受伤而悬吊在篮圈上。

第二节 裁判法简介

一、比赛前后裁判员的工作

(一)自觉进行身体锻炼和积极参加赛前学习

(二)临场前的准备工作

1. 开好准备会

2. 做好准备活动

3. 检查技术设备

比赛开始前,主裁判员要认真检查场地,检查技术设备和各种信号装置,检查队员的服装颜色和号码。

4. 确定球篮与球队席

通常情况下,对于主客场比赛由客队选择球篮与球队席位。对由专门组织机构组织的比赛,秩序册上队名在前的对为甲队,甲队应先攻记录台右侧的球篮,球队席位在记录台的左侧。乙队则先攻左篮,球队席位在右侧。

5. 选择比赛用球

比赛应准备两个标准用球。如果竞赛部门没有准备或准备的球不符合比赛要求,主裁判员可从两队中挑选,最好挑选旧球。选球的方法:使球从 1.80 米的高度(从球的底部量起)落到球场的地面上,反弹起来的高度不得低于 1.20 米,也不得高于 1.40 米(从球的顶部量起),则为合格。

6. 组织运动员入场和开始比赛

通常情况下,比赛开始前 6 分钟介绍两队队员、教练员和临场裁判员。然后,裁判员发出距离比赛开始还有 3 分钟的信号。当离比赛开始还有 1 分钟时,裁判员鸣哨通知所有运动员停止练球，离开比赛场地，回到球队席。主裁判持球进入比赛场地，在中圈处准备跳球开始比赛。

7. 每节比赛结束的工作

记录台发出每节比赛时间结束的信号时，主裁判员立即鸣哨宣布该节比赛结束，并检查计时钟和核对记录表。副裁判员将球交给记录台人员。两裁判员征询或听取裁判长或值班裁判员的意见后，进行简单小结，并商定下一节应注意的问题。

8. 全场比赛结束的工作

当听到全场比赛结束的信号时，主裁判员立即鸣哨宣布比赛结束。副裁判员将球拿在手中，两裁判员握手后一起到记录台签字，此时裁判员的权力结束。如比赛时间结束时或裁判员在记录表上签字期间，某队员或教练员有任何不道德行为，主裁判员要在记录表上注明事件情况，并向有关领导提供详细报告。

二、临场裁判员的分工和配合

临场裁判员根据位置分为前导裁判和追踪裁判。前导裁判落位于前场右侧端线外，左右移动，主要观察篮下和靠近自己的运动员的动作。追踪裁判员落位于前场左侧中线前面，左右、前后移动，主要观察罚球线及其延长线以外和靠近自己的运动员的动作。

几种情况的分工和配合：

(一)跳球时的分工和配合

跳球是一场比赛的开始，由主裁判执行。主裁判持球站在中圈内，面向记录台。副裁判站在记录台前，面向主裁判，并举手做准备开动计时钟手势。主裁判抛球后应该在原位不动，观察比赛动向，直到球和队员离开中圈后，担任追踪裁判，同时副裁判员应迅速移动成为前导裁判。

(二)罚球时的分工和配合

罚球时，主持罚球的裁判员(前导裁判员)必须明确表示将要执行的罚球次数，然后将球递交给罚球队员后落位于端线。他的主要职责是观察罚球队员和球的飞行。配合裁判员应站在左侧边线处，两脚骑跨罚球线延长线，并做罚球次数手势，观察非罚球队员的违例和犯规情况。

（三）掷界外球的分工和配合

掷界外球时，通常由离掷球地点较近的裁判员执行。执行裁判员将球递交给发球队员后，主要观察掷界外球队员和防守掷球队员的违例和犯规情况，同时举手做准备开动计时钟手势。配合裁判员则根据执行裁判员的位置，站在合理位置，同时观察场内其他队员的犯规情况。

（四）全场紧逼防守时的分工和配合

当出现全场紧逼防守时，若 3 个或 3 个以上的防守队员在对方的后场紧逼防守时，前导裁判员不要过早地跑到端线位置，要停留在边线附近，协助追踪裁判员观察球及其周围的攻守情况。球一旦进入前场，前导裁判员再移动到端线，恢复正常的位置，按照半场区域分工与职责进行工作。

（五）球队暂停时的分工和配合

当出现暂停机会时，记录台应立即鸣哨通知临场裁判员。此时，由靠近记录台的裁判员鸣哨，同时做出暂停手势和指明请求暂停的球队，并负责观察暂停时双方球队的情况，注意与记录台保持联系。当看见请求暂停的球队完成暂停或听到记录台发出暂停时间到的信号后，立即开始比赛。另一裁判员的职责是持球站在要重新开始的地方，准备重新开始比赛。

（六）替换时的分工和配合

当出现替换时机时，记录台应立即鸣哨通知临场裁判员。此时，由靠近记录台的裁判员鸣哨，做出替换手势，并招呼替补队员进场。替换完成后要检查场上队员人数。另一裁判员的职责是持球站在要重新开始的地方，准备重新开始比赛。

第三节　3人篮球比赛规则

3人篮球比赛是一项非正规的篮球比赛项目，目前全国没有统一的比赛规则。为使大家组织进行3人制篮球比赛有章可循，特介绍目前常用的简易规则，供大家参考执行。国际篮联正式篮球规则对3人篮球规则未明确提及的比赛规则均有效。

一、场地

国际篮联标准篮球场地的半场。

二、球队

每队由4至6名球员(3名上场球员和1名替补球员)和1名教练员或领队组成。

三、裁判人员

裁判人员由1名临场裁判员和3名记录裁判员(1名记分员、1名计时员和1名14秒钟计时员)组成。

四、比赛开始

(一)两队同时进行3分钟热身活动。

(二)比赛在罚球线以跳球开始，主队面向篮筐。跳球后，任何获得球权的队均将球传运出至三分线外。在随后的所有跳球情况、下节比赛开始和决胜期比赛开始都将采用球权交替拥有的规则。

(三)比赛时间和胜队

1. 初赛比赛分为两节，复赛和决赛比赛分为三节，每节时间为5分钟。

2. 在比赛时间内得分多或先达到规定分数的队为胜队。如果最后1节结束比分为平分时，比赛将继续两分钟的一次或多次决胜期比赛，得分多或先达到规定分数的队为胜队。

3. 每节比赛间和决胜期比赛间均休息 1 分钟。最后 1 节和决胜期比赛的最后 1 分钟投中后须停表。

4. 如果在比赛规定的开始时间 3 分钟后，某队不足 3 名球员，则视为该队弃权（比分由比赛组织方自行决定）。

五、球员和球队犯规处罚

球员犯规 4 次须离开比赛。球队每节犯规次数累计达 3 次时，该队即进入犯规处罚状态。

六、14 秒钟规则

进攻方须在 14 秒钟内尝试投篮。

七、如何打球

（一）每次投中或最后一次罚中后的行为：

非得分队 1 名球员在端线外掷界外球，球传至场内球员触及球后，即视为比赛开始。进攻队须将球传运至三分线外，且须经两名进攻球员触球后方可尝试投篮。

（二）每次投篮不中或最后 1 次罚球不中后的行为：

拥有篮板球权的进攻队不用将球传运至三分线外，可直接进行投篮尝试；防守队拥有篮板球权，须使球传运至三分线外。

（三）抢断、失误等球权转换后的行为：

由于抢断、失误导致的球权转换情况，拥有球权的队须使球传运至三分线外，且须经两名进攻球员触球后方可开始进攻。

（四）进攻队在未出三分线或不足触球人数做投篮动作时，视为违例；但做投篮动作的人在球未出手时被侵，视为防守球员犯规。

（五）第二节、第三节和决胜期比赛开始、犯规（罚球除外）、违例和出界后的所有掷界外球均在与三分线顶部齐平、靠近裁判员一侧的边线进行。裁判员须将球递交给掷界外球球员。

（六）防守队触球出界，进攻方继续掷界外球比赛时，如在球出界前，进攻方已使球传运至三分线外，且有两名球员触球时，进攻方掷球入界时，不受三分线限制。

（七）对于小篮架和篮筐不具有减压装置，不允许扣篮。

（八）替换和暂停

球成死球和计时器停止时，允许替换球员。建议比赛的任何时候都不允许暂停。

第四节　比赛的组织与编排

一、常用竞赛方法

（一）淘汰制

淘汰制是指竞赛中失败一次或两次后，即失去继续竞赛的机会，连续获胜的球队继续参加竞赛直至确定最后优胜队。失败一次失去竞赛资格的方法为单淘汰制；失败两次失去竞赛资格的方法为双淘汰制。淘汰制比赛结果只能产生第一名，如果要产生其余的名次，需进行补赛。淘汰制的编排方法：

1. 制订竞赛轮次表

如参加竞赛的队数恰好是 2 的乘方数（2、4、8、16），则第一轮中所有的队都要参加竞赛；如不是 2 的乘方数，经过第一轮竞赛后，必须使参加第二轮竞赛的队数是 2 的乘方数。如 12 个队参加比赛，经过第一轮比赛，必须要剩下 8 个队参加第二轮比赛，淘汰 4 个队。第一轮有 4 个队轮空。

2. 抽签，制订竞赛日程表

组织各队抽签，确定参赛队在竞赛表中的位置，并根据抽签结果，把各队队名填入竞赛轮次表中，然后制订出竞赛日程表。

（二）循环制

包括单循环、双循环和分组循环三种。此处介绍较常用的两种：

1. 单循环制的编排方法

单循环是指所有参赛队在竞赛中均能相遇一次，最后按各队在竞赛中的得分多少、胜负场次来排列名次。

(1)计算出竞赛的场数和轮次

竞赛场数:

$$\frac{N(N-1)}{2}=X$$

竞赛轮次:

参赛队数为偶数,则轮数$=N-1$;参赛队数为奇数,则轮数$=N$。

(2)编排竞赛轮次表

不论参赛队数是奇数还是偶数,均按偶数进行编排。在编排操作时,一般采用"固定轮转"的方法,即把参赛队平均分成两半。若参赛队为奇数,则在队数最后加一个"0",使其成为偶数。

例:6 个队参加比赛的排法

第一轮	第二轮	第三轮	第四轮	第五轮
1—6	1—5	1—4	1—3	1—2
2—5	6—4	5—3	4—2	3—6
3—4	2—3	6—2	5—6	4—5

5 个队参加比赛的排法

1—0	1—5	1—4	1—3	1—2
2—5	0—4	5—3	4—2	3—0
3—4	2—3	0—2	5—0	4—5

(3)抽签

按参加比赛的队数排好比赛轮次表后,备好签号,进行抽签,将抽签结果的队名填入竞赛轮次表中。

(4)编排竞赛日程表

根据比赛的日期、时间、场地、服装颜色等排出比赛日程表。

表 2－1　比赛日程表示例

轮　次	日　期	时　间		组别	比　赛　队	场地	备注
第一轮	8月8日	下午	3:00	女	××(　)——××(　)		
			4:30	男	××(　)——××(　)		
		晚上	7:00	女	××(　)——××(　)		
			8:30	男	××(　)——××(　)		

2. 分组循环制的编排方法

分组循环是把参赛队分成若干组，分别进行单循环竞赛。一般在参赛队多、竞赛时间有限时采用。总场次为各小组单循环场次累加在一起，轮次按小组最高轮次计算。如 16 个队参加比赛，分成四个小组，每个小组先进行单循环比赛。

经过小组循环比赛后，排出各小组的名次，再进行第二阶段比赛。第二阶段比赛通常有以下几种方法：

(1)同名次决赛：同名次编为一组进行单循环赛。

(2)前两名和第 3、4 名各编为一组，进行单循环赛。

分组循环的抽签方法：

第一种：先确定种子队，由种子队优先抽签，确定种子队的组别，然后其他队抽签，确定各组别的参赛队。

第二种：根据上届比赛名次，按蛇形排列方式分组。如 16 个队比赛，分四组的分组方法：

第一组	第二组	第三组	第四组
1	2	3	4
8	7	6	5
9	10	11	12
16	15	14	13

（三）混合制

同时采用淘汰制和循环制而进行的比赛称为混合制。通常是第一阶段先进行分组循环，第二阶段的比赛按两组相应的名次（如两个小组的第一名和第二名）先进行交叉比赛，两个胜队再进行比赛决定第一名和第二名，两个负队比赛决定第三名和第四名。原分组循环产生的小组内的第三名和第四名也可通过同样的方法决定最终的第五名至第八名，依此类推。

还有一种混合制，是把两次循环赛后的各队按成绩排出复赛的全部名次，然后按前后顺序，把相邻的两队编组进行决赛，排出最终名次。如12个队参加比赛，先把12个队分成三组，进行分组循环赛。然后把各组的前两名编成一组，仍采用循环制比赛，按成绩排出1～6名。各组的后两名也编成一组，采用循环制比赛，排出7～12名。最后，第一名和第二名比赛决定出冠亚军，第三名和第四名比赛决定出三、四名，依此类推。

二、竞赛成绩计算方法与名次评定

（一）淘汰制

淘汰制比赛中失败一次或两次后，即失去继续竞赛的机会，连续获胜的球队继续参加竞赛，直至成为最后的优胜队。

（二）循环制

胜一场得2分，负一场得1分，弃权得0分，积分多者名次列前；若两队积分相同，按两队间竞赛的胜负决定，胜队名次列前；若3个或3个以上参赛队积分相同则按这几个积分相同的队之间竞赛的胜负场次决定，胜场多者名次列前；如胜负场次仍相同，则按他们之间竞赛的得失分率（总得分/总失分）大小决定，得失分率大者名次列前；仍相同，则按他们在全部竞赛中的得失分率而定，得失分率大者名次列前。

如果只有三个球队参加比赛，并用上述的步骤（得失分率完全相同）不能决出名次，则用得分来确定名次排列。

举例：

A、B、C之间的比赛结果：

A—B　82：75

A—C　64：71

B—C　91：84

表 2-2　最终排位

球队	比赛场数	胜	负	积分	得失分	得失分率
A	2	1	1	3	146：146	1.000
B	2	1	1	3	166：166	1.000
C	2	1	1	3	155：155	1.000

最终名次排列：

第一名　B　166分

第二名　C　155分

第三名　A　146分

如果在上述所有的步骤后球队仍排列相同，将用抽签来决定最终的名次排列。抽签的方法由技术代表或当地比赛的组织者确定。

第三章 排 球

第一节 竞赛工作

一、竞赛前的准备工作

(一)成立组织机构——组织委员会

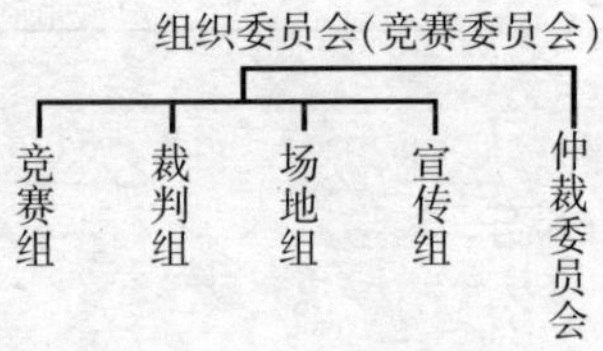

(二)各级组织机构的职责

1. 组织委员会

组织委员会是竞赛的领导机构，主要负责制订和执行竞赛计划；审查、协调各组工作计划及检查执行情况；处理和解决竞赛中出现的问题；总结工作等。

2. 裁判委员会

负责检查比赛场地和器材；组织裁判员赛前的学习和实习；安排比赛中的裁判工作；宣布比赛最终结果和名次等。

3. 办公室

负责秘书、会议、联络、接待、食宿、交通、医务和财务等行政事务工作。

4. 竞赛处

负责竞赛的组织编排、成绩的登记与公布；组织裁判长、领队及教练员联席会;负责开幕式和闭幕式的组织和奖品的颁发等。

5. 宣传处

负责宣传报道、思想教育和体育道德风尚奖的评选等。

6. 保卫处

负责赛会住地和比赛场地的安全保卫工作等。

7. 仲裁委员会

排球竞赛的仲裁机构。在组委会的领导下,负责监督竞赛规则和竞赛规程的正确执行,并对执行中所发生的问题和纠纷予以复审和裁决。

(三)竞赛规程

竞赛规程是竞赛工作的依据,有关竞赛的各项规定、要求及办法必须明确地写入规程。在竞赛前由主办单位根据竞赛的目的和任务制定竞赛规程,并提前发给有关部门,以便做好赛前的准备工作。竞赛规程的主要内容:竞赛名称、竞赛日期和地点、参赛单位和资格、竞赛办法、录取名次和奖励办法、报名和报到日期地点、裁判员和仲裁委员会选派方法及注意事项等。竞赛规程示例如下:

合肥工业大学2010年教工女子排球赛竞赛规程

一、竞赛日期和地点

2010年5月16日(星期六)下午16:30,在校(南区)排球场举行。

二、参加办法

1. 凡本校正式教职员工,且身体健康者均可报名参赛。

2. 各院系及部门单独组队参加比赛,每队限报运动员12名,教练员、领队各1名。报名电话:2901000　报名邮箱:hfgydx@hfut.edu.cn

3. 各参赛队于5月11日(星期一)前将报名表送到校工会,逾期视其自动放弃。

三、竞赛办法

1. 采用中国排协审定的《2005—2008年排球竞赛规则》。本次比赛中暂不使用"自由人"的相关规则。

2. 第一阶段采用分组单循环赛,将所有参赛队分成4个组,采用三局两胜制，每局采用25分制。

3. 上年度比赛成绩1～8名为种子队，按蛇形排列，分别自动进入4个组，即第1名，第8名进入A组，以此类推。

4. 非种子队在领队、教练员联席会议上抽签进入各组。

5. 分组单循环比赛计分办法

(1)各队胜一场得2分，负一场得1分，弃权得0分，弃权取消全部比赛成绩，积分多者名次列前。

(2)如遇两队或两队以上积分相等，则采用$\frac{A(\text{胜局总分})}{B(\text{负局总分})}=C(\text{值})$ (C值高者名次列前)。

如C值相等，则计算$\frac{X(\text{总得分数})}{Y(\text{总失分数})}=Z(\text{值})$($Z$值高者名次列前)。

6. 第二阶段取小组前两名进行交叉淘汰赛，分别决出1～8名，比赛采用五局三胜制。决胜局采用15分制。第二阶段比赛表如下：

表3-1　第二阶段比赛表

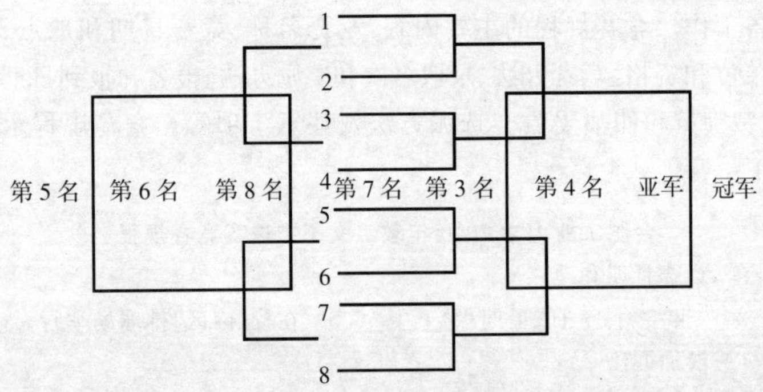

四、奖励办法：凡获得前8名的队均获奖励，并列入下一年度比赛的种子队。

五、如遇雨天，比赛顺延。

六、5月13日(星期三)下午4:30在校工会俱乐部召开领队、教练员、裁判长联席会议。届时将进行非种子队的抽签仪式。

七、凡参赛队迟到15分钟，按弃权处理。

八、未尽事宜，另行通知。

二、竞赛期间的工作

（一）竞赛处：要及时登记和公布当天的比赛成绩，同时应经常检查并管理好场地器材和设备；有特殊情况需要更改比赛场地、日期和时间的，要及时通知各参赛队。

（二）办公室：应深入各运动队并听取意见、改进工作，保障运动员、裁判员和工作人员的饮食、洗浴及休息；赛场应有医生做好处理伤病事故的准备工作，并做好食品卫生监督工作。

（三）裁判委员会：要及时组织裁判员小结，改进工作，保证比赛顺利进行。

（四）保卫处：应随时注意与会人员住地和赛场的治安工作，特别是在大会临近结束时更要加强保卫工作。

（五）宣传处：组织好宣传报道和道德风尚奖的评选工作。

（六）仲裁委员会：负责复审比赛期间执行规则和竞赛规程中发生的纠纷、受理申诉和控告等。对上述问题仲裁要及时处理，不得影响比赛正常进行。

三、竞赛结束工作

竞赛组及时核对比赛成绩，排出名次，交由裁判长宣布。召开组委会会议，听取工作汇报和意见，决定体育道德风尚奖评选结果，组织闭幕式和发奖仪式，印发成绩册，安排和办理各队和裁判员离会有关事宜，完成赛会总结，并向领导部门汇报。

第二节　比赛编排和成绩计算方法

一、单循环比赛编排和成绩计算方法

单循环是各参赛队在整个竞赛中彼此相遇一次，一般在参赛队不多、比赛时间充足时采用。

(一)比赛轮数和场数的计算

1. 比赛轮数:在循环赛中,各队参加完一场比赛即为一轮。参赛队数(N)为奇数时,轮数等于 N;N 为偶数时,比赛轮数等于$N-1$。

2. 比赛场数:单循环比赛的场数$=\frac{N(N-1)}{N}$,8 个队参加比赛比赛场数为$\frac{8\times(8-1)}{2}=28$(场)

3. 采用"贝格尔"编排法

采用贝格尔编排法,编排时如果参赛队为双数时,把参赛队数分为两半(参赛队为单数时,最后以"0"表示形成双数),成"U"形排列,前一半由 1 号开始,自上而下写在左边;后一半的号数自下而上写在右边,然后用横线把相对的号数连接起来,即第一轮的比赛。

第二轮将第一轮右上角的编号("0"或最大的一个代号数)移到左角上,第三轮又移到右角上,以此类推,直至最后一轮在右上角。单数轮次时"0"或最大的一个代号在右上角,双数轮次时则在左上角。上一轮右下角的代号数提至第一排与"0"或最大的代号数对应,其他按相邻顺序依次排上来,"0"或最大的代号数始终在右上角或左上角。见表 3-2 所列。

表 3-2 "贝格尔"编排法

第一轮	第二轮	第三轮	第四轮	第五轮	第六轮	第七轮
1—0	0—5	2—0	0—6	3—0	0—7	4—0
2—7	6—4	3—1	7—5	4—2	1—6	5—3
3—6	7—3	4—7	1—4	5—1	2—5	6—2
4—5	1—2	5—6	2—3	6—7	3—4	7—1

(二)单循环计分方法和名次决定办法

1. 各队胜一场得 2 分,负一场得 1 分,弃权得 0 分,积分多者名次列前。

2. 如遇两队或两队以上积分相等，则采用$\frac{A(\text{胜局总分})}{B(\text{负局总分})}=$ C(值)（C 值高者名次列前）。如 C 值相等，则计算$\frac{X(\text{总得分数})}{Y(\text{总失分数})}$ $=Z$(值)（Z 值高者名次列前）。

二、单淘汰比赛编排及成绩计算方法

（一）比赛轮数：如果参赛的队数是 2 的乘方数时，则比赛轮数是以 2 为底的幂的指数。例如：8 个队参加比赛为 3 轮，因为 $8=2^3$；16 个队为 4 轮，因为 $16=2^4$。

如果参加的队数不是 2 的乘方数，即参加队数介于 2 的两个乘方数之间，则轮数是较大的一个以 2 为底的幂的指数。如 14 个队参加比赛，则按 16 个队的轮数来计算，为 4 轮。

（二）比赛场数：单淘汰比赛总场数等于参赛队数减一，如：8 个队比赛共有 7 场比赛；13 个队比赛共有 12 场比赛。

（三）单淘汰比赛秩序表的编排：如果参赛队数是 2 的乘方数，开始比赛的第一天按照参加比赛的队数，每两队编排一组逐步进行淘汰。例如 8 个队参加比赛，即赛 3 轮，共 7 场比赛。第一轮的比赛是 1—2、3—4、5—6、7—8，胜队进入第二轮。第二轮的胜队进入第三轮。最后决出冠亚军队，见表 3－3 所列。

表 3－3　比赛秩序表

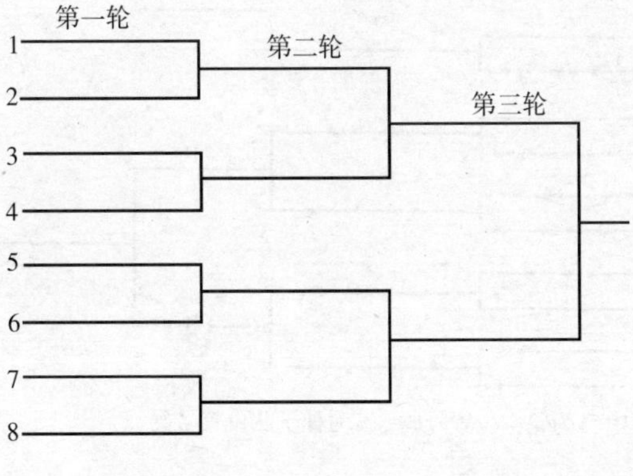

第一轮
1
2
第二轮
第三轮
3
4
5
6
7
8

如果参赛队数不是2的乘方数，要根据参加队数，选择较大的以2为底的幂的指数为号码位置数，号码位置数减去参加队数即为轮空数。例如14个队参加比赛，应选16个号码位置数，有2个队轮空。轮空队只能在第一轮比赛中出现，不能在其他比赛轮次中出现。如有轮空，应首先让种子队或强队轮空。

为了避免技术较好的两队首先相遇而被淘汰，可采用设种子队的办法。编排比赛秩序表时，把实力较强、技术较好的种子队合理地分别排入各个不同的区内，使他们最后相遇，这样在比赛中产生的名次较为合理，比赛也更加精彩。确定种子队的主要依据是其技术水平和最近参加的主要比赛所取得的成绩。确定种子队的数量主要依据参赛队的队数，一般以4个队设1个种子队为宜。单淘汰的种子队应平均分布在各个区内。例如13个队参加比赛，设4个种子队，把最强的两个种子队排在两头1、16号位置上，把3、4号种子队安排在中间8、9号位置上。轮空位置和种子队的位置见表3-4所列。

表3-4　13个队参赛的轮空位置和种子队位置

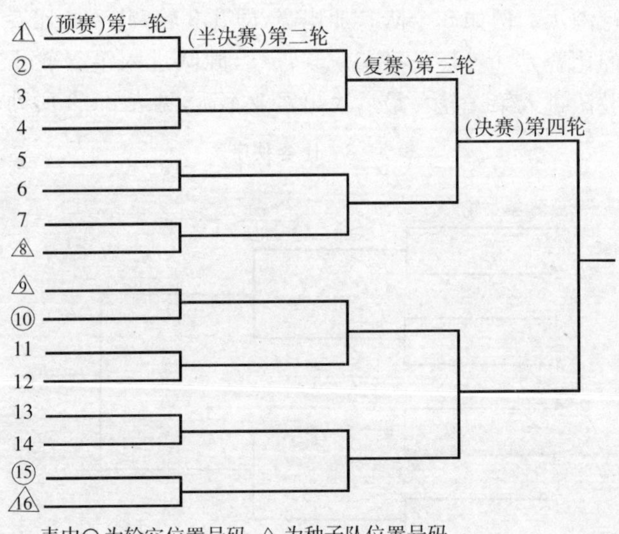

表中○为轮空位置号码，△为种子队位置号码。

为了保证种子队合理地分布在各区，最简单的方法是检查种子队位置表。种子队位置表的使用方法：根据应设的种子数目，依次逐行由左向右选取小于或等于比赛号码位置数的号码，即为种子位置号码。有 16 个队参加比赛，设 4 个种子队，用查种子位置表，选出 1、16、9 和 8 共 4 个号码位置，见表 3-5 所列。

表 3-5 种子队位置表

1	64	33	32
17	48	49	16
9	56	41	24
25	40	57	8

（四）单淘汰制名次评定：冠军队是在全部比赛中没有失败过一场的队；决赛中失败的队为亚军队。如果在竞赛规程中规定参赛队均须确定名次时，就应进行附加赛。常用方法：复赛中失败的两个队补赛一次，胜者为第 3 名，负者为第 4 名，复赛中失败的 4 个队进行补赛，争夺第 5～8 名，见表 3-6 所列。

表 3-6 附加赛秩序表

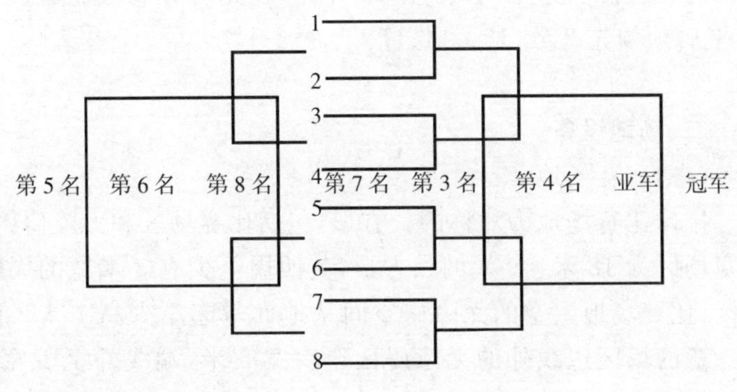

基层单位进行比赛时根据实际情况，可以先分组单循环，再交叉淘汰，亦可先单淘汰再分组单循环。

第三节 裁判法简介

规则是排球比赛中所必须遵循的规定与法则。它由场地设备、技术性规定和非技术性规定等方面组成的。了解规则的精神，运动员技能的发挥才能够更加淋漓尽致，教练员方能更加合理地缔造球队和创造战术，令比赛更加精彩。了解规则的内在联系，裁判员才能更公正地作出裁定，使观众更加深刻地感受到排球运动的魅力。以下规则根据中国排球协会审定的《排球竞赛规则 2005—2008》编写。

一、比赛方法

比赛开始前由第一裁判员主持抽签，决定首先发球队和场区，决胜局比赛前，应再次抽签。抽签由双方队长参加，获胜方可选择发球、接发球或场区，另一方挑选剩下部分。比赛采用五局三胜制，前四局是每局 25 分，先得 25 分，并同时超出对方 2 分的队胜一局。当比分为 24∶24 时，比赛继续进行至某队领先 2 分(26∶24、27∶25……)为止。胜三局的队获胜；如果 2∶2 平局时，决胜局(第五局)打至 15 分，并领先对方 2 分获胜。当 14 平后须领先 2 分(16∶14、17∶15……)。

二、场地设备

(一)比赛场地

排球比赛场地为对称的长方形，包括比赛场区和无障碍区。比赛场区为 18 米×9 米的长方形，其四周至少有 3 米宽的无障碍区，比赛场地上空的无障碍空间从地面量起至少高 7 米。国际比赛的场区边线外的无障碍区至少宽 5 米，端线外至少宽 8 米，比赛场地上空的无障碍空间至少高 12.5 米。如图 3－1 所示。

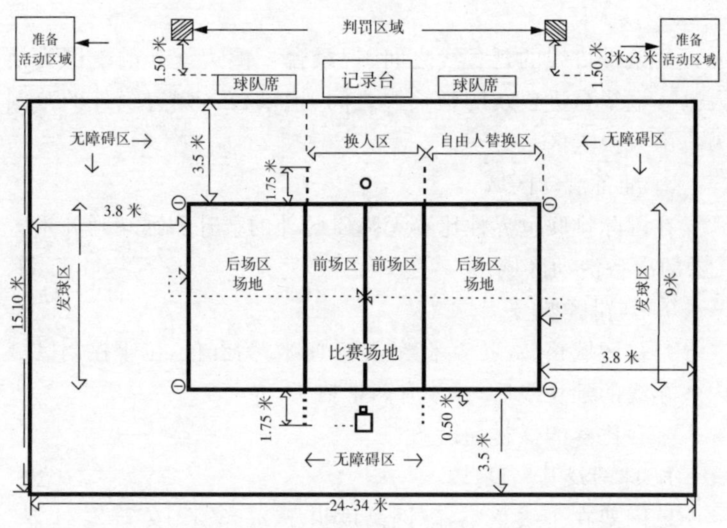

图 3-1　排球比赛场地

(二)比赛场地的要求

场地的地面必须平坦、水平、整齐划一。世界性比赛场地的地面只能是木质或合成物质。场地所有的界线宽均为 5 厘米,其宽度包括在各个场区内。室内比赛场地的地面颜色必须是浅色。

(三)比赛场地区域

1. 比赛场区

由中线的中心线分为长 9 米、宽 9 米的两个相等的场区。

2. 前场区

每个场区各划一条距离中线中心线 3 米的进攻线(其宽度包括在内)。中线与进攻线之间区域为前场区。

3. 发球区

发球区宽 9 米,位置在端线后。端线后两条边线的延长线各画一条长 15 厘米、垂直并距离端线 20 厘米的短线,两条短线之间的区域为发球区,短线宽度包括在发球区之内。发球区的深度延至无障碍区的终端。

4. 换人区

两条进攻线的延长线之间、记录台一侧边线外的范围为换人区。端线与进攻线的延长线之间、记录台一侧边线外的范围为自由人换人区。

5. 准备活动区域

在国际排联世界性比赛无障碍区外的替补席远端画 3 米×3 米的准备活动区域。

6. 判罚区域

判罚区域长、宽各 1 米,线宽 5 厘米,为红色,位于控制区域内各端线的延长线后,并放有两把椅子。

(四)比赛的器材和设备

1. 球网及其高度

球网架在中线上空,球网高度男子 2.43 米,女子 2.24 米。球网为黑色,宽 1 米,长 9.50~10 米(每边标志带外 25~50 厘米),网眼直径 10 厘米,如图 3-2 所示。

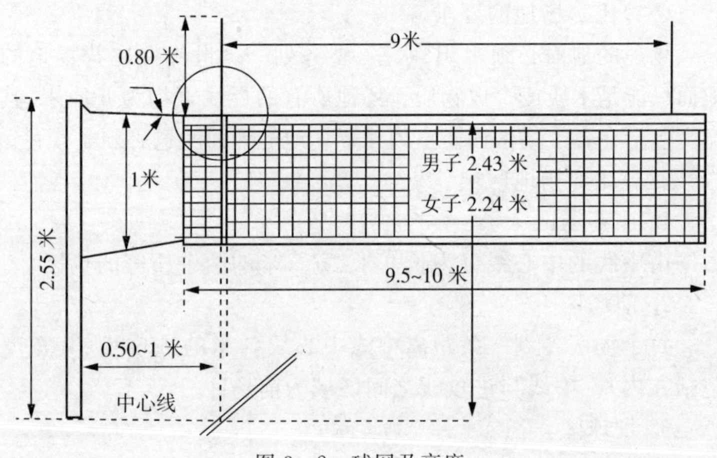

图 3-2 球网及高度

2. 网柱

两根网柱分别架设在两条边线外 0.5~1 米、高 2.55 米处,最好可以调节高度。

3. 标志带

两条宽 5 厘米、长 1 米的白色带子为标志带，分别系在球网的两端，垂直于边线。标志带被认为是球网的一部分。

4. 标志杆

标志杆是有韧性的两个杆子，长 1.80 米，直径 10 毫米，由玻璃纤维等类似材料制成。两根标志杆分别设置在标志带外沿球网的不同侧面，高出球网 80 厘米，高出部分每 10 厘米应涂有明显对比的颜色，最好为红白相间。标准杆被认为是球网的一部分，并视为过网区的边界，如图 3－3 所示。

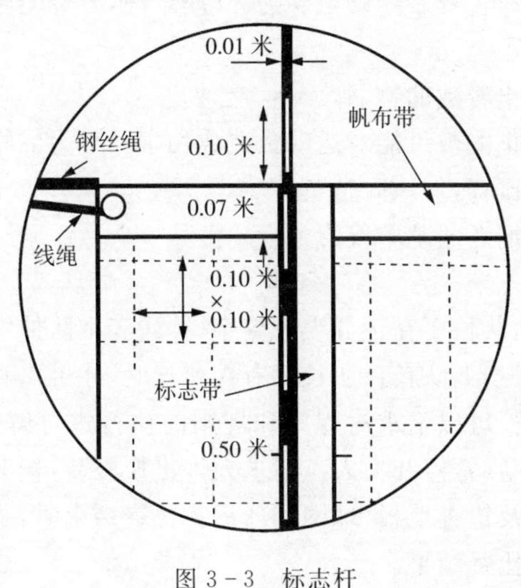

图 3－3　标志杆

5. 球

比赛用球的颜色应是国际排联批准的均一的浅色或彩色。球圆周为 65～67 厘米，重量为 260～280 克，气压为 0.30～0.325 千克/平方厘米(294.3～318.82 毫巴)。

其他附加设备都必须符合国际排联的规定。基层比赛可根据实际情况作适当调整。如场地尺寸可扩大或缩小等，网柱、标志杆等可选择一些替代物，但必须保证比赛的安全。

三、非技术性规定

(一)队员的服装

队员的上衣、短裤和袜子必须统一、整洁且颜色一致(后排自由防守队员除外)。后排自由防守队员必须身穿区别于其他同队队员颜色的服装(或为后排自由防守队员准备的特别服装),式样可以不同,但必须有同队一样的号码。国际比赛中,全队队员鞋子的颜色必须一致,但商标可以不同。上衣的号码必须是1～18号,号码的颜色必须与上衣明显不同。身前号码至少为15厘米高,身后号码至少为20厘米高,号码笔画宽度至少为2厘米。

(二)禁止着戴的物品

队员禁止佩戴可能对运动员造成伤害及加力的物品。可以戴眼镜进行比赛,但风险自负。

(三)参加者的基本权力

1. 队长

比赛前,队长要在记分表上签字,并代表本队抽签。在比赛中,队长担任场上队长。队长只有在死球时,才可以和裁判员讲话。场上队长可以请求对规则和规则的执行进行解释,请求正常的比赛间断(暂停和换人),请求允许更换服装,核对双方队员的场上位置及检查地板、球网和球等。比赛结束时,要在记分表上签字承认比赛结果。

2. 教练员

教练员自始至终在比赛场区之外进行指挥,与第二裁判员联系填写位置表,请求换人或暂停;并在比赛前在记分表上登记和检查队员姓名、号码并签名。比赛中教练员在进行指导时,可以在替补席前自进攻线延长线至准备活动区之间无障碍区内站立或行走,但不得干扰或延误比赛。

3. 换人

每一局每队最多可换六人次。一名队员离开比赛场地,由另一名队员上场占据他的位置为一人次替换（自由人进出除外）。在一次换人中可以同时换一人或多人。替补队员每局只能上场比赛一次，是一对一的关系。如果一队员受伤不能继续比赛，必须进行合法的替换；如果不能进行合法替换，可采取特殊的替换；如果队员被判罚出场或取消比赛资格，必须进行合法的替换。如果不能进行合法替换，则判该队阵容不完整，阵容不完整的队保留其所得分数和局数。自由防守队员的替换不计在该队的换人次数之内，且没有次数限制。但两次替换之间必须经过比赛过程。替换他的队员必须是由他替换出场的队员。替换必须在比赛成死球后，第一裁判员鸣哨发球前进行。比赛开始前，第二裁判员核查完位置后，才允许后排自由防守队员进入比赛场地。

4．比赛间断

正常的比赛间断为暂停和换人。在比赛成死球时，裁判员鸣哨发球前，教练员或场上队长用相应的手势请求间断。一次或两次暂停可以与双方的各一次换人相连接，中间无须经过比赛过程。同一队未经过比赛过程不得连续提出换人的请求，但在同一次换人请求中可以替换两名或更多的队员。暂停分为请求暂停和技术暂停两种。所有被请求的暂停时间为 30 秒钟，每局每队各两次请求暂停。国际排联世界性比赛第 1～4 局，每局另外有两次时间为 60 秒的技术暂停，每当领先队达到 8 分和 16 分时自动执行。决胜局（第五局）没有技术暂停，每队在该局中可请求两次 30 秒钟的请求暂停。所有暂停时，比赛队员必须离开比赛场区到球队席附近的无障碍区。

5．延误比赛

延误比赛的行为：换人延误时间；在裁判员鸣哨恢复比赛后，拖延暂停时间；请求不合法的替换，在同一局中再次提出不符合规定的请求；场上队员拖延比赛的继续进行。延误比赛为全队的行为犯规，同一局中第一次延误，应判“延误警告”，若再次出现则给予“延误判罚”。

6. 不良行为

球队成员对裁判员、对方队员、观众和同队队员的不良行为，根据其冒犯程度分为三类。

(1)粗鲁行为：违背道德原则和文明的举止，并对裁判员、对方队员和观众有侮辱性的表示。

(2)冒犯行为：诽谤、侮辱的言行或形态。

(3)侵犯行为：人身侵犯或企图侵犯。

不良行为的判罚等级和处理办法见表 3－7 所列。

表 3－7　不良行为的判罚等级和处理办法

<table>
<tr><th>种类</th><th>发生次数</th><th>违反者</th><th>判罚</th><th>牌</th><th>结果</th></tr>
<tr><td rowspan="3">粗鲁行为</td><td>第一次</td><td>任一成员</td><td>判罚</td><td>黄</td><td>失一球</td></tr>
<tr><td>第二次</td><td>同一成员</td><td>判罚
出场</td><td>红</td><td>该局比赛离开比赛场地
坐在判罚区域内</td></tr>
<tr><td>第三次</td><td>同一成员</td><td>取消比
赛资格</td><td>红＋黄</td><td>该场比赛离开
比赛控制区域</td></tr>
<tr><td rowspan="2">冒犯行为</td><td>第一次</td><td>任一成员</td><td>判罚
出场</td><td>红</td><td>该局比赛离开比赛场地
坐在判罚区域内</td></tr>
<tr><td>第二次</td><td>同一成员</td><td>取消比
赛资格</td><td>红＋黄</td><td>该场比赛离开
比赛控制区域</td></tr>
<tr><td>侵犯行为</td><td>第一次</td><td>任一成员</td><td>取消比
赛资格</td><td>红＋黄</td><td>该场比赛离开
比赛控制区域</td></tr>
<tr><td colspan="6">延误判罚等级表</td></tr>
<tr><td rowspan="2">延误</td><td>第一次</td><td>同队的
任一成员</td><td>延误
警告</td><td>手势 25
无牌</td><td>不予判罚防止重犯</td></tr>
<tr><td>第二次
(及其后的)</td><td>同队的
任一
成员</td><td>延误
判罚</td><td>手势 25
黄</td><td>失一球</td></tr>
</table>

四、技术性规定

(一)发球

第一裁判员鸣哨后,发球队员必须在 8 秒内将球抛起或持球手撤离。在球落地前,用一只手或手臂的任何部分将球击出。裁判员鸣哨前的发球无效,重新发球;球只能被抛起或撤离一次,但拍球或在手中摆弄球是允许的;发球队员在击球时或击球起跳时,不得踏及场区和发球区以外地面,击球后,可以踏及或落在场区内或发球区以外。

(二)队员的场上位置

在发球队员击球时,双方队员必须在本场区内按轮转次序站位。发球队员不受场上位置的限制。队员的位置是根据其脚的着地部位来判定的,每一名前排队员至少有一只脚的一部分,比同列后排队员的双脚距中线更近,否则为同列位置错误;每一名右边(左边)队员至少有一只脚的一部分,比同排中间队员的双脚距场地的右(左)边线更近,否则为同排位置错误。在发球队员击球的一刹那,场上队员脚的着地部位必须符合其位置要求。在发球后,队员可以在本场区和无障碍区的任何位置上。如图 3-5 所示。

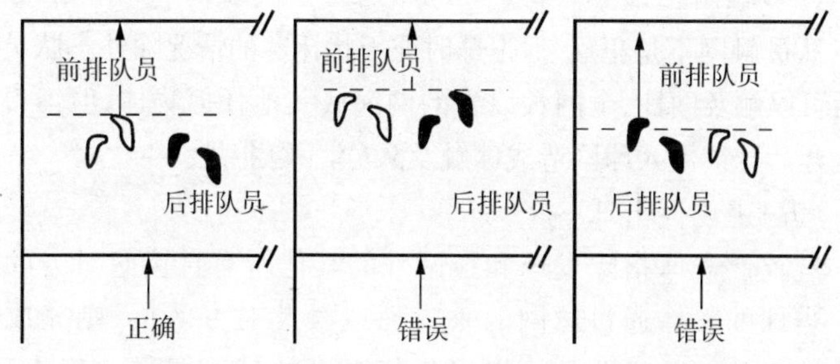

图 3-4　前排队员与相应的后排队员位置关系

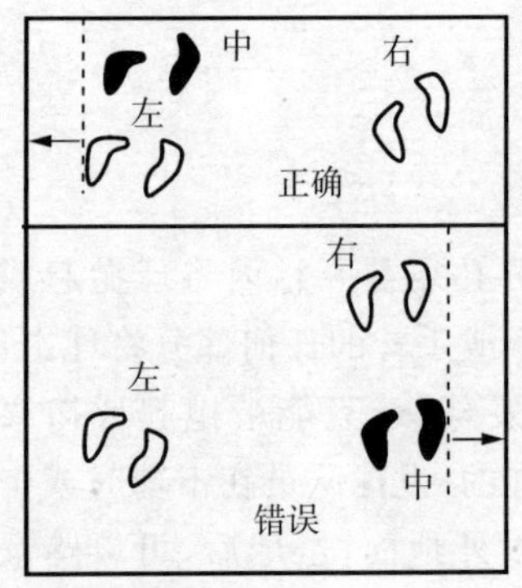

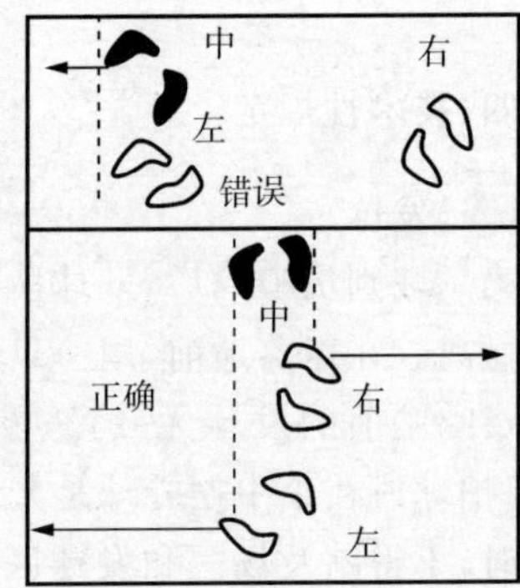

中=中间队员
右=在边队员
左=左边队员

图 3－5　同排队员位置关系

(三)网下穿越

在不妨碍对方比赛的情况下,允许队员的一只(两只)脚或一只(两只)手越过中线触及对方场区的同时,脚或手的一部分还可以接触中线或置于中线上空。除脚或手以外,不允许队员身体的任何其他部分接触对方的场区。在比赛中断后,队员可以进入对方场地。在不影响对方比赛的情况下,队员可以穿越进入对方的无障碍区。

(四)触网

队员触网不是犯规,但击球时或干扰比赛的情况除外。队员击球后可以触及网柱、全网长以外的网绳或其他任何物体,但不得影响比赛。球被击入球网造成球触及队员,不算犯规。

(五)进攻性击球

进攻性击球指除发球和拦网外的其他所有直接向对方的击球。当球的整体通过球网的垂直面或触及对方队员,则完成了进攻性击球。前排队员可以对任何高度的球完成进攻性击球,但触球时必须在本场地空间。后排队员则允许在后场区对任何高度的球完成进攻性击球,但起跳脚不得踏及或越过进攻线,击球后可以落在前场区，如果后排队员在前场区完成进攻性击球，在触球时，球的一部分必须低于网上沿。判断后排进攻性击球犯规必须同时具备三个条件：(1)后排队员在前场区内，踏及进攻线及其延长线；(2)击球时整个球体高于网上沿；(3)完成进攻性击球，即击出的球的整体由过网区通过球网的垂直面或触及对方拦网队员的手。

(六)拦网

拦网是指队员靠近球网，将手伸向高于球网处阻挡对方来球的行动。触及球的拦网行动为完成拦网。只有前排队员允许拦网，后排队员不得拦网。前排队员的拦网触球不算作本队的一次击球，因此，本队拦网后还可以击球三次；拦网时，队员可以将手或手臂伸过球网，但不得影响对方击球；过网拦网触球应在对方完成进攻性击球之后。在拦网动作中允许球迅速而连续地触及一名或更多的拦网队员。

(七)比赛中的击球

队员的身体任何部位都允许触球，但球必须被击出，不得接住和抛出，球可以向任何方向反弹。如果队员违反了上述规定，则判为持球。

球可以触及身体的不同部位，但必须是同时，否则为连击犯规。在拦网动作中，允许同一队员或同一拦网中的不同队员在一个单一动作中连续触球。在球队的第一次击球时，允许队员身体的不同部位在同一击球动作中连续触球。第一次击球指接发球、接进攻性击球、接本方拦起的球和接对方拦回的球。而在本队第二次和第三次击球时，则不允许球连续触及身体的不同部位。

以上规则在基层比赛中可灵活变动，如小组赛时五局三胜制可改为三局两胜制；局间分数也可作适当变动；取消后排进攻限制线或没有位置错误等，但在领队会上或更早时间通知各队，以便让各队早做准备。

五、裁判员分工

一场比赛的裁判员由第一裁判员、第二裁判员、记录员、助理记录员和司线员组成。第一裁判员自始至终是比赛的领导者，他的判定是比赛的最终判定。第二裁判员是第一裁判员的助手，当第一裁判员不能继续工作时，他可以代替第一裁判员履行职责。基层比赛可根据实际情况由组委会决定每场比赛的裁判员人数，如第一阶段可由第一和第二裁判完成，第二阶段再加两个司线员。

(一)第一裁判员：坐或站在球网一端的裁判台上执行职责，视线水平必须在高出球网上沿约 50 厘米的高度上。比赛前第一裁判员应检查场地、器材和比赛用球；主持抽签，掌握正式准备活动时间；比赛中针对双方队的成员的不良行为和延误比赛进行判罚；对发球犯规和发球位置错误、发球掩护、比赛击球的犯规、高于球网和球网上部犯规的判定。

(二)第二裁判员：站在第一裁判员对面，面对第一裁判员执行职责。他有权允许比赛间断请求或拒绝不合规定的请求；负责掌握间断的时间和各队暂停、换人的次数，并将某队暂停次数和第 5、6 人次换人告诉给第一裁判员和有关教练员。当发现队员受伤时，他有权允许替换或给以恢复时间。负责掌握记录员的工作和掌管准备活动区中的队员；负责检查场地地面(主要是前场区)和球是否符合比赛要求；用手势指出他职权以外的犯规(如触手出界、四次击球等)，但不能鸣哨，亦不得坚持自己的判断；在每局开始、决胜局交换场地，以及任何必要的时候，核查场上队员的实际位置是否与位置表相符。比赛中第二裁判员发现以下犯规应立即鸣哨并做出手势：接发球队的位置错误；队员触及球网和第二裁判员一侧的标志杆；网下穿越进入对方场区和空间；后排队员进攻性击球犯规和拦网犯规；球从过网区以外过网或触及第二裁判员一侧标志杆；球触及场外物体。第二裁判员对第一裁判员的手势进行重复和配合。

（三）记录员：记录员坐在第一裁判员对面的记录台执行职责。

（四）司线员：国际排联世界性比赛必须有 4 名司线员；站在无障碍区距场角 1～3 米的位置上，各负责一条界线。如果是两名司线员，其位置应站在非发球区的两个场角端距场角 1～2 米，各自负责其一侧的端线和边线。裁判人员的位置如图 3－6 所示。

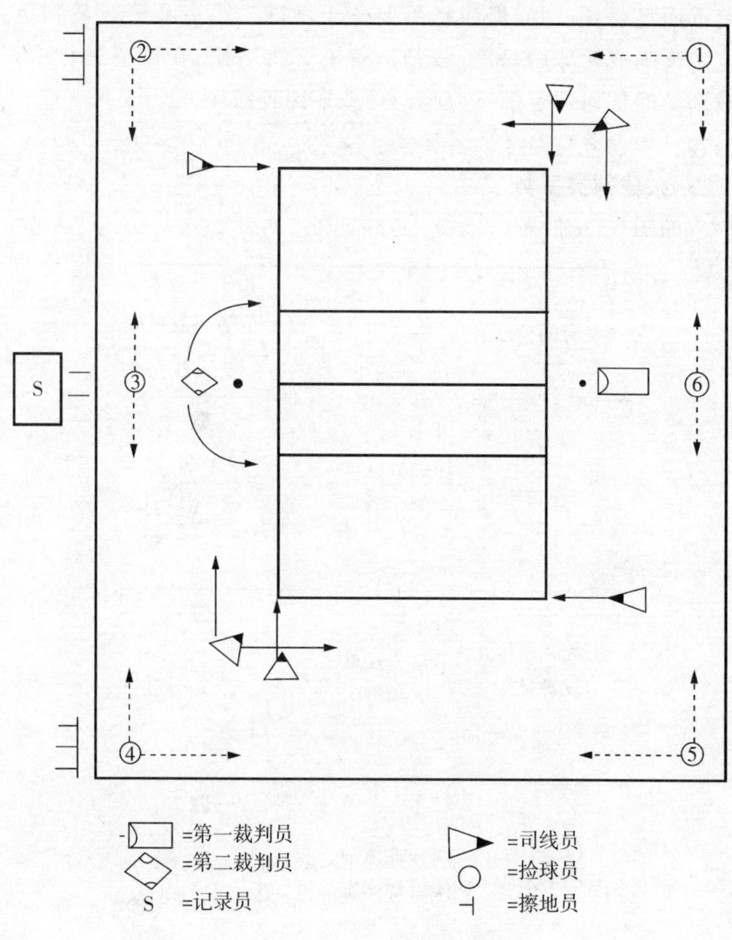

图 3－6　裁判人员的位置

六、裁判员哨声

发球、发球失误、发球直接得分时，哨音要清脆、短促。运动员击球时犯规、触网、过中线、位置错误等犯规时，哨音要重而脆，并且稍长一些。请求暂停、换人、宣布准备活动开始或结束等，鸣一声长音。场上秩序不好、观众喧哗、关键比分时，哨音要稍重而且要长一些，但注意不要急于发球。第一和第二裁判员之一鸣哨成死球后，另一裁判员就不必再鸣哨；在比赛进行中，裁判员的任何判定都不应鸣两声或多声连续哨。

七、裁判员手势

如图 3-7 所示。

表明的性质		出示手势者 F 第一裁判员 S 第二裁判员
允许发球	F 挥动发球队一侧手臂	1 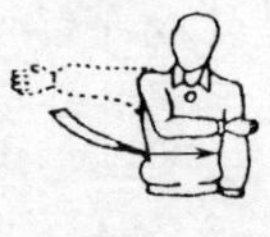
发球队	F S 平举发球队一侧手臂	2 
交换场地	F 两臂在体前、体后绕体旋	3 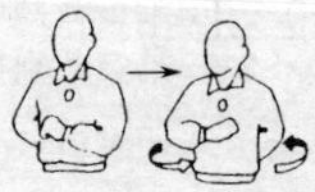

暂停	F S 一臂屈肘抬起， 另一手掌放 在该手指尖上	4
换人	F S 两臂屈肘在 胸前绕环	5
持球	F 一手前平举， 掌心向上	6
连击	F 举起两个 手指并分开	7
四次击球	F 举起四个 手指并分开	8
表明的性质		出示手势者 F 第一裁判员 S 第二裁判员
发球未过网	F S 一手触犯规 队一侧球网	9

过网击球	F 一手掌心向下，前臂置于球网上空	10
后排队员进攻性击球犯规或对对方的发球和自由防守队员在前场区的上手传球进行进攻性击球	F 一臂向上举起，前臂向下摆动	11
进入对方场区或球从网下通过	F S 手指指向中线	12
双方犯规重新发球	F 两臂屈肘竖起拇指	13
触手出界	F S 两臂举起，一手掌摩擦另一手指尖	14
延误警告 延误判罚	F 以张开的右手遮挡左手手腕或以黄牌放置于手表上	15 警告 判罚

表明的性质		出示手势者 F 第一裁判员 S 第二裁判员
发球延误	F 举起八个 手指并分开	16 
掩护或 拦网犯规	F S 两臂上举， 掌心向前	17 
位置或轮转 错误	F S 一手食指在 体前水平绕环	18 
界内球	F S 整个手臂和手 斜指向地面	19 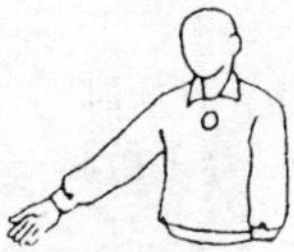
界外球	F S 两臂屈肘上举， 手掌向后摆动	20 
表明的性质		出示手势者 F 第一裁判员 S 第二裁判员

判罚	F 一手持黄牌	21
判罚出场	F 一手持红牌	22
取消比赛资格	F 一手持红、黄牌	23
一局或全场 比赛结束	F S 两臂在 胸前交叉	24
发球时 球未抛起	F 一臂屈肘慢慢 举起,掌心向上	25
表明的性质		出示旗示者 L 司线员
界内球	L 向下示旗	1

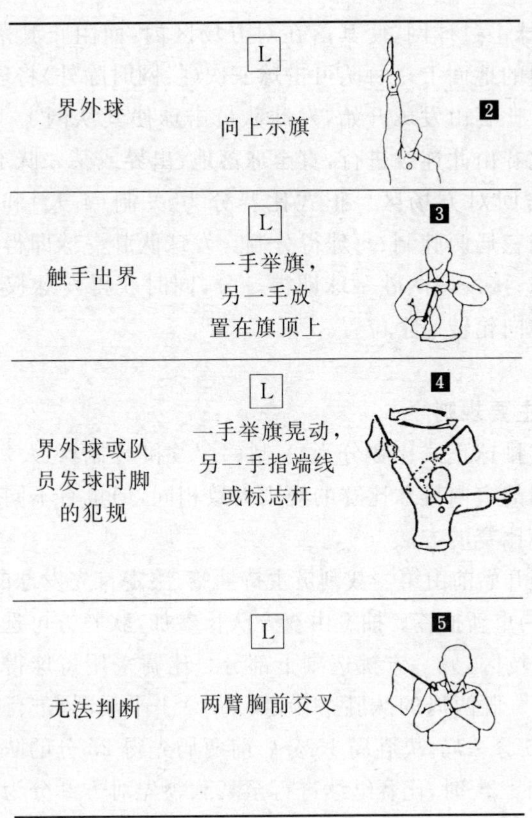

图 3-7 裁判员手势

第四节 软式排球竞赛简介

一、比赛的特性

软式排球是两队在球网分开的场地进行比赛的集体项目。它可以有多种比赛方式，以适应不同性质、不同层次比赛需要。软式排球如同室内 6 人制排球一样，主要是利用手或手臂进行击球，身体其他任何部位也可以击球。比赛的目的是各队遵守规则，将球击过球网，使其落在对方场区内，而阻止其落地在本方场区内的地面上。每队可击球三次(拦网时除外)将球击回对方场区。比赛由发球开始，发球队员击球使其从网上飞至对方场区。比赛由此连续进行，直至球落地、出界或某一队不能合法地将球击回对方场区。正式比赛分为A制(4人)和B制(6人)，采用三局两胜制、每球得分制。发球队胜一球即得一分，并继续发球；接发球队胜一球即得一分，同时获得发球权，队员按顺时针方向轮转一个位置。

二、主要规则

软式排球正式比赛分为A制(4人)和B制(6人)，其规则与六人制的室内排球比赛的规则大致相同，但也有不同之处。

(一)比赛的方法

比赛开始前由第一裁判员主持抽签，决定首先发球的队和场区，决赛局重新抽签。抽签由双方队长参加，获胜方可选择发球、接发球或场区，另一方挑选剩下部分。比赛采用每球得分制，三局两胜制。胜两局的队胜一场，如果1∶1平局时，进行决胜局。前两局25分一局，决胜局15分。前两局先得25分的队胜一局。当比分24∶24时，比赛继续进行至某队领先对方2分为止，没有最高分限制。决胜局先得15分的队胜该局，当比分14∶14时，比赛继续进行至某队领先2分为止，没有最高分限。决胜局比分到8分时交换场区。弃权：某队被召唤之后拒绝比赛，则宣布该队为弃权，以0∶2的比局和0∶25、0∶25的比分失利。

(二)比赛场地

A制：比赛场区为16米×9米的长方形，其四周至少有3米的无障碍区，从地面量起至少有7米的无障碍空间。

B制：比赛场区为18米×9米的长方形，其四周至少有3米的无障碍区，从地面量起至少有7米的无障碍空间。

场地地面必须是平坦、水平、整齐划一的，不得有任何可能造成伤害队员的隐患，不要在粗糙、潮湿或光滑的地面上进行比赛。

（三）器材

1. 球网及其高度

成人球网高度：男子 2.35 米，女子 2.20 米。青少年组球网高度可适当降低。

2. 球

球是圆形的，由柔软的材料制成，能适应室内外比赛。

颜色：浅色。

圆周：成人组，65～67 厘米；青少年组，63～65 厘米。

重量：成人组，220～240 克；青少年组，200～220 克。比赛用球应当有一定的弹性，其标准为在 2 米高处自由落下且反弹高度不低于 50 厘米，则合格。

3. 比赛队

一个队由 8 名队员组成。A 制上场比赛为 4 名队员；B 制上场比赛为 6 名队员。可设 1 名教练员、1 名领队。

4. 队员服装

队员的上衣、短裤和袜子必须统一、整洁且颜色一致。上衣的号码必须是 1～12 号，号码的颜色必须与上衣的颜色不同。身前号码至少为 15 厘米高，身后号码至少为 20 厘米高，号码笔画宽度至少为 2 厘米。

5. 队员的场上位置

A 制：1 号位为后排队员，2、3、4 号位为前排队员。

B 制：1、5、6 号位为后排队员，2、3、4 号位为前排队员。前后排队员位置不能颠倒；同排队员位置不能交叉（发球队员除外）。接发球队获得发球权后，该队队员必须按顺时针方向轮转一个位置：A 制：2 号位队员转至 1 号位发球，1 号位队员转至 4 号位等；B：2 号位队员转至 1 号位发球，1 号位队员转至 6 号位等。

6. 比赛间断

正常的比赛间断为暂停和换人。每局每队各两次请求暂停，暂停时间限制为 30 秒钟。在比赛成死球时，裁判员鸣哨发球前，教练员或场上队长用相应的手势请求间断。每局比赛每队最多可替换四人次，在一次换人中可以同时替换一人或多人；每一局开始上场阵容的队员在同一局中可以退出比赛或再次上场；替补队员每局可以上场替换场上任何一名队员。一次或两次暂停可以与双方的各一次换人相连接，中间无需经过比赛过程。

7. 局间休息

所有局间休息均为 2 分钟。决胜局前，裁判员主持重新抽签；局间休息时，双方队员可坐在运动队席位上，也可在比赛场地练习。

上述规则没提到的内容，请参照六人制的室内排球比赛规则。

第五节　沙滩排球简介

一、比赛的特性

沙滩排球是一项每队由两人组成的两队，在用球网分开的沙地上进行比赛的运动。它有多种不同的比赛形式，以满足不同人在不同环境中的比赛需求。比赛目的是各队遵照规则将球击过球网，使其落在对方场区内，并阻止对方达到同一目的。每队击球 3 次(包括拦网触球)将球击回对方场区。比赛是由发球队员击球，球越过球网飞向对方场区开始的。比赛应连续进行直至球落地、出界或某一队不能遵守规则地将球击回对方位置。在沙滩排球比赛中，采用每球得分制。

二、主要规则

(一)场地

1. 比赛场区为长 16 米、宽 8 米的长方形，其四周至少有 3 米无障碍区，30 厘米深细沙。但国际排联正式比赛场地无障碍区至少 5 米，最多 6 米，细沙至少 40 厘米深。其沙子是经筛选过的，不可太粗糙。

2. 场地的地面必须是水平的沙滩，尽可能平坦和统一。

3. 沙滩排球场地没有中线。

4. 所有界线宽5～8厘米。

5. 界线的颜色必须是与沙滩明显不同。

6. 场区界线应由抗拉力材料的带子构成。露在地面的固定物必须是柔软和灵活的。

(二)器材

1. 球网拉紧时长8.5米,宽1米(±3厘米),球网网孔直径为10厘米。球网上、下沿的全长各缝5～8厘米的双层帆布带,且帆布带的颜色最好是深蓝色或鲜明颜色。

2. 两条标志带是宽为5～8厘米、长1米的彩色带子。

3. 球网的高度成年男子2.43米,女子2.24米。网高可以根据不同年龄组有所区别:16岁以下2.24米(男、女),14岁以下2.12米(男、女),12岁以下2.00米(男、女)。

4. 球是圆的,外壳由柔软和不吸水的材料制成,以适合室外条件,即使下雨也能进行比赛。颜色:浅黄色或其他浅色,如橙色、粉红色、白色等。圆周:66～68厘米。重量:260～280克。内压:171～221千克/平方厘米(0.175～0.225毫巴)。

(三)比赛队

1. 一个队由2名队员组成。

2. 国际排联正式比赛中不允许教练员进行指导。

(四)队员服装

1. 队员服装包括短裤或泳装。可穿上衣或胸衣,亦可戴帽子。

2. 除裁判员特许外,队员必须赤脚。

3. 队员的上衣(如允许不穿上衣则为短裤)号码必须是1和2,号码必须贴在胸前或短裤前。

4. 号码颜色必须与服装颜色明显不同,并且号码高度至少10厘米。号码笔画的宽度至少1.5厘米。

5. 经第一裁判员允许,可穿鞋和袜子比赛。局间可更换湿衣服。

6. 经第一裁判员允许可穿内衣和训练裤比赛。

7. 队员可戴眼镜或太阳镜进行比赛,但引起的一切后果自负。

(五)记分方法

1. 胜一场

三局两胜制,胜两局的队胜一场。如果 1∶1 平局时,进行决胜局。

2. 胜一局

前两局 21 分一局,决胜局 15 分。前两局先得 21 分的队胜一局。当比分 20∶20 时,比赛继续进行至某队领先对方 2 分为止,没有最高分限制。决胜局先得 15 分的队胜该局,当比分 14∶14时,比赛继续进行至某队领先 2 分为止,没有最高分限。某队被召唤之后拒绝比赛,则宣布该队弃权,以 0∶2 的比局和 0∶21、0∶21 的比分失利。

3. 胜一分

采用每球得分制。

(六)球队阵容与队员位置

1. 出场队员固定,每队两名队员必须始终在场上;

2. 没有换人,也不允许更换运动员;

3. 队员在场内可随意站位,没有固定位置,也没有位置错误犯规。

(七)发球规定

当发球队员击球时,除发球队员外,双方队员必须在本场区内,可随意站立,没有固定的位置,没有位置错误或轮转错误,但有发球次序错误。一局比赛每队首次发球时,记录员展示发球次序;比赛中记录员应展示发球队员 1 号或 2 号的号码牌,指明该队的发球次序。记录员发现发球次序错误,应在发球击球后立即通知裁判员。裁判员鸣哨后,发球队员必须在 5 秒钟之内将球击出。

(八)犯规规定

1. 球被抛起或持球手撤离后,未触及发球队员而落地被视为一次发球。

2. 队员用手指吊球。

3. 队员用上手传球且传球轨迹不垂直于双肩连线，将球传过网。

4. 拦网的触球算做球队的一次击球。一个队拦网触球后只能再击球两次。

(九)暂停

1. 每局比赛中，每队最多可请求 4 次暂停，每次为 30 秒；

2. 前两局中双方比分之和为 21 时，有一次 30 秒的技术暂停；

3. 一次暂停可与另一次暂停相连续，中间无须经过比赛。

(十)交换场区和休息

1. 前两局双方得分之和为 7 或 7 的倍数时，第 3 局双方得分之和为 5 或 5 的倍数时，双方交换场地。

2. 所有的局间休息为 1 分钟。

3. 交换场区时，球队最多 30 秒的休息时间，休息时队员可坐在席位上。决胜局交换场区时没有休息时间。

4. 如果未按时交换场区，则在发现时立即进行，比分有效。

上述规则没提到的内容，请参照六人制室内排球比赛规则。

三、室内排球比赛、软式排球比赛和沙滩排球比赛的比较

表 3-8　室内排球比赛、软式排球比赛和沙滩排球比赛的比较

	室内排球	软式排球	沙滩排球
比赛场地	18 米×9 米	18 米×9 米 16 米×9 米	16 米×8 米
球网	长 9.5～10 米	长 9.5～10 米	长 8.5 米
标准带	宽 5 厘米，白色	宽 5 厘米，白色	宽 5～8 厘米，彩色
比赛人数	6 人	4 或 6 人	2 人

（续表）

	室内排球	软式排球	沙滩排球
场地表面	木质的合成物质	平坦、水平、整齐划一的地面	沙子
自由人	有	无	无
比赛用球	柔软皮革或合成革外壳，圆周65～67厘米，重量260～280克	柔软的材料制成，圆周65～67厘米，重量220～240克	柔软和不吸水外壳，圆周66～68厘米，重量260～280克
中线、进攻线	有	有	无
边线及端线宽	5厘米	5厘米	5～8厘米
记分方法(场)	五局三胜	五局三胜、三局两胜	三局两胜
记分方法(局)	前四局25分一局，决胜局15分；并超过2分	前两局25分一局，决胜局15分；并超过2分	前两局21分一局，决胜局15分；并超过2分
换人的规定	每一局可换6人次	每一局可换4人次	没有换人
请求暂停	教练员每局可请求2次，30秒	教练员每局可请求2次，30秒	队员每局可请求4次，30秒
技术暂停	前四局领先队到8分、16分时各一次，60秒	无	前两局两队比分之和为21分，30秒
局间休息	3分钟	2分钟	1分钟
局中交换场区	无	无	双方共积7分(第1、2局)
决胜局交换场区	某队先到8分	某队先到8分	双方比分之和为5分
教练员	可以临场指挥	可以临场指挥	不可临场指挥
进攻性击球	允许用张开的手指吊球	允许用张开的手指吊球	不允许用张开的手指吊球

第四章　足　球

第一节　11 人制足球比赛规则

在不违背规则的前提下，可根据不同级别的比赛对比赛场地大小、比赛用球的规格、球门的宽高、比赛的时间、替补的人数进行变更。男子足球的竞赛规则同样适用于女子足球。

一、比赛场地

(一)场地

球场应为长方形。边线的长度必须大于球门线的长度，长度：最短 90 米，最长 120 米。宽度：最短 45 米，最长 90 米。国际比赛球场的长度：最短 100 米，最长 110 米；宽度：最短 64 米，最长 75 米，如图 4－1 所示。

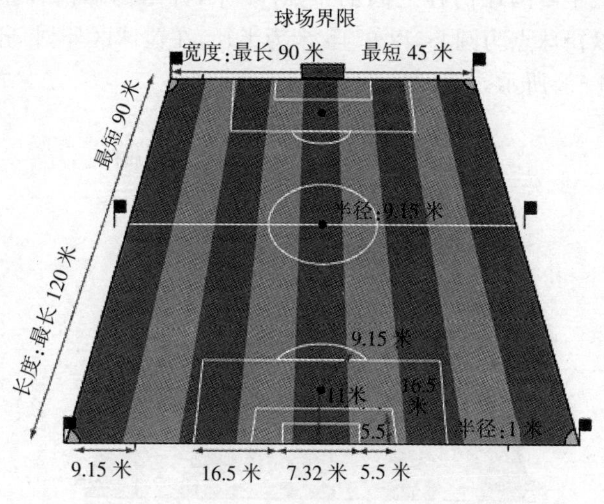

图 4－1　场地示意图

（二）界线

球场应有界线。球场各区界线都包括在各区的范围内。两侧较长的线是边线，两端较短的线是球门线。所有的界线宽度不得超过 12 厘米。球场中线划分球场为两个半场。球场中心点应标示在中央线的正中央。以中心点为圆心，以 9.15 米为半径，画一个圆圈。

（三）球门区

在球场两端依照下列规定各划一球门区：在球门柱两侧的球门线，各距离球门柱内侧 5.5 米处，向球场内划一垂直线，长度为 5.5 米。在两条垂直线的末端，划一连接线与球门线平行。这些线与球门线围绕的区域是球门区。

（四）罚球区

在球场两端依照下列规定各划一罚球区：在球门柱两侧的球门线，各距离球门柱内侧 16.5 米处，向球场内划一垂直线，长度为 16.5 米，在两条垂直线的末端，划一连接线与球门线平行，这些线与球门线围绕的区域是罚球区。罚球区内划一罚球点，罚球点距离两球门柱之间的中点 11 米，并与两球门柱距离相等。以罚球点为圆心，以 9.15 米为半径，在罚球区外划一圆弧，如图 4－2 所示。

图 4－2　球场界线和设备

(五)旗杆

在球场四角各插一根角旗杆,旗杆高度不可低于1.5米。旗杆不可有尖端,并挂一面角旗。在球场中线两端可各插一根中线旗杆,中线旗杆应插在边线外至少1米处。

(六)角球区

以角旗杆为圆心,以1米为半径,在球场四角内各划一个四分之一圆弧线,如图4-3所示。

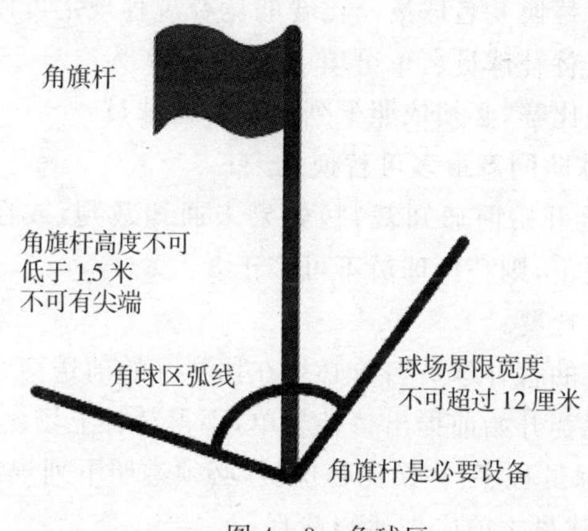

图4-3 角球区

(七)球门

球门应设在球门线的中央。球门由两根直立门柱和一根上架水平横木组成,两根门柱与角旗杆的距离相等,两根球门柱内侧距离7.32米。从球门横木下缘到地面的距离2.44米。两球门柱和横木的宽度相等,不超过12厘米。球门线宽度与球门柱及横木的宽度相等。

二、球

(一)材料和标准

球是圆形的,由皮革或其他合适的材料制成。球体的圆周不得超过70厘米,亦不得短于68厘米。在比赛开始时,球的重量不得超过 450 克，亦不得少于 410 克。球的海平面气压为 0.6～1 个大气压。

三、队员人数

一场比赛每队上场球员不可多于 11 人，其中一人是守门员。如果任何一队少于 7 人，不可开始比赛。在国际足球总会、各州足球联盟或国家足球协会管辖下，所举办的任何正式比赛，每一队最多可替换 3 名球员。比赛的竞赛规程规定可以提名几位替补球员。替补球员名单可填 3 人，最多 7 人。

（一）其他比赛，必须依照下列规定替换球员：

1. 相关球队同意最多可替换几人；

2. 在比赛开始前通知裁判，如果未通知裁判，或在比赛开始前未作出决定，则替换球员不可多于 3 人。

（二）所有比赛：

所有比赛的替补球员名单必须在比赛开始前送交裁判。替补球员未在比赛开始前提出替补名单，不得替补上场比赛。

1. 替换球员程序：替换比赛球员，必须遵照下列规定：

(1)替换球员之前应先通知裁判；

(2)替补球员应等到被替补球员已离开球场，并得到裁判的许可信号，才可进入球场；

(3)替补球员应在比赛暂停时，由中线进入球场；

(4)当替补球员进入球场时，即完成替换；

(5)完成替换时，替补球员成为比赛球员，被替补球员即失去比赛资格；

(6)已被替补离场的球员不能再上场比赛；

(7)所有替补球员无论是否上场比赛，都应服从裁判的判决及管辖。

2. 更换守门员：任何球员都可以和守门员交换位置，并且必须依照下列规定：

(1)更换位置前应先通知裁判；

(2)在比赛停止时进行更换位置。

3. 如果一替补球员未获得裁判允许就进入球场：

(1)停止比赛。

(2)警告该替补球员，并出示黄牌，并且必须使其离开球场。

(3)在比赛停止时球所在的地点，坠球重新开始比赛。如果当时球是在球门区内，则坠球的地点在平行球门线的球门区上最接近比赛停止时球的位置。

4. 如果一球员未获得裁判允许就与守门员交换位置：

(1)继续比赛；

(2)当成死球时警告相关的球员，并出示黄牌。

5. 对本章规则的其他违规：

警告相关的球员，并出示黄牌。

6. 恢复比赛：如果因为裁判执行警告而停止比赛，由对方球员在比赛停止时球所在的地点踢间接任意球，重新开始比赛。如果是守方在自己的球门区内踢间接任意球，可以在球门区内任何一点踢球。如果是攻方在对方的球门区内踢间接任意球，则踢任意球的地点是在平行球门线的球门区线上，最接近犯规位置的地点。

7. 球员及替补球员判罚离场：

(1)球员在比赛开始前被判罚离场，可以从已提名的替补球员中替补一人；

(2)替补球员被判罚离场，不论是在比赛开始前或是在比赛开始后，一律不得替换。

四、球员装备

球员不得穿戴对自己或对其他球员有危险的任何物品(包括任何珠宝饰物)。

(一)球员必备的基本装备包括：

运动上衣、短裤(如果在短裤裹面穿紧身裤，紧身裤的颜色要与短裤的主要颜色相同)、护袜、护腿板(用合适的材料制成，如橡胶、塑料或类似材料，并且必须全部覆盖在长袜内）、球鞋。每一名守门员球衣的颜色，要与其他球员、裁判及助理裁判服装的颜色不同。

（二）违规及罚则：

1. 不必停止比赛；

2. 裁判应指示违反规则的球员离开球场应穿戴符合规则的装备；

3. 违反规则的球员应在球不在比赛中时离开球场，除非该球员的装备已经符合规则；

4. 任何球员离开球场调整装备，未获得裁判允许不可再进场；

5. 裁判允许球员再进场之前，应先检查其装备是否符合规则；

6. 只有当球不在比赛中时，才可允许球员再进场；

7. 球员因违反本章规则离开球场，且未获得裁判允许即进场（或再进场），应被警告并出示黄牌；

8. 恢复比赛。

五、裁判员

每场比赛由一名裁判员控制。他具有全部权力去执行与比赛有关的竞赛规则。

（一）执行规则。

（二）与助理裁判（及第四官员）合作控制比赛。

（三）确保比赛用球符合规则规定。

（四）确保球员装备符合规则规定。

（五）记录比赛时间和成绩。

（六）因违反规则停止、推迟或终止比赛。

（七）因外界干扰停止、推迟或终止比赛。

（八）认为球员严重受伤时，停止比赛，确保将受伤球员抬出球场处理。受伤球员只能在比赛重新开始后，才可重返球场。

（九）认为球员只是轻微受伤时，将继续比赛，直到死球后进行处理。

(十)确保球员因受伤流血时离开场地。该队员经护理后流血停止,在得到裁判员信号后方可进场。

(十一)当一个队被犯规而根据“有利”条款能获利时,则允许比赛继续进行。如果预期的“有利”在那一时刻没有发生,则判罚最初的犯规。

(十二)球员在同时有一种以上的犯规,则处罚较严重的犯规。

(十三)球员有被警告及判罚出场的犯规时,应予以处罚。裁判不必立即采取处罚行动,但是当比赛成死球时,必须立即予以处罚。

(十四)对于不能以负责任的态度约束言行的球队官员应予以处罚,并可酌情将其驱逐出球场及其周边地区。

(十五)对于裁判未看见的事件,可根据助理裁判的意见进行判罚。

(十六)确保未经允许的人员不得进入比赛场地。

(十七)比赛停止后,重新开始比赛。

(十八)将在赛前、赛中及赛后对参赛队员和球队官员的纪律处罚,及其他事件的情况用比赛报告提交有关部门。

裁判对于比赛事实的判决即为最终决定。裁判员可以根据自己的判断,或助理裁判员、第四官员的意见于比赛重新开始和比赛终了前改变确实不正确的判罚。

六、助理裁判员

每一场比赛委派两位助理裁判,助理裁判的职责(由裁判员决定)应为示意:

(一)球何时全部出线。

(二)哪队踢角球、球门球或掷球入场。

(三)可以判罚处于越位位置的队员。

(四)要求替补球员。

(五)发生裁判未看见的不正当行为或其他事件。

(六)当踢角球时,在球被踢之前守门员是否向前移动,以及球被踢出后是否进门。

助理裁判应依照规则协助裁判控制比赛。助理裁判如有过分干预比赛或不合适的表现时,裁判员应可解除其职责并将报告提交有关部门。

七、比赛时间

比赛为两个半场,每半场各为45分钟。特殊情况时经过裁判与两队的同意方可另行决定比赛时间。任何更改比赛时间的协议(如因光线不足缩短比赛时间)必须在比赛开始前制订,并要符合竞赛规程。

(一)半场休息时间:

1. 球员有中场休息的权利;

2. 中场休息时间不得超过15分钟;

3. 竞赛规程必须明文规定中场休息的时间;

4. 只有获得裁判同意,才可更改中场休息的时间。

(二)补足消耗时间:上下半场由于下列原因而消耗的时间都要补足。

1. 替换球员;

2. 察看球员伤势;

3. 搬运受伤球员离开球场接受治疗;

4. 拖延时间;

5. 任何其他原因。

八、比赛开始和重新开始

(一)通过掷币,猜中的队决定上半场比赛的进攻方向。中场开球是开始比赛或重新开始比赛的一种方法:

1. 在比赛开始时;

2. 在进球之后;

3. 在下半场开始时；

4. 在决胜期上下半场开始时；

5. 开球可以直接射门得分。

(二)开球程序：

所有球员都在己方的半场内，开球球队的对方球员，在球进入比赛中之前，都必须距离球至少 9.15 米，球必须在中点标记上，裁判发出信号后当球被向前踢动时，即进入比赛。在球触及其他球员之前，开球球员不可第二次触球。当一队进球之后，由另一队中场开球。

1. 违规及罚则：

(1)开球时球未被向前踢并滚动，重新开球。

(2)如果开球球员在球触及其他球员之前第二次触球，判由对方球队在违规发生地点踢间接任意球。

(3)对中场开球程序的其他违规：重新开球。

2. 坠球恢复比赛：当球在比赛中由于因规则中未提到的原因而需要暂停比赛后，重新开始比赛的一种方法。裁判在比赛停止时球所在的位置坠球，如果比赛停止时球的位置是在球门区内，则坠球的地点是在平行球门线的球门区线上，即最接近球的位置。当坠球触地，比赛即重新开始。

九、比赛进行及死球

下列情形为死球(如图 4－4 所示)：

(一)无论在地面或空中，当整个球体全都越出球门线或边线时。

(二)裁判已经停止比赛时，自比赛开始至比赛终了时，比赛均在进行中，包括：

1. 球从球门柱、横木或角旗杆弹回，球仍然在球场内；

2. 球从在球场内的裁判或助理裁判弹回；

3. 场上队员犯规而裁判员并未判罚。

图 4-4 死球的情形

十、计胜方法

当球整体越过两球门柱之间及横木下的球门线且进球的球队在进球之前没有犯规行为，则算进球。在比赛时间内，进球数较多的一队为胜队；如果两队的进球数相等，或者两队都未进球，比赛为平局。

十一、越位

（一）越位位置：仅仅只是在越位位置，不判罚越位。球员有以下情形即在越位位置：

在对方半场，球员比球和对方最后第二名球员更接近对方的球门线。

球员有以下情形即不在越位位置：球员在己方的半场，或球员与对方最后第二名球员平行。

（二）判罚越位的判断时机：本方队员传球脚与球接触的瞬间。

（三）构成判罚的条件：由裁判员认为，在该瞬间处于越位位置的队员。

1. 干扰了比赛；

2. 干扰了对方队员；

3. 获得了利益或企图获利。

(四)一般球员在以下情况，不判罚越位：

1. 处于越位位置，没有干扰和获利；

2. 处于越位位置的队员明确放弃比赛；

3. 队员直接接到球门球、角球和掷界外球。

(五)违规及罚则：

裁判应判由对方在越位发生地点罚间接任意球恢复比赛。如果越位地点在对方球门区内，则间接任意球可以在球门区内任何一点踢出。

十二、犯规与不正当行为

(一)裁判员认为，如果球员草率鲁莽地使用过分的力量，违反下列七种犯规中的任何一种，应判由对方罚直接任意球：

1. 踢或企图踢对方球员；

2. 绊摔或企图绊摔对方球员；

3. 跳向对方球员；

4. 冲撞对方球员；

5. 打或企图打对方球员；

6. 推对方球员；

7. 为了得到对球的控制而抢截对方球员时，于触球前触及对方队员。

(二)球员有以下三种犯规亦应判由对方罚直接任意球：

1. 拉扯对方球员；

2. 向对方球员吐唾沫；

3. 故意用手触球(守门员在本方罚球区内不受本条文限制)。

直接任意球在犯规地点踢出。防守方在己方的球门区内踢直接任意球，可以在球门区内任何一点踢球。当球在比赛中，一球员在己方的罚球区内有以上十种犯规之一的，不论当时球在何处，都应判罚球点球。

(三)守门员在己方的罚球区内,有以下四种犯规之一的应判由对方罚间接任意球:

1. 守门员在将球发出之前用手控球时间超过6秒;

2. 守门员将球发出,在球未触及任何其他球员之前,再一次用手触球;

3. 同队球员故意将球踢向守门员,守门员用手触球;

4. 直接获得同队球员掷球入场,守门员用手触球。

(四)裁判认为球员有以下犯规,应判由对方罚间接任意球:

1. 动作有危险性;

2. 阻碍对方球员进攻;

3. 阻挡守门员从其手中发球。

间接任意球在犯规地点踢出。防守球队在己方的球门区内踢间接任意球,可以在球门区内任何一点踢球。进攻球队在对方的球门区内踢间接任意球,踢球的地点是在平行球门线的球门区线,即最接近犯规发生位置。

(五)纪律制裁:

1. 可警告的犯规:

队员有以下七种犯规之一应被警告,并被出示黄牌:

(1)犯有非体育行为;

(2)用言语或行动表示异议;

(3)持续违反规则;

(4)延误比赛重新开始;

(5)当以角球、任意球或掷界外球重新开始比赛时,不退出规定的距离;

(6)未得到裁判允许就进入或又重新进入比赛场地;

(7)未得到裁判允许故意离开比赛场地。

2. 罚令出场的犯规:

球员有以下七种犯规之一的将被判罚令其出场,并被出示红牌:

(1)严重犯规;

(2)暴力行为；

(3)向对方球员或其他任何人吐唾沫；

(4)用故意手球破坏对方球员进球或明显的进球得分机会(守门员在本方罚球区内除外)；

(5)用可能被判为任意球或球点球的犯规破坏对方向本方球门移动着的明显的进球得分机会；

(6)使用有攻击性的、无礼的或辱骂性的语言及动作；

(7)在同一场比赛中得到第二次警告。

十三、任意球

(一)任意球的种类

任意球有直接任意球及间接任意球。踢球时，球必须静止。踢球的队员，在球未经其他队员触及之前，不可再次触球。

1. 直接任意球

(1)直接任意球直接踢进对方球门，算进球；

(2)直接任意球直接踢进己方球门，由对方踢角球。

2. 间接任意球

裁判伸直一只手臂高举过头，表示判罚间接任意球。裁判一直高举手臂，待球踢出并触及其他球员或死球，才放下手臂。

(1)间接任意球踢出，球进入球门之前，必须触及另一球员，才能算进球；

(2)间接任意球直接踢进对方球门，由对方踢球门球；

(3)间接任意球直接踢进己方球门，由对方踢角球。

(二)任意球位置

1. 在罚球区内的任意球

属于守方的直接或间接任意球：

(1)所有对方球员距离球至少 9.15 米；

(2)所有对方球员在罚球区外直到比赛进行；

(3)当球直接踢出罚球区，球即进入比赛中；

(4)在球门区内获得的任意球可以在球门区内任何一点

执行。

属于攻方球队踢间接任意球：

(1)所有对方球员距离球至少 9.15 米，直到球进入比赛中，除非对方球员已站在球门柱之间的球门线上；

(2)当球被踢并移动时，比赛即为进行；

(3)在球门区内踢间接任意球，踢球的地点是在最接近犯规发生位置的平行与球门线的球门区线上。

2. 在罚球区外的任意球

(1)所有对方球员距离球至少 9.15 米，直到球进入比赛中；

(2)当球被踢并移动时，即进入比赛中；

(3)踢任意球的地点是在犯规发生时比赛球的地点。

3. 违规及罚则

(1)踢任意球时，如果对方球员离球不足规定距离，重踢任意球；

(2)防守球队在己方罚球区内踢任意球，并且球未直接踢出罚球区而进入比赛中，要重踢任意球。

(3)连踢：

① 球已经进入比赛中，在球触及另一球员之前，如果踢球球员第二次触球（不包括用手触球），由对方踢间接任意球，踢球的地点是在犯规发生的地点；

② 球已经进入比赛中，在球触及另一球员之前，如果踢球球员故意用手触球则由对方踢直接任意球，踢球的地点是在犯规发生的地点；如果犯规发生在踢球球员本方的罚球区内，由对方踢罚球点球。

(4)守门员踢任意球

球已经进入比赛中，在球触及另一球员之前，如果守门员第二次触球（不包括用手触球），由对方踢间接任意球。踢球的地点是在犯规发生的地点。

(5)球已经进入比赛中，在球触及另一球员之前，如果守门员故意用手触球：

① 如果犯规发生的地点在守门员的罚球区外则由对方踢直接任意球。踢球的地点是在犯规发生的地点。

② 如果犯规发生在守门员的罚球区内则由对方踢间接任意球。踢球的地点是在犯规发生的地点。

十四、罚球点球

当球在比赛中，一个队在本方罚球区由于违反了可判直接任意球的十种犯规之一，应执行罚球点球。罚球点球可以直接进球得分。每半场结束或决胜期上下半场结束时，应延长比赛时间执行完罚球点球。

(一)球和球员的位置

1. 球放在罚球点上；

2. 确认主罚球点球的队员。

(二)防守方的守门员

留在本方球门柱之间的球门线上，面向主罚队员，直至球被踢出。

(三)除主罚队员以外的队员应处于

1. 比赛场地内；

2. 在罚球区外；

3. 在罚球点后；

4. 距离罚球点至少 9.15 米。

(四)裁判员

1. 应等到球员的位置都符合规则规定后，再发出信号执行罚球点球；

2. 作出罚球点球完成后的决定。

(五)违规及罚则

裁判发出执行罚球点球的信号后，在球进入比赛之前发生以下情况：

1. 如主罚队员在执行球点球时违反了规则：

(1)裁判员应允许踢出该球点球；

(2)如果该球进入球门,要重踢;

(3)如果球未进入球门,由守方在违规地点踢间接任意球。

2. 如守门员犯规:

(1)裁判允许踢出罚球;

(2)如果球进入球门,算进球;

(3)如果球未进入球门,要重踢罚球。

3. 如踢球球员的同队球员进入罚球区,或超过罚球点,或进入距离罚球点 9.15 米内:

(1)裁判允许踢出罚球;

(2)如果球进入球门,要重踢罚球;

(3)如果球未进入球门,由守方在违规地点踢间接任意球。

4. 如守门员的同队球员进入罚球区,或超过罚球点,或进入距离罚球点 9.15 米内:

(1)裁判允许踢出罚球;

(2)如果球进入球门,算进球;

(3)如果球未进入球门,重踢罚球。

5. 如有攻守两队的球员都违反规则,要重踢。

十五、掷界外球

掷界外球是重新开始比赛的一种方法。掷界外球不能直接进球得分。

(一)判为掷界外球

1. 当球整体无论是在地面或空中全部越过边线时;

2. 从球越出边线处掷界外球;

3. 判给最后触球队员的对方。

(二)程序

在掷出球的瞬间,掷球者应:

1. 面向球场;

2. 任何一只脚的一部分在边线上或站边线外的地面上;

3. 用双手掷球;

4. 从头的后方越过头顶掷球。

在球触及另一球员之前，掷球的球员不可第二次触球。当球掷入球场内，比赛即进行。

(三)违规及罚则

1. 守门员以外球员掷界外球。

(1)球已经进入比赛中，在球触及另一球员之前，如果掷球的球员第二次触球(不包括用手触球)，由对方踢间接任意球。踢球的地点是在犯规发生的地点。

(2)球已经进入比赛中，在球触及另一球员之前，如果掷球的球员故意用手触球：

① 由对方踢直接任意球，踢球的地点是在犯规发生的地点；

② 由对方踢罚球点球，如果犯规发生在掷球球员的罚球区内。

2. 守门员掷界外球球已经进入比赛中，在球触及另一球员之前，如果守门员第二次触球(用手触球除外)，由对方在犯规发生的地点踢间接任意球；

3. 守门员掷界外球且球已经进入比赛中，在球触及另一球员之前，如果守门员故意用手触球：

(1)如果犯规发生在守门员方的罚球区外，由对方在犯规发生的地点踢直接任意球；

(2)如果犯规发生在守门员方的罚球区内，由对方在犯规发生的地点踢间接任意球。

4. 如果对方队员不正当地阻碍掷球队员或分散其注意力，他将因非体育道德行为被警告，并被出示黄牌。

5. 对于任何其他违反此规则，由对方掷界外球。

十六、球门球

球门球是重新开始比赛的方法。球门球可直接进入对方球门而得分。

(一)判为球门球

当球整体无论是在地面或空中越过球门线,而最后触及球的是攻方队员。

(二)程序

1. 由守方球员在球门区内任何一点踢球门球;

2. 对方球员应在罚球区外,直到球进入比赛中;

3. 踢球球员在其他队员触球前不可第二次触球;

4. 当球被直接踢出罚球区,即进入比赛中。

(三)违规及罚则

1. 如果球未被直接踢出罚球区进入比赛中,此时视为比赛还未开始,要重踢球门球。

2. 除守门员以外球员踢球门球

(1)球已经进入比赛中,在球触及另一球员之前,如果踢球队员再次触球(不包括用手触球),由对方踢间接任意球,踢球的地点是在犯规发生的地点。

(2)球已经进入比赛中,在球触及另一球员之前,如果踢球队员故意用手触球:

① 由对方踢直接任意球,踢球的地点是在犯规发生的地点;

② 如果犯规发生在踢球队员的罚球区内,由对方罚球点球。

3. 由守门员踢球门球

(1)球已经进入比赛中,在球触及另一球员之前,如果守门员第二次触球(不包括用手触球),由对方在犯规发生的地点踢间接任意球;

(2)球已经进入比赛中,在球触及另一球员之前,如果守门员故意用手触球:

① 如果犯规发生在守门员的罚球区外,由对方在犯规发生的地点踢直接任意球;

② 如果犯规发生在守门员的罚球区内,由对方在犯规发生的地点踢间接任意球。

4. 对任何违反本章规则的其他违规,要重踢球门球。

十七、角球

角球是重新开始比赛的方法。角球直接进入对方球门即得分。

（一）判为角球

当整个球体无论是在地面或空中越出球门线，依据规则第十条并未进球，而最后触及球的是守方球员，则判角球。

（二）程序

1. 球放在离球出界处最接近角旗杆的角球区弧线内；

2. 不可移动角旗杆；

3. 对方球员距离球至少 9.15 米，直到球进入比赛中；

4. 由攻方球员踢角球；

5. 当球被踢并移动时，即进入比赛中；

6. 踢球队员在其他队员触球前不可第二次触球。

（三）违规及罚则

1. 守门员以外球员踢角球

球已经进入比赛中，在球触及另一球员之前，如果踢球球员第二次触球（不包括用手触球）：

（1）由对方踢间接任意球，踢球的地点是在犯规发生的地点。

（2）球已经进入比赛中，在球触及另一球员之前，如果踢球球员故意用手触球：

① 由对方踢直接任意球，踢球的地点是在犯规发生的地点；

② 由对方踢罚球点球，如果犯规发生在踢球球员的罚球区内。

2. 守门员踢角球

（1）球已经进入比赛中，在球触及另一球员之前，如果守门员第二次触球（不包括用手触球），由对方踢间接任意球，踢球的地点是在犯规发生的地点。

（2）球已经进入比赛中，在球触及另一球员之前，如果守门员故意用手触球：

① 由对方踢直接任意球，如果犯规发生在守门员的罚球区外，踢球的地点是在犯规发生的地点；

② 由对方踢间接任意球，如果犯规发生在守门员的罚球区内，踢球的地点是在犯规发生的地点；

③ 对本章规则的其他违规，要重踢角球。

十八、罚球点球

（一）裁判选择一球门执行罚球点球。

（二）裁判召集两队队长，猜中掷币的一队决定本队是否先踢球点球。

（三）裁判纪录每一踢球球员的号码及是否进球。

（四）依照以下的规定，两队各踢五球。

（五）两队轮流交互踢球。

（六）两队各踢完五球前，如果一队的进球数已多于另一队踢满五次时可能射中的球数，则不需再踢。

（七）两队各踢完五球，如果进球数相等，或者两队都未进球，依照相同顺序继续踢球，直到两队踢球数相同，而一队比另一队多进一球时为止。

（八）双方符合资格的队员均踢过一次后，方可踢第二次。

第二节　11 人制足球比赛裁判法简介

裁判制有边线裁判制和对角线裁判制。一般来说，小型足球大多采用边线裁判制，11 人制足球按国际惯例采用对角线裁判制。裁判员沿着球场的对角线呈“S”形跑动，一般处于球的左后方 15 米处，并保持与助理裁判员目光及信号联系。助理裁判员沿着对角线相反的半场边线外跑动，并经常与本半场的倒数第二名防守队员保持平行，以利于准确地协助裁判员判罚越位。

一、基本配合

（一）通常助理裁判员举旗，裁判员予以判罚。

（二）助理裁判员举旗后，如比赛情况发生明显变化，裁判员可以给予手势，示意助理裁判员将旗放下。

(三)裁判员“漏旗”时，如涉及得失分时，要坚持上举旗，威胁解除后可自行放下。

(四)助理裁判员举旗，裁判员鸣哨后，越位地点的旗示要准确，罚球地点也要准确。

(五)裁判员位置好，认为助理裁判员“错旗”，要给予手势让其将旗放下。若认为“漏越位”，可鸣哨判罚，但必须力求准确。

二、比赛进行中鸣哨的几种情况

(一)根据比赛的需要，尽量减少不必要的哨声。

1. 比赛开始(上、下半场)、进球后：一声哨，哨声稍长；

2. 比赛时间终了(包括上半时或全场比赛时间终了)：一至二声短促哨，接一声长哨；

3. 判某队胜一球：一声长哨；

4. 执行罚球点球：一声哨，哨声稍长；

5. 发生犯规或其他情况，裁判员暂停或恢复比赛时，应及时鸣哨。

(二)除以上五种情况外，如球出边线或球门线成死球，以及掷界外球、踢任意球、球门球、角球、裁判员坠球等恢复比赛时，进球可不鸣哨。一旦遇到特殊情况，可酌情鸣哨。例如：

1. 越出边线或球门线，而队员尚未停止比赛活动，裁判员应鸣哨示意球已出界。

2. 执行定位球恢复比赛时有不符合规则规定的现象，裁判员予以纠正时，可以简短的哨声示意。

3. 守方罚球区附近或罚球区内由攻方踢任意球时，裁判员在纠正守方队员退到距离球 9.15 米的过程中应向双方交待明确，待纠正后再以信号恢复比赛，这种信号可以用哨声或用明确的手势示意，如图 4－5 所示。

图 4-5 裁判员手势与旗示

第三节　小型足球的竞赛规则与裁判法

小型足球比赛场地小，人数少，如在3人制、4人制、5人制及6人制比赛中，换人次数不受限制，队员下场后可再次上场，使场上队员能始终保持充沛的体力。由于场地小，易于开展，深受足球爱好者的青睐！

一、5人制足球的竞赛规则与裁判法

(一)5人制足球竞赛规则(室外)

1. 比赛场地

场地必须为长方形，如图4-6所示，长为25～42米，宽为15～25米。国际比赛场地长为38～42米，宽为18～22米。

(1)球门：

高度为2米，宽度为3米，各线宽度和球门柱及横梁的宽度和厚度均为8厘米。

(2)第二罚球点：

离球门线中点10米，并与球门线垂直的标记点。

(3)罚球区：

是以两门柱为圆心，以6米为半径画1/4圆。该圆与球门线相接成直角，两弧线的上部与一段长3.16米的直线相接，此直线与球门线平行，此弧线内的地区为罚球区。

(4)罚球点：

从两球门柱之间的中点，垂直于球门线向场内量6米设置一个罚球点，该罚球点应在罚球区线上。

(5)角球弧：

在比赛场地内，以距每个角25厘米为半径画一个1/4圆。

(6)换人区：

换人区设在两个替补席的前面，长5米，由两条80厘米长，8厘米宽的直线限定，并与边线垂直相交，场内外各40厘米；两个换人区靠近中线一端的直线与中线相距5米。

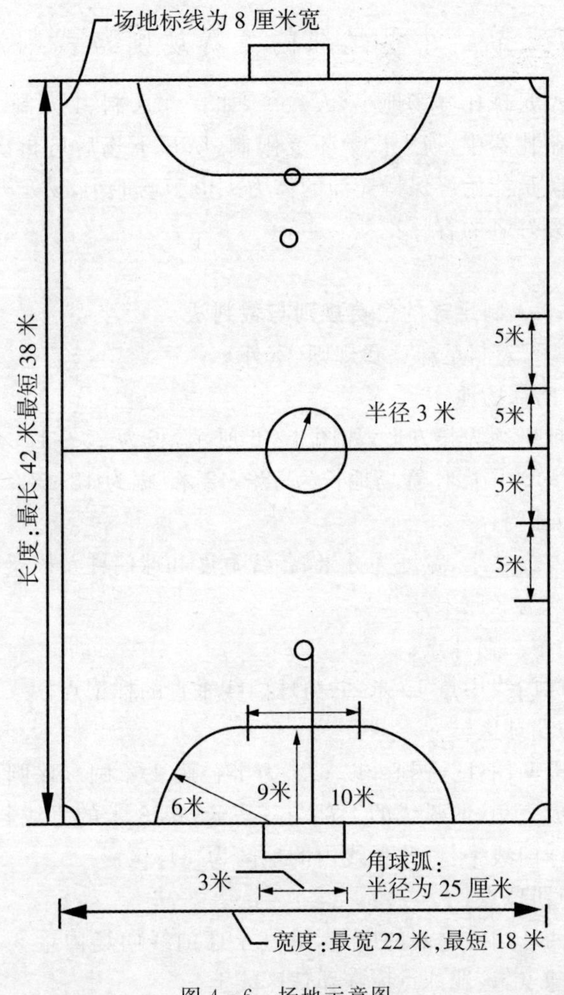

图 4-6　场地示意图

2. 球

圆周 62～64 厘米,重量 400～440 克,海平面气压为 0.4～0.6 个大气压。

3. 队员人数

每队上场队员不得超过 5 人,其中必须有一名守门员。某队场上队员少于3名时,则终止比赛。替补队员不得超过7人,比赛中可以随时替换场上队员,被替换下场的队员可以再次作为替补队员参加同场比赛。换人时队员必须在换人区进出场地,先下后上。换人时,如果替补队员在被替补队员还未完全离场之前就进入比赛场地,应停止比赛,示意被替换下场的队员离场,并警告上场队员;如果替补队员或被替补队员未由规定的换人区入场或离场,则停止比赛,警告违规队员。上述两种情况均由对方在停止比赛时球所在的地点踢间接任意球,恢复比赛,如暂停时球在罚球区内,则在距停止比赛时球所在地点最近的罚球区线上将球踢出。

4. 队员装备

(1)运动衣或运动衫、短裤(如穿紧身内裤,紧身内裤的颜色须与短裤的主色同色)、护袜、护腿板及球鞋(只允许穿胶底或类似材料做成的帆布鞋、软皮面训练鞋等)。

(2)每名守门员的服装颜色必须有别于其他队员和裁判员。

5. 裁判员和第二裁判员

(1)裁判员:

每场比赛需委派一名裁判员执行裁判任务。当他进入比赛场地,即开始行使规则所赋予他的职权。

(2)第二裁判员:

与裁判员隔着场地面对面执行任务,协助裁判员执法和控制比赛,并保证换人时程序正确。当两人判罚不一致时,必须以裁判员的判罚为准。

6. 计时员和第三裁判员

比赛时应委派一名计时员和一名第三裁判员。他们坐在换人区同侧靠近中线的场外。

(1)计时员:

① 保证比赛时间与规定的时间相符。在比赛开始后开动计时器,比赛停止时暂停计时器。

② 控制1分钟暂停。

③ 当有队员被罚令出场时,负责罚停2分钟的计时。

④ 以不同于裁判员的哨音或其他声音信号示意上半场、全场、加时赛及暂停时间结束。

⑤ 记录各队暂停次数。在任何一队教练员要求暂停时，示意准许比赛暂停。

⑥ 记录各队上下半场裁判员已登记的前五次犯规，及在某队第五次犯规时发出信号。

(2)第三裁判员：

第三裁判员协助计时员工作，其职责为：

① 记录各队上下半场裁判员已登记的前五次犯规，及在某队第五次犯规时发出信号；

② 记录比赛中的停止情况及其原因；

③ 记录进球队员；

④ 记录被警告或罚令出场队员的号码；

⑤ 提供其他有关比赛的情况；

⑥ 如果场上裁判员出现受伤时，第三裁判员可代替行使裁判员或第二裁判员的职责。

7. 比赛时间

比赛分为上、下两个半场，每半场净比赛时间为 20 分钟，中场休息不超过 10 分钟。

球队可在每个半场向第三裁判员申请 1 分钟暂停，暂停须在比赛成死球或本方控制球时。此间双方队员不得离场，教练员不得入场指导。

8. 比赛开始

通过掷币方式选择场地，赢得选择权的队决定上半场比赛的进攻方向，另一队开球开始比赛。开球可以直接进球得分。

9. 比赛进行及死球

下列情况比赛成死球：

(1)球的整体从空中或地面越过球门线或边线时；

(2)当比赛被裁判停止时；

(3)如在室内比赛，当球击打到天花板或顶棚时；

(4)其他所有时间，比赛都应视为进行中。

10. 犯规与不正当行为

(1)判罚直接任意球：

如裁判员认为队员草率地、鲁莽地或使用过分的力量，致使违反下列六种犯规中的任何一种，将判给对方踢直接任意球：

① 踢或企图踢对方队员；

② 绊摔或企图绊摔对方队员；

③ 跳向对方队员；

④ 冲撞对方队员，即使用肩部也不允许；

⑤ 打或企图打对方队员；

⑥ 推对方队员。

(2)如果队员违反下列任何犯规，也判给对方踢直接任意球：

① 拉扯对方队员；

② 向对方队员吐唾沫；

③ 除守门员在本方罚球区外，当对方队员踢或欲踢球时，对其进行铲球(铲球拦截)；

④ 除守门员在本方罚球区内外故意手球。

(3)罚球点球：

在比赛中如果队员在本方罚球区内违反了上述犯规的任何一种，无论球在什么位置，应被判罚球点球。

(4)判罚间接任意球：

① 守门员犯规：将球发出后，球未过中线或未经对方队员踢或触及再接同队队员的回传；以手触及或控制同队队员故意踢给他的球；在场内的任何区域(对方半场除外)，以手或脚去触及或控制球超过 4 秒。

② 队员犯规：动作具有危险性；队员不去踢球而故意阻挡对方；阻止对方守门员将球从手中发出。

违反以上未提及的任何犯规，裁判员需暂停比赛，对犯规队员进行警告或罚令出场。上述犯规判由对方在犯规地点踢间接任意球，如犯规地点在罚球区内，则在犯规地点最近的罚球区线上踢出。

(5)可警告的犯规：

如果队员违反下列犯规的任何一种，将被警告并出示黄牌：

① 犯有非体育行为；

② 用语言或行动表示异议；

③ 持续违反规则；

④ 延误比赛重新开始；

⑤ 当以角球、踢界外球、任意球或掷球门球恢复比赛时，不退出规定的距离；

⑥ 未经裁判员许可而擅自入场或重新入场，或违反其他换人规定；

⑦ 未经裁判员许可而擅自离场。

(6)罚令出场的犯规：

如果队员违反下列犯规中的任何一种，将被出示红牌罚令出场：

① 严重犯规；

② 暴力行为；

③ 向对方或其他人吐唾沫；

④ 故意用手球破坏对方进球或明显的进球得分机会；

⑤ 犯规破坏对方向本方球门进攻的明显进球得分机会，这种犯规可判为任意球或球点球；

⑥ 使用无礼、侮辱性或辱骂性的语言；

⑦ 在同一场比赛中得到第二次警告。

队员一但被罚令出场，不得重新参加该场比赛。该队可在队员被罚出场满两分钟后，经计时允许，补充队员入场。如在这两分钟内，其中一队有入球，则引用以下条款：如场上人数多的一队入球，则人数少的队可补充一名队员(5 对 4、5 对 3 或 4 对 3 等)；如场上两队人数相等，虽有入球，两队都不补充队员(4 对 4、3 对 3)；如场上人数较少的一队入球，则不补充队员。

11. 任意球

一方队员罚任意球时，对方队员必须距球至少 5 米。若主罚队员未能在 4 秒内将球踢出，由对方踢间接任意球。

12. 累计犯规

累计犯规是指应判直接任意球的犯规。每队上下半场累计的犯规应记录在比赛的总结报告中。

(1)从任一队每半场的第六次犯规起攻方罚球时:

① 守方不可排人墙;

② 必须明确主罚队员;

③ 守方队守门员须留在己方罚球区内且距球 5 米以上;

④ 其他队员应在假想平行线后边、罚球区外,且至少距球 5 米,不可阻挡主踢队员,在球未触及前,不可越过该假想平行线(与球相齐且平行于球门线的一条假想直线)。

(2)对第六次累计犯规起执行程序:

① 必须直接射门而不能传给其他队员;

② 任意球踢出后,只有球被守门员触及或从门柱、横梁弹回以及球出界后,其他队员才可触球;

③ 任意球不得在距离球门线不足 6 米处踢出;

④ 如果犯规地点在犯规方半场球门线和第二罚球点假想平行线之间区域,则对方可选择在犯规地点或第二罚球点踢任意球;

⑤ 如果犯规地点在对方半场或本方半场第二罚球点假想平行线与中线之间区域,则该任意球在犯规方的第二罚球点上踢出;

⑥ 如比赛需要进行加时赛,在下半场的累计犯规在加时赛中继续有效。

13. 罚球点球

罚球点球时,球必须放定在罚球点上,明确主罚队员。守门员应在本方两门柱之间的球门线上面对主罚队员,直至球被踢出。其他队员应处于比赛场内、罚球区外、罚球点后或两侧、距罚球点至少 5 米。

14. 踢界外球

球必须放在球越出边线处的边线上,可踢向场内任何方向,踢界外球不能直接得分。主踢队员任何一只脚的部分踏在边线上或边线外的地上,在球被踢出前守方队员至少距球 5 米。主罚队员连踢犯规，由对方罚间接任意球。

若发生下列情况，则由对方重踢界外球。

(1)不按规定方法踢出；

(2)不在球出界处踢球；

(3)控球后未能在 4 秒内将球踢出；

(4)其他任何违反规则的行为。

15. 掷球门球

由守门员从罚球区内的任何一点将球掷出，球出罚球区比赛即为开始，如球未掷出罚球区，应重掷。对方队员应在罚球区外直至比赛进行。掷球门球不能直接得分。

16. 角球

踢角球时，应将球放定在离球出界处最近的角球弧内，对方应距球至少 5 米，角球可直接射门得分。

如发生下列情况，由对方踢间接任意球：

(1)比赛进行后，主罚队员在其他队员触球前再次触球，由对方在犯规地点踢间接任意球；

(2)主罚队员在控球后，未能在 4 秒内将球踢出，则由对方在角球弧踢间接任意球。

(二)5 人制足球竞赛裁判法

1. 裁判员与第二裁判员的跑动与配合

两名裁判员在比赛中沿着各自的边线与球门线处跑动。跑动的方法主要采用侧向滑步跑、侧身跑、向前跑和后退跑等。无论采用哪种方法，都应注意面向场内，扩大观察面，并与对面的裁判员保持联系。当球出边线或球门线后，就近一侧的裁判员迅速到位管理球或判罚犯规，必要时进入比赛场地，处理人墙或化解纷争。当出现罚球点球时，应由裁判员到位执行。比赛时如球在前场，就近裁判员必须处于靠近进攻方向球门线的位置上，另一名裁判员在中线附近观察；如球前进到靠近球门线的裁判员对面场地角球弧附近时，原靠近中线的裁判员迅速下底，而靠近球门线位置的裁判员则回到中线附近。如球在后场，就近裁判员可跟球跑动,另一名裁判员迅速跑到球前进方向的前方协助观察。总之,两名裁判员始终应"保持面对面,站位有前后,中间夹着球,兼顾球门线"。

2. 其他配合

裁判员凡判罚直接任意球时,应用规定的手势提示第三裁判员。当某队在每半场累计犯规达到5次时,第三裁判员用信号提示裁判员,裁判员应用规定的手势提示运动队。

二、7人制足球竞赛规则与裁判法

(一)7人制足球竞赛规则(室外)

1. 比赛场地

场地长度为50～80米,宽度为35～55米,比赛场地必须是长方形。正式比赛场地长为64～75米,宽为50～55米,如图4-7所示。

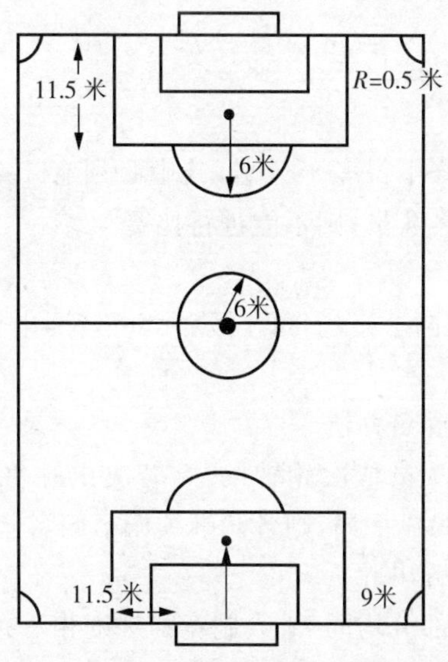

图4-7 场地示意图

(1)球门:高为2米,宽为5.5米。其他各线的宽度、球门柱及横梁的宽度和厚度不得超过10厘米。

(2)球门区:从每个球门柱内侧 4.5 米处画两条垂直于球门线的线,这些线伸向比赛场地内 4.5 米,与一条平行于球门线的线连接。这些线和球门线组成的区域是球门区。

(3)罚球区:从每个球门柱内侧 11.5 米处,画两条垂直于球门线的线,这些线伸向比赛场地内 11.5 米,与一条平行于球门线的线连接。这些线和球门线组成的区域是罚球区。

(4)罚球点:从两球门柱之间的中点,垂直于球门线向场内量 9 米设置一个罚球点。

(5)角球弧:在比赛场地内,以距每个角 0.5 米为半径画一个 1/4 圆。

(6)罚球弧:以罚球点为圆心,以 6 米为半径,在罚球区线画一个弧。

(7)中圈:以开球点为圆心,以 6 米为半径,画一个圆。

2. 球

国际标准 4 号球。

3. 队员人数

每队上场比赛不得多于 7 名,其中必须有 1 名守门员。当任何一队少于 5 名队员,则不能进行比赛。

4. 比赛时间

比赛分上、下两个半场,每半场各 30 分钟,中场休息不超过 10 分钟。

5. 球点球决胜负办法

每队派 3 名队员依次轮转踢球,若决出胜负则比赛结束。如果前 3 名队员踢成平局,则各队继续派第四名队员追加踢球,依次 1 对 1,直到分出胜负为止。

6. 规则其他部分均同 11 人制竞赛规则相一致。

(二)7 人制足球竞赛裁判法

1. 裁判员的跑动

沿着球场对角线跑动。跑动路线可以归纳为大“S”形跑、跟踪跑、小“S”形跑、直线跑等。裁判员采用哪一种跑动路线应考虑到场地、气候、本人的体力状况和运动队的技术风格与战术特点。裁判员的位置一般是在球的左侧后方，与助理裁判员保持联系。裁判员跑动所选的位置避免与双方运动员的位置重叠，不影响队员的活动与传球路线。

2. 助理裁判员的跑动

在本方半场边线外活动。多采用侧向滑步跑、倒退跑，位置与本方倒数第二名防守队员保持平行，做到面向场内、人球兼顾，以利于准确观察越位。

3. 7 人制比赛裁判员的哨声、手势及助理裁判员的旗示与 11 人制比赛相同。

三、3～4 人制足球竞赛规则与裁判法

(一)4 人制足球竞赛规则

1. 比赛场地

比赛场地长为 25～30 米，宽为 15～20 米。球门高为 2 米，宽为 3 米。罚球区：以球门的中点为圆心，以 6 米为半径向场内画 1/2 圆，与球门线相连。角球弧：在比赛场地内，以距每个角 25 厘米为半径画一个 1/4 圆。6 米罚球点：与球门中点垂直距离 6 米处画一个点。换人区：换人区设在两个替补席的前面，长 3 米，由两条 80 厘米长，并与边线垂直相交，场内外各 40 厘米；两个换人区靠近中线一端的直线与中线相距 3 米，如图 4-8 所示。

2. 球

标准 4 号球。

3. 队员人数

每队上场队员不得超过 4 人，其中必须有一名守门员。某队场上队员少于 2 名时，则终止比赛。替补队员不得超过 4 人，替补办法与 5 人制相同。

4. 比赛时间

比赛分为上、下两个半场，每半场比赛时间为 25 分钟，中场休息不超过 10 分钟。

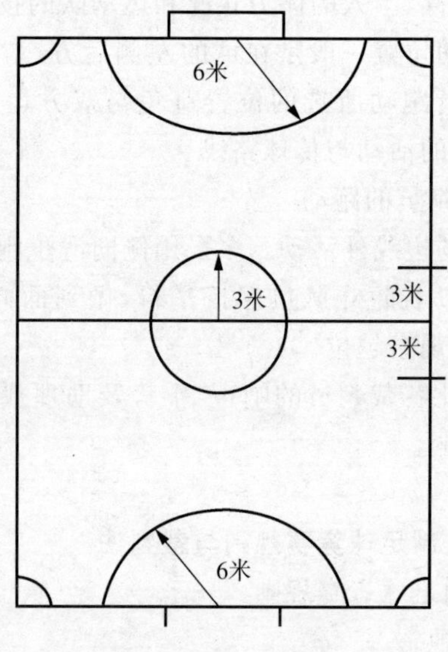

图 4-8 场地示意图

5. 6 米罚球

比赛中，无论球在什么位置，如果队员在本方罚球区内违反可判直接任意球的任何一种犯规，应被判罚 6 米球。罚球时主罚队员前支撑脚不能移动（即不能助跑）。

6. 裁判员

设裁判员、第二裁判员各一名执行任务，场下设记录员一名。他们的职责与 5 人制比赛相同。

7. 任意球、角球和踢界外球

队员踢以上定位球时，对方队员距球至少 3 米。踢球队员控球后 4 秒内必须将球踢出，否则判对方踢球。

8. 其他规定要求与 5 人制竞赛规则类同，但无累计犯规。

（二）竞赛裁判法

与 5 人制裁判法相同。

第五章　手　球

第一节　竞赛规则简介

手球竞赛规则是手球竞赛法规，是手球竞赛能公平、公正进行的保证。手球裁判员要熟练掌握规则，执行规则，在执法过程中运用规则，合理裁决竞赛。

手球裁判工作是手球竞赛工作的重要组成部分。裁判员是一场比赛的组织者、主持者，他们的工作质量对比赛的顺利进行起着关键的作用。因此，裁判员必须认真钻研手球竞赛规则和裁判法、了解规则的精神实质，正确地执行规则中的各项规定，准确掌握裁判尺度；裁判员必须精通手球技术和战术，在比赛中了解双方战术运用及变化，预测比赛的进展，估计场上可能发生的变化，随时使自己处于主动地位。在执行裁判任务时，裁判员要沉着冷静、谦虚谨慎；要做到严肃认真、公正准确，同时要做到精神饱满、服装整洁、仪表大方；鸣哨要清脆而又有节奏，手势清晰果断。裁判员之间要相互尊重、加强协作、密切配合，为比赛双方运动员发挥技战术水平服务。

一、手球竞赛场地和设备

（一）比赛场地

比赛场地为长方形，如图 5 - 1 所示，长 40 米，宽 20 米，由两个球门区和一个比赛场区组成。长界线称边线，短界线称球门线（球门柱之间）或外球门线（球门的两侧）。场上的线均属于他们各自界定场区的一部分。两个球门柱间的球门线宽 8 厘米，所有其他线宽均为 5 厘米。场上两个相邻场区之间的线，可以由场区不同颜色代替。

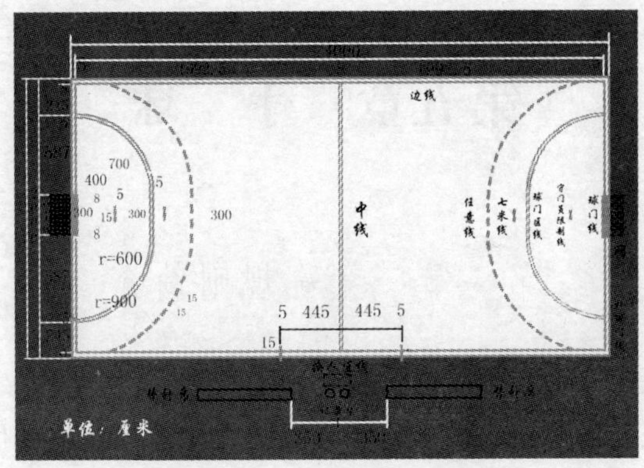

图 5-1　手球比赛场地示意图

比赛场区周围应有安全区，且离边线至少 1 米、离外球门线至少 2 米。

1. 球门区位于球门前面，由一条宽 3 米，长 6 米的长方形区域和两个与之相连的 1/4 圆形（分别以球门柱内沿外角为圆心，以 6 米为半径向两侧画出两条 90°弧线）区域构成。

2. 任意球线（9 米线）为虚线，其中距离球门线最近为 9 米，并与球门区线平行。虚、实线段均为 15 厘米。

3. 7 米线长 1 米，位于球门线正前方，与球门线平行。

4. 守门员限制线（4 米线）长 15 厘米，位于球门线正前方，与球门线平行。

5. 连接两边线中点的线叫中线。

6. 各队的换人区位于中线两侧，距离中线 4.5 米处，在该处划一条与中线平行、伸向场区内外各 15 厘米直线。

（二）球门

球门必须位于各自球门线的正中央，稳固地置于地面或安装在其后面的墙上。球门内径高 2 米，宽 3 米。球门柱应稳固地置于地面，并有一根水平横梁连接；球门立柱和横梁的横截面均为 8 厘米×8 厘米的正方形；球门柱后沿与球门线外沿齐平，如图 5-2 所示。

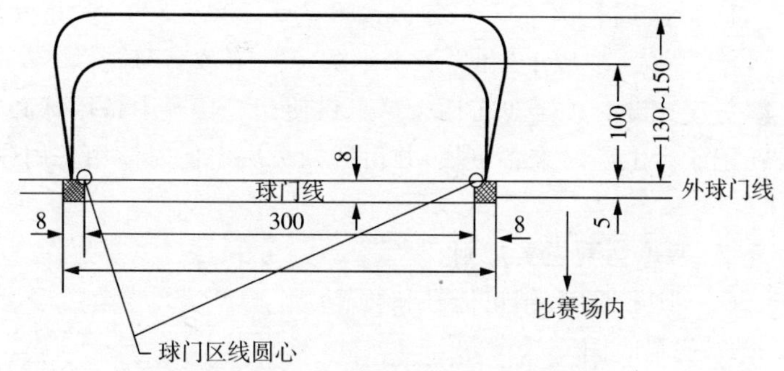

图 5-2　球门

球门柱及与之相连的横梁应由材质相同的材料(木质、轻金属或化学合成材料等)制成。其横截面为边长 8 厘米的正方形,四角(立柱的棱)为半径(4±1)毫米圆弧。从场地上看到的球门柱和横梁的三个面必须漆成与背景有明显区别的相间色带。同一场地上的两个门必须漆成相同的颜色。

球门立柱与横梁相连处应漆成 28 厘米的相同色带,其他色带均为 20 厘米。球门必须缚挂球门网,球门网的深度在上端距离球门线 0.9 米,下端为 1.1 米。网眼不得大于 10 厘米×10 厘米。球门网必须至少每隔 20 厘米固定在球门柱和横梁上。

(三)记录台

记录台置于边线外、替补区的中央,最长为 4 米。为确保有开阔的视野,记录台应置于高出比赛场地 30～40 厘米的地面上。

(四)球

球必须是圆的,由皮革或合成材料制成,表面不应发亮或光滑。不同级别球队所用球的周长和重量如下:

3 号球:周长为 58～60 厘米,重量为 425～475 克,是成年男子和青年(16 岁以上)男子用球。

2 号球:周长为 54～56 厘米,重量为 325～375 克,是成年女子和青年(14 岁以上)女子用球及男子少年队(12～16 岁)用球。

1号球：周长为50～52厘米，重量为290～330克，是女子青少年(8～14岁以上)和男子少年队(8～12岁)用球。

每场比赛必须至少有两个球可供使用。比赛中备用球必须放在记录台上随时准备更换，并由裁判员决定何时使用备用球。

二、手球竞赛主要规则

(一)比赛时间、结束信号和暂停

1. 比赛时间

16岁及16岁以上球队比赛时间均为两个30分钟，中间休息10分钟。

如果整场比赛时间结束时双方打平，而竞赛规程又要求必须分出胜负，则在休息5分钟后进行决胜期比赛。决胜期比赛由两个5分钟组成，中间休息1分钟(双方交换场地)；如果仍是平局，则再打第二个决胜期；如果仍是平局，应该按竞赛规程决出胜负。

2. 结束信号

当场上裁判员为第一次开球鸣哨时，比赛时间开始。当公开计时钟自动发出结束信号或计时员发出结束信号时，比赛时间结束。如果时间已到但自动计时钟或计时员没有发出结束信号，裁判员应该鸣哨示意比赛结束。

如果半场比赛或全场比赛结束信号发出前或同时的犯规和非体育道德行为均应判罚，尽管有时结束信号已发出，仍应判罚。裁判员只有在相应的任意球或7米球掷出，并得到直接结果后才能结束比赛。

如果正在掷任意球、7米球，或球已在空中飞行时，自动结束信号响了，必须重掷球，并得到直接结果后，裁判员才能结束比赛。

3. 暂停

比赛时间何时中断以及中断(暂停)多久，均由裁判员决定，但下列情况必须暂停：

(1)判罚罚出场两分钟，取消比赛资格。

(2)一分钟球队暂停(每队每半小时有1分钟球队暂停)。

(3)换人违例时或“额外队员”进场时(额外队员是指超过规则规定的场上参加比赛人数的队员)。

(4)计时员或技术代表发出信号时。

(5)场上裁判员判罚不一致需要协商时。

在其他一些特定情况下如队员受伤,通常也给予暂停。暂停期间违犯规则与比赛进行时同样处理。在通常情况下,每队上、下半场可各有一次1分钟的球队暂停。

(二)球队、换人和装备

1. 球队

一个队最多有16名队员组成,同时上场队员人数不能超过7人,其他队员为替补队员。场上自始至终都有一名守门员。在比赛开始时场上队员不得少于5人。比赛进行中,即使某队场上队员人数减少至5人以下,比赛仍可进行。只有裁判员才有权决定是否终止比赛以及何时终止。

2. 换人

只要场上队员离开比赛场地,替补队员就能随时不通过裁判员和计时员或记录员随时、重复地进入场地参加比赛。所有队员都应该在本方换人区进出场地。在暂停(球队暂停除外)期间替补区规定同样适用。

换人违例时,应判罚违例队员出场两分钟。如果同队在一次换人过程中发生多人违例,只处罚第一个违例队员。比赛重新开始时由对方掷任意球。如果受罚队员在受罚期间进入场地,他应该再次被罚出场两分钟,而这个两分钟应立即执行,该队场上应有另一名队员离场,替罚第一个罚出场两分钟的剩余时间。如果额外队员进入场地或一名队员从替补区处干扰比赛,那么除了违例队员必须出场外,该队场上必须有另一名队员出场两分钟。在这两种情况下均由对方掷任意球重新开始比赛。

3. 装备

同队的场上队员应着装统一,但两队的服装颜色和图案必须有明显的区别。守门员的服装颜色必须与双方场上队员和对方守门员有明显的区别。队员号码为1～20号，服装背后号码的高度必须不低于20厘米，胸前的号码高度必须不低于10厘米；号码的颜色必须与服装的颜色有明显的区别。队长的上臂上必须佩戴宽4厘米、服装颜色有区别的臂章。

队员必须穿运动鞋，禁止佩戴任何有可能伤害队员的物品，如头盔、面罩、手表、戒指、项链、耳环、手镯、没有固定带子或带有硬框的眼镜等。

如果有队员发生流血或队员身体上、服装上沾有血迹，他必须立即通过正常的换人且自觉地离开场地，以止血、包扎伤口及清理身上和服装上的血迹。只有完成上述步骤，该队员才能返回比赛场地，重新参赛。在队员受伤、比赛暂停期间，裁判员可允许两名有参赛资格的人员进入场地，以护理本队受伤的队员。

（三）守门员

1. 允许守门员

在球门区内做防守动作时，用身体的任何部位接触球；在球门区内持球活动时不受场上队员规则的限制，但不允许拖延掷球门球的时间；不持球离开球门区，并在比赛场区内参加比赛，离开球门区的守门员在场上比赛，要遵守场上队员的规则；如果未能控制住球，可以随球离开球门区，并在比赛场区继续触球。

2. 不允许守门员

在防守时危及对方；控制球后离开球门区；掷出球门球后在球未触及其他队员以前，在球门区外再次触球；在球门区内接触球门区外地面上或滚动的球；将球门区外地面上静止或滚动的球拿进球门区；持球重新进入球门区；当球停留在球门区内或正向比赛场区滚动时，用脚或膝关节以下部位接触球；在球离开对方掷7米球的手以前越过守门员限制线(4米线)或其两端的延长线。

（四）球门区

1. 球门区包括球门区线，只允许守门员进入球门区，场上队员身体的任何部位接触了球门区，就被认为进入球门区。对进入球门区的场上队员应判罚如下：

(1)进攻队员持球进入球门区,判球门球;

(2)进攻队员徒手进入球门区获利,判球门球;

(3)防守队员进入球门区,并破坏了一次明显的得分机会,判罚 7 米球。

2. 下列情况对进入球门区的场上队员不予判罚:

(1)场上队员在球离手后进入球门区,但未给对方造成不利;

(2)徒手队员进入球门区,但未获利;

(3)防守队员在防守时或防守后进入球门区,但未给对方造成不利。

3. 球门区的球属于守门员。场上队员不得触及球门区内静止、滚动或守门员手中的球,当球位于球门区上空时,任何队员都可以争夺,但掷球门球例外。当球停留在球门区时,守门员应通过掷球门球将球恢复到比赛状态。

(1)如果防守队员在防守时触及球,然后球被守门员获得,或停在球门区,比赛继续进行。

(2)如果防守队员故意失球进入球门区应按下列规定处理:

① 如果球进球门,对方得分;

② 如果球停在球门区内或守门员触及到球,判给进攻队任意球;

③ 如果球穿过球门区,且未被守门员触及,比赛继续。

(五)接触球、消极比赛

1. 接触球

允许队员用手(张开或并拢)、臂、头、躯干、大腿和膝部去掷球、停球、接球、击球;持球不得超过 3 秒,包括在地上;持球走不得超过 3 步,以下情况为第一步:

(1)双脚站立,一只脚离地再落地,或一只脚从一处移到另一处;

(2)一只脚着地,接球后另一只脚落地;

(3)跳起后单脚落地,随后用同一脚踏跳或另一脚落地;

(4)起跳后双脚同时着地,然后一只脚离地再落地或一只脚从一处移到另一处。

允许跪、坐、躺在地上接触球;将球由一手递给另一手;当站立或跑动时,允许拍一次球,然后用单手或双手接球;单手连续拍球(运球)或单手连续在地上滚动球,然后用单手或双手接住或捡起。

不允许队员在球触及地面、其他队员或球门前再次接触球;用膝关节以下的部位触球,但对方传来的除外;如果球触及场内裁判员,比赛继续。

2. 消极比赛

不允许在没有任何明显进攻或射门意图的情况下,保持本队对球的控制,这被视为消极比赛,应判由对方在比赛中断地点掷任意球。

当发现有消极比赛的意图时,裁判员应做出预警手势,如果进攻队仍没有改变进攻方式,也没有射门,则应判由对方掷任意球。在特殊情况下,裁判员事先可以不做预警手势而直接判罚。

(六)犯规与非体育道德行为

1. 允许队员

用手臂或手去封球或获得球;用张开的手从任何方向轻打对方的球;用躯干正面阻挡持球或不持球的队员;以弯曲的手臂从正面接触对方队员,紧盯或跟随对方队员。

2. 不允许队员

抢夺或打击对方手中的球;用臂、手或腿去阻挡对方;拉、抱、推、撞对方以及用其他方式危及对方队员。主要针对对手的犯规行为将受到升级处罚,从警告开始,逐渐加重。

与良好的体育运动精神相悖的动作和语言均被视为非体育道德行为,适用于场上、场下的所有队员和官员。

攻击并危害对方身体的行为应判取消比赛资格。如:从侧面或后面击打或向后拉扯对方正在传球或射门的投掷臂;以任何方式击打对方的头部或颈部;蓄意用脚、膝部或其他方式打击对方的身体，包括绊倒对方；推拉正在跑动或跳起的对方队员，或以其他方式使对方失去身体平衡；掷任意球直接射门，在防守队员没有移动的情况下击中头部；或在掷 7 米球时，在守门员没有移动的情况下，击中守门员的头部等。

比赛时间内斗殴的队员应予以开除，在比赛时间以外发生的斗殴应取消比赛资格。向他人吐唾沫视为斗殴。

（七）得分

射门之前或射门时，在射门队员本人及本队其他队员没有任何犯规的情况下，使整个球体越过球门线进入球门，即得一分，如图 5－3 所示。球门裁判员鸣两声短哨并做手势确认得分有效。

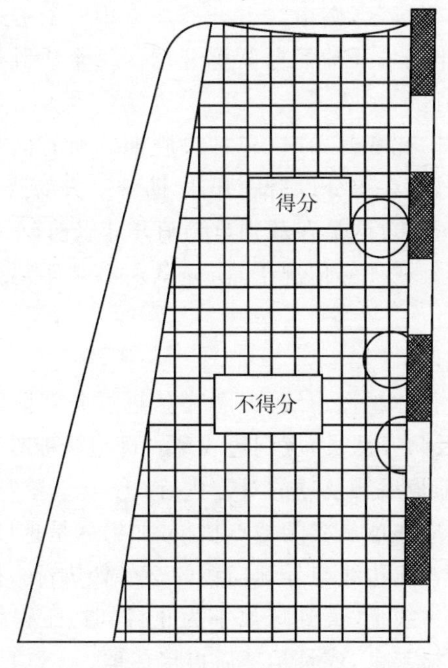

图 5－3　进球

如果防守队员违反规则，但球仍进入球门，应判得分；如果在球的整体越过球门线之前，裁判员或计时员已中断比赛，不应判得分;如果队员将球打入本方球门,应判对方得分,但除守门员掷球门球外。

一旦判得分且裁判员已鸣哨开球,对得分的判定不得更改。如果比赛结束信号恰在得分以后且开球之前发出,裁判员必须明确表示得分有效(不再掷开球)。

(八)开球

比赛上下半场和得失分后,都在比赛场地中央开球(允许范围为1.5米),可掷向任何方向。在球离手前,掷球队员必须保持一脚踏在中线上。在裁判员鸣哨前,进攻队员不能超过中线。

比赛开始时,如掷币获胜且选择开球队上半场开球,如掷币获胜的队选择了场区,则由对方开球。下半时双方交换场地开始比赛,由上半场未开球的球队掷开球。每个决胜期均应掷币选择开球或场区。

在每个半时比赛开始时(包括决胜期),所有队员必须位于各自的半场内,但在得分以后的开球,防守一方的队员可以位于任何一个半场,进攻队员在裁判员鸣哨开球以前,不得越过中线进入对方半场。在任何情况下,防守队员必须距离掷开球的队员至少3米。

(九)边线球

如果球的整体越过边线,或者在球越过防守队的外球门线之前,最后触及防守队员,应判边线球。掷边线球时裁判员不鸣哨,由球出界前最后触及球的对方执行。

掷边线球应在球出界的地点执行,如果球是越过外球门线,则在球出界的一侧边线与外球门线的交界处执行。掷边线球时必须一脚踏在边线上,直到球离手为止,同时,不得将球放在地上然后自己再捡起来,或是拍球后再接住球。

掷边线球时,对方队员必须离开掷球队员至少3米。在任何情况下都允许队员紧贴本方球门区线外站立,即使他们与掷球队员的距离不足3米。

（十）球门球

当守门员在球门区内控制球，或是球被进攻队员直接射出外球门线，或是守门员将球挡出外球门线，则判球门球。球门球由守门员从球门区将球掷出球门区线，裁判员无须鸣哨。当守门员将球掷出球门区即被认为掷球完毕，对方队员在球越过球门区线之前不得触球。

（十一）任意球

1. 判罚任意球

原则上，在出现下列情况时裁判员应中断比赛，并由对方掷任意球重新比赛：

（1）进攻队犯规（撞人、非体育道德行为）、违例（四步、二次运球；脚踢球、换人违例、3 秒违例）、侵区、消极比赛、掷球违例等。

（2）防守队员犯规使进攻队员丢失球权。

为了比赛的连续性，裁判员应尽量避免判任意球（有利原则）而中断比赛，如果要对犯规队员进行个人处罚，在不会给进攻队造成不利的情况下，裁判员可立即中断比赛，否则要等到当前的进攻片段结束后，再对犯规队员进行处罚。

因球碰触了场区上方的障碍物而比赛中断，最后未触及球的一方拥有球权。当裁判员判由对方掷任意球时，持球的原进攻队员必须立即放下球。

2. 执行任意球

掷任意球时，裁判员通常无须鸣哨，原则上在犯规地点执行。但下列情况除外：

（1）在口头劝告或处罚后，执行任意球时；

（2）纠正队员错误站位后；

（3）在队员延误掷球时；

（4）中断比赛后，掷任意球重新开始比赛时。

掷任意球的地点原则上是在犯规或违例的地点，但任意球是不能在本方球门区内或对方的任意球线内执行的。在任何情况下，当犯规违例出现在以上两个区内时，掷任意球的位置必须移至上述区域外最近的地点。

掷任意球时，防守队员必须距离掷球队员至少3米，但在对方的任意球线上掷球时，允许防守队员紧贴球门区线站立。在球离手前，进攻队员不得触及或越过任意球线。裁判员已经为掷任意球鸣哨的情况下，如果进攻队员违反了上述规定，则判防守队掷任意球。

一旦队员持球站在正确地点准备掷球，就不能将球放下或运球；掷球时不得将球递给本方队员，也不能在球离手前让本方队员触及球。掷球时必须保持一只脚的一部分稳固地接触地面，另一只脚可以重复地抬起或放下。

掷任意球可以直接射门，球出手后，在球触及其他队员或球门前，掷球队员不得再次触球。

（十二）7米球

下列情况下判罚7米球：队员或随队官员在场上任何地点犯规，破坏了对方明显的得分机会；错误的信号或未经允许的人员进入场地，从而破坏了明显的得分机会等。

执行7米球时，掷球队员必须在场上裁判员鸣哨后3秒内将球射向球门，否则判给对方掷任意球；在球出手前不得触及或越过7米线，进攻队员必须站在任意球线外，否则由对方掷任意球；防守队员必须站在任意球线外，且距离7米球线至少3米，否则不重掷7米球；守门员不许越过守门员限制线，否则不重掷7米球。

当掷7米球队员已持球正确且就位准备掷球时，不允许替换守门员，否则将视为非体育道德行为予以处罚。

（十三）执行掷球（开球、边线球、球门球和7米球）

执行掷球前，掷球队员必须持球于手中，在球离开掷球队员的手之前，所有的队员应站在正确的位置。

任何掷球都可以直接射门得分。除掷球门球外，掷球队员掷球时必须有一只脚（允许坐或躺在地上掷球）稳固地站在地面，掷球时不得将球递给同队其他队员。在球触及其他队员之前，掷球队员不得再次触球。

（十四）处罚

1. 警告

警告对于同一队员不得超过一次，对一个队不得超过三次；对被判罚出场两分钟的队员不再给予警告；对于一个队的全体官员警告不得超过一次。

可以给予警告的行为：主要是针对球而不是对手，但除侵犯了对方队员的犯规或类似违例的行为外。

应该给予警告的行为：

（1）需要进行升级处罚的犯规；

（2）当对方正常掷球时违犯规则，如对方掷球时防守队员不得离开3米远；

（3）队员或官员的非体育道德行为。

2. 罚出场两分钟

罚出场两分钟是两分钟比赛时间，受罚队员在这期间不能上场比赛，使得该队场上减员。对于同一队员第三次罚出场两分钟，则应被取消比赛资格。

应该判罚出场两分钟的行为：

（1）换人错误或非法进入场地。

（2）重复需要升级处罚的犯规。

（3）队员在场内或场外重复违犯体育道德的行为。

（4）在一名官员已有警告的情况下，同队官员再次出现非体育道德的行为。

（5）判给对方掷球时控制球的队员没有立即放下球。

（6）在对方掷球时，再次违反规则。

（7）在比赛时间内，取消队员或官员比赛资格伴随的罚出场。

（8）在一名队员被判罚出场两分钟后，比赛重新开始前，该队员再次出现非体育道德行为（该队员将被加判一个罚出场两分钟，该队员被判罚出场四分钟。如果这个追加的判罚是该队员第三次被判罚出场两分钟，则该队员将被取消比赛资格）。

通常在重复犯规或非体育道德行为时才判罚出场两分钟，但即使在该队员未受过警告且本队受警告次数不足三次的情况下，裁判员仍有权在必要时直接判罚出场两分钟。

3. 取消比赛资格（红牌）

被取消比赛资格的队员或官员不得再参加该场比赛，场上减员两分钟，受罚队员或官员远离比赛场区。离开替补区后，被取消比赛资格的队员或官员不得再以任何方式与本队联系。

应判取消比赛资格的行为：

（1）无权队员进入场地参赛，破坏了一次明显得分机会；

（2）危及对方队员身体健康的犯规；

（3）场内或场外的队员或官员严重违犯体育道德的行为；

（4）在比赛时间外（即比赛开始前或比赛中断时）斗殴的队员或官员；

（5）同一队员被第三次罚出场两分钟；

（6）随队官员斗殴；

（7）在一名官员已被判罚出场两分钟的情况下，同队官员再次出现非体育道德行为；

（8）队员或官员在比赛中断时重复发生非体育道德行为。

场内或场外队员或官员被取消比赛资格后，总是伴随该队一个罚出场两分钟。如果队员刚刚被取消比赛资格，在比赛重新开始前该队员又犯有非体育道德行为，该队将被进一步处罚，场上减员 4 分钟。原则上，取消比赛资格只对该队比赛的剩余时间生效。

第二节　裁判员临场分工和配合

一、裁判员

每场比赛应由两名职责相同的裁判员负责，并有一名记录员和一名计时员协助他们工作。从队员进入比赛场起，裁判员即开始监管他们的行为，直至他们离开为止。

比赛开始前，裁判员负责对场地、球门和球进行检查，并决定比赛使用哪一个球。裁判员还要检查比赛双方是否按比赛要求着装，检查队员护具和记录表，检查替补席，及确认负责官员。任何不符合规则的地方，都必须纠正。最后，在另一名裁判员和双方队长参加的情况下，由一名裁判员主持双方挑边。

比赛开始时一名裁判员作为场上裁判，站在开球队的后面，另外一名裁判员作为球门线裁判员站在外球门线外，与场上裁判员成对角线。场上裁判员鸣哨开球开始比赛，当对方获得球后，原场上裁判员退至防守队(原进攻队)半场的外球门线处，成为球门裁判员；原球门裁判员则跟随进攻队到达场上，成为场上裁判。裁判员在比赛期间应经常相互交换位置。

裁判员的站位配合：

1. 开球时，应由场上裁判员鸣哨，并观察开球是否违例。球门线裁判员在外球门线的一侧观察其他队员的情况。

2. 在阵地攻、防时，场上裁判员应站在进攻队员与中线之间，并与进攻队员保持一定的距离，可以横向或曲线移动观察。场上裁判员主要负责对持球队员及周边防守队员进行观察，保持与进攻队员和防守队员成三角站位，清楚地观察到攻防双方的动作。球门线裁判员主要观察负责球门区附近的无球队员之间动作情况，注意观察球是否进球门，进攻队员是否侵区，防守队员是否越区防守等。

3. 在执行罚 7 米球时，场上裁判员的位置应在罚球队员投掷臂一侧、7 米线延长线与任意球线或边线交叉的地方，观察罚球队员和场上其他队员是否有违例动作(如罚球队员脚踏 7 米球线；防守队员没有离开 3 米；鸣哨后持球队员 3 秒违例等)。球门线裁判员主要观察球是否进门得分。

4. 为了保证手球比赛两名裁判员判罚尺度尽可能地合理一致，要求两名裁判员在比赛过程中经常交换站位。在通常情况下，裁判员每隔 5 分钟左右交换一次位置，换位时间可在暂停、处罚、罚 7 米球的时候。

二、计时员和记录员

原则上，计时员主要负责掌握比赛时间、暂停和受罚队员的受罚时间。记录员主要负责球队队员名单、记录表的填写、对迟到队员和无权参赛队员的管理。其他为共同职责，如对替补区队员和官员人数的控制以及球队换人时进出场是否正确的管理。通常只有计时员才可以在必要时中断比赛。

如果没有公开计时钟可供使用，计时员必须负责通知双方队的负责官员比赛进行了多少时间和还剩余多少时间；如果没有带自动信号的公开计时钟，计时员负责在比赛结束时发出响亮的结束信号；如果计时钟不能显示受罚队员的受罚时间，计时员必须在记录台上出示受罚队员的号码和受罚结束时间的纸条。

三、裁判员与记录台的配合

裁判员在判警告、罚出场、取消比赛资格时，应一只手显示黄红牌或明确清楚的离场手势，另一只手指向受罚队员。记录台应根据裁判员的显示，记录受罚队员的号码和受罚时间，同时裁判员也应记录受罚队员的号码。如该队员第二次被警告，则不论两次警告的性质是否相同，记录员均应立即通知场上裁判员，裁判员也可根据自己的记录，将该队员罚出场。

当球进球门时，如无违例（犯规），场上裁判员应迅速上举手臂表示进球有效，球门裁判员也要上举手臂，并发出进球信号的哨声，记录员应迅速将该得分队员的号码登记在比赛的记录表上。换人违例时应通知裁判员，裁判员根据规则进行处理。

第六章 羽毛球

羽毛球运动是深受人们喜爱的一项体育项目。羽毛球运动竞赛项目可分为单项赛和团体赛。单项赛包括男子单打、女子单打、男子双打、女子双打和男女混合双打五个项目；羽毛球团体赛项目主要有男子团体赛、女子团体赛和男女混合团体赛三大项。常用赛制有三场制、五场制和多场制。

三场制：每场比赛由两场单打和一场双打组成，比赛顺序为单—单—双或单—双—单，也可以三场都是单打。每队要限定报名人数，每名运动员只能打一个单打，双打可以由单打运动员兼项。

五场制：羽毛球团体赛最常用的竞赛方法就是五场制。每个团体赛一般由三单两双组成，每队限定报名人数。比赛顺序多种多样，常采用的有：单—单—单—双—双、单—双—单—双—单、单—单—双—双—单等。比赛顺序也可以根据运动员兼项情况进行调整。男女混合团体赛则采用两单三双的打法，即男、女单打各一场，男、女双打各一场，混合双打一场。出场顺序由裁判长根据运动员兼项情况决定。

多场制：由超过 5 个单项组成的团体赛称多场制，多在对抗赛或双边比赛中采用。场数、人数和比赛项目，可由参加者共同商定。

团体赛出场名单的确定方法，一般来说有两种：一种是按照技术水平顺序出场，这些顺序须经确认，赛前予以公布，各队交换名单时，须按确认的顺序填写，不得颠倒；另一种是根据各队情况，任意安排出场顺序，这种出场方法有田忌赛马之趣，但易出现与实际水平不相当的比赛结果，故高水平竞赛一般不采用。

第一节　规则简介

一、场地设备

(一)比赛场地

羽毛球场地呈长方形,长 13.4 米,宽 6.1 米(单打场地宽 5.18 米),每条线宽 4 厘米,所有线的宽度都在场地之内。各线为单、双打边线;端线即单双打发球线、前发球线和中心线。正式比赛场地要求上空有 9 米的无障碍空间,场地四周 2 米以内不得有任何障碍物。场地表面一般为木质地板,能用塑胶场地更好,按规则要求画上场地线。

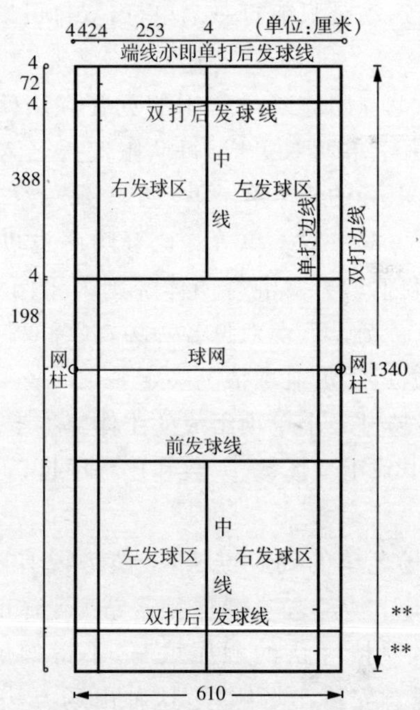

图 6-1　场地示意图

（二）球网

羽毛球网的颜色为深色。球网长 6.1 米，宽 0.76 米。正式比赛的网高：球网中央不得低于 1.524 米，球网两端即网柱上网高为 1.55 米。

（三）羽毛球拍

球拍长不超过 680 毫米，宽不超过 230 毫米。拍柄是击球者通常握拍的部分，拍弦面是击球者通常用于击球的部分，拍头界定了拍弦面的范围，如图 6－2 所示。球拍不允许有附加物和突出部，除非是为了防止磨损、断裂、振动或调整重心的附加物，或预防球拍脱手而将拍柄系在手上的绳索，但其尺寸和位置必须合理。球拍上不允许附加可能从本质上改变球拍形式的任何装置。

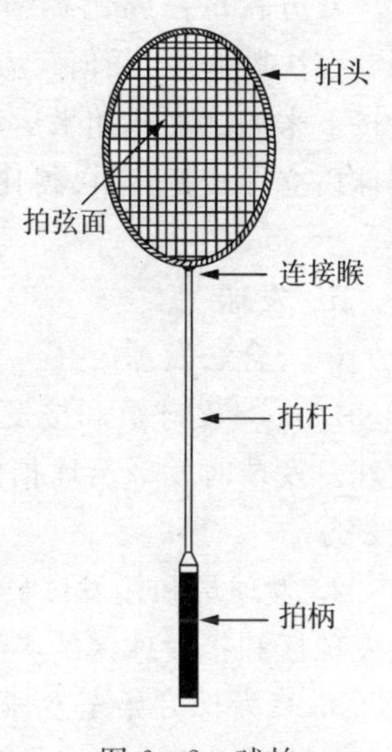

图 6－2 球拍

二、挑边

比赛开始前，双方运动员应进行挑边。赢方可优先发球和接发球以及选择在哪一场区开始比赛，输方在余下的一项中选择。

三、局数、得分和分数

每场比赛采取三局两胜制。比赛实行每球得分制，每赢一球得一分。率先得到 21 分的一方赢得当局比赛。如果双方比分打成 20∶20，获胜的一方需高出对方 2 分才能取胜。如果双方比分打成 29∶29，则率先得到 30 分的一方取胜。首局获胜一方在接下来的一局比赛中率先发球。

四、交换场地

双方在每一局比赛结束后都应交换场地进行下一局的比赛。在决胜局中，任何一方先得 11 分时，双方再次交换场地进行接下来的比赛。如果运动员未按规定交换场地，一经发现，在死球后立即交换，但已得比分有效。

五、发球

(一)合法发球

1. 一旦发球员和接发球员做好准备，任何一方都不得延误发球。发球时发球员球拍的拍头做完后摆后，任何迟滞都是延误发球。

2. 发球员和接发球员应站在斜对角的发球区内，脚不得触及发球区和接发球区的界线。

3. 从发球开始至发球结束前，发球员和接发球员的两脚都必须有一部分与场地地面接触，不得移动。

4. 发球员的球拍应首先击中球托。

5. 发球员的球拍击中球的瞬间，整个球应低于发球员的腰部。腰部指发球员最低肋骨下缘的水平切线。

6. 发球员的球拍击中球的瞬间，球拍杆应指向下方。

7. 发球开始后，发球员必须连续向前挥拍，直至将球发出。

8. 发出的球向上飞行过网，如果未被拦截，球应落在规定的接发球区内(即落在线上或界内)。

9. 发球员发球时应击中球。

(二)一旦运动员站好位置准备发球，发球员的球拍头第一次向前挥动即为发球开始。

(三)一旦发球开始，发球员的球拍击中球或未能击中球均为发球结束。

(四)发球员应在接发球员准备好后才能发球。如果接发球员已试图接发球，即被视为已做好准备。

（五）双打比赛发球时，发球员和接发球员的同伴应在各自的场区内，站位不限，但不得阻挡对方发球员或接发球员的视线。

六、单打

在比赛中，发球方的分数为0或双数时，双方运动员均应站在各自的右发球区发球或接发球；发球方的分数为单数时，双方运动员均应在各自的左发球区发球或接发球。一个回合中，双方运动员在己方网的任何位置交替击球，直至成死球。发球方胜一个回合即得一分，并再从另一发球区发球；接发球方胜一个回合即得一分，随后成为新的发球方。

七、双打

在比赛中，当发球方的分数为0或双数时，双方均应从右发球区发球；当发球方的分数为单数时，双方均应从左半区发球。接发球员应是站在发球员斜对角发球区的运动员。一个回合中，发球方的一人和接发球方的一人在己方网的任何位置交替击球，直至成死球。发球方胜一个回合即得一分，并再从另一发球区发球；接发球方胜一个回合即得一分，随后成为新的发球方。双打发球顺序较为复杂，如图6-3所示。发球员的顺序与单打中的一样，即以分数的单数或双数来决定，只有发球方在得分时才交换发球区。除此以外，运动员继续站在上一回合的各自发球区不变，以保证发球员的交替。胜方的任一运动员可在下一局先发球，负方的任一运动员可在下一局接发球。

过程及解释	比分		发球区	发球员和接发球员	赢球方
	0:0	 C D / B A	从右发球区发球（因发球方的分数为双数）	A发球，C接发球（A和C为首先发球员和首先接发球员）	A和B
A和B得1分。A和B交换发球区。A从左发球区再次发球。C和D在原发球区接发球。	1:0	 C D / A B	从左发球区发球（因发球方的分数为单数）	A发球，D接发球。	C和D
C和D得1分，并获得发球权。两个均不改变各自原发球区。	1:1	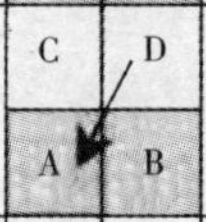 C D / A B	从左发球区发球（因发球方的分数为单数）	D发球，A接发球。	A和B
A和B得1分，并获得发球权。两个均不改变各自原发球区。	2:1	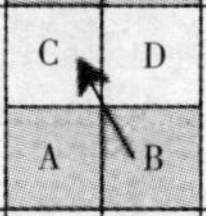 C D / A B	从右发球区发球（因发球方的分数为双数）	B发球，C接发球。	C和D
C和D得1分，并获得发球区。两个均不改变各自原发球区。	2:2	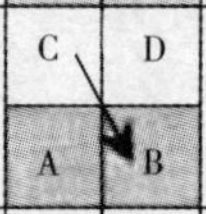 C D / A B	从右发球区发球（因发球方的分数为双数）	C发球，B接发球。	C和D
C和D得1分。C和D交换发球区。C从左发球区发球。A和B不改变其各自原发球区。	3:2	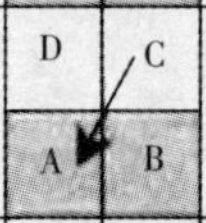 D C / A B	从左发球区发球（因发球方的分数为单数）	C发球，A接发球。	A和B
A和B得1分，并获得发球权。两人均不改变各自原发球区。	3:3	 D C / A B	从左发球区发球（因发球方的分数为单数）	A发球，C接发球。	A和B
A和B得1分。A和B交换发球区。A从左发球区发球。C和D不改变其各自原发球区。		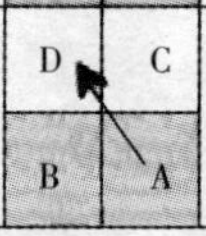 D C / B A	从右发球区发球（因发球方的分数为双数）	A发球，D接发球。	C和D

图 6-3　双打发球顺序

八、违例

以下情况均属违例：

（一）不合法发球（违反下列任意一项）

1. 一旦发球员和接发球员做好准备，任何一方都不得延误发球。发球时发球员球拍的拍头做完后摆后，任何迟滞都是延误发球。

2. 发球员和接发球员应站在斜对角的发球区内，脚不得触及发球区和接发球区的界线。

3. 从发球开始至发球结束前，发球员和接发球员的两脚都必须有一部分与场地的地面接触，不得移动。

4. 发球员的球拍应首先击中球托。

5. 发球员的球拍击中球的瞬间整个球应低于发球员的腰部。腰指的是发球员最低肋骨下缘的水平切线。

6. 在发球员的球拍击中球的瞬间球拍杆应指向下方。

7. 发球开始后，发球员必须连续向前挥拍，直至将球发出。

8. 发出的球向上飞行过网，如果未被拦截，球应落在规定的接发球区内(即落在线上或界内)。

9. 发球员发球时应击中球。

(二)发球时

1. 球挂在网上或停在网顶；

2. 球过网后挂在网上；

3. 接发球员的同伴接到球或被球触及。

(三)比赛进行中球

1. 落在场地界线外(即未落在界线上或界线内)；

2. 从网孔或网下穿过；

3. 未从网上方越过；

4. 触及天花板或四周墙壁；

5. 触及运动员的身体或衣服；

6. 触及场地外其他物体或人；

7. 被击时停滞在球拍上，紧接着被拖带抛出；

8. 被同一运动员两次挥拍连续两次击中(但一次击球动作中，球被拍框和拍弦面击中，不属违例)；

9. 被同方两名运动员连续击中；

10. 触及运动员球拍而未飞向对方场区。

(四)比赛进行中，运动员

1. 球拍、身体或衣服触及球网或球网的支撑物；

2. 球拍或身体，从网上侵入对方场区（击球时，球拍与球的最初接触点在击球者网这一方，而后球拍随球过网的情况除外）；

3. 球拍或身体，从网下侵入对方场区，导致妨碍对方或分散对方的注意力；

4. 妨碍对方，即阻挡对方紧靠球网的合法击球；

5. 故意分散对方注意力的任何举动，如喊叫、故作姿态等。

（五）重发球

1. 发球员在接发球员未做好准备时发球。

2. 在发球过程中，发球员和接发球员都被判违例。

3. 发球被回击后

(1)球停在网顶；

(2)球过网后挂在网上。

4. 比赛进行中，球托与球的其他部分完全分离。

5. 裁判员认为比赛被干扰或教练干扰了对方运动员的比赛。

6. 司线员未能看清，裁判员也不能做出裁决时。

7. 遇到不可预见的情况。

（六）死球

1. 球撞网或撞网柱后，开始向击球者球网的地面落下；

2. 球触及地面；

3. 宣布“违例”或“重发球”。

（七）比赛连续性、行为不端及处罚

1. 比赛自第一次发球开始至该场比赛结束应是连续的。

2. 间歇

(1)每局比赛当一方先得 11 分时，允许有不超过 60 秒的间歇；

(2)所有比赛中，每局之间允许有不超过 120 秒的间歇。

3. 暂停

(1)遇运动员所不能控制的情况，裁判员可根据需要暂停比赛；

(2)遇特殊情况，裁判长可要求裁判员暂停比赛；

(3)如果比赛暂停，已得比分有效，续赛时由该比分算起。

4. 延误比赛

(1)不允许运动员为恢复体力、喘息或接受指导而延误比赛；

(2)裁判员是延误比赛的唯一裁决者。

5. 指导和离开场地

(1)在一场比赛中，死球时，允许运动员接受指导；

(2)在一场比赛中，运动员未经裁判员允许不得离开场地。

6. 运动员不得有下列行为：

(1)故意延误或中断比赛；

(2)故意改变或损坏球，以此影响球的速度或飞行；

(3)举止无礼；

(4)规则未述的其他不端行为。

7. 对违犯者的处罚

(1)对违犯规则的运动员，裁判员应执行警告。对已被警告过的一方判违例；同一方如此违例两次则被视为“屡犯”。

(2)对严重违犯、屡犯或违犯规则的一方判违例，并立即报告裁判长，裁判长有权取消其该场比赛资格。

第二节　裁判法

一、羽毛球竞赛裁判人员

裁判长对整个竞赛负全责；裁判员负责主持一场比赛；发球裁判员专门负责宣判发球违例；司线裁判员负责宣判球在他所负责线附近的落点是界内还是界外。

二、裁判员的职责

每场比赛由裁判长指派一名裁判员(亦称主裁判)。裁判员主持一场比赛并管理该场地及其周围事宜,比赛时坐在场外网柱旁的裁判椅上,执行羽毛球竞赛规则的各项条款。

(一)及时宣判“违例”或“重发球”,并及时在记分表上作相应的记录;

(二)应在下一次发球前作出申诉裁决;

(三)使运动员和观众能了解比赛的进程;

(四)可与裁判长磋商,安排、撤换司线裁判员或发球裁判员;

(五)裁判员不能推翻司线裁判员或发球裁判员对事实的裁决,但在裁判员确认司线裁判员明显错判时,可以纠正;

(六)临场裁判员不能作出判断时,由裁判员执行他的职责或判“重发球”;

(七)裁判员有权暂停比赛;

(八)裁判员应记录比赛连续性、行为不端及处罚有关的情况并向裁判长报告;

(九)执行其他缺席裁判员的职责;

(十)裁判员应将所有仅与规则有关的申诉提交给裁判长。

三、裁判员的裁判工作方法

裁判员在一场比赛中的工作内容与各时间阶段有密切的关系。为便于有条理地叙述,裁判员在一场比赛的裁判工作可分为三个阶段:

(一)比赛开始前:比赛开始前又可分为进场前、进场后以及比赛开始。

(二)比赛开始后:比赛开始后可分为发球期、球在比赛进行中、发球前期(死球期)三个时间段。

（三）比赛结束。

四、比赛开始前

（一）进场前：在接受担任某场比赛的裁判工作后，到进入比赛场地的一段时间。

1. 检查自己的裁判用品是否齐备（记分笔、秒表、挑边器、红黄牌等）。

2. 到记录台领取记分表、检查表中各项内容是否正确、填写好可以预先填写的项目、熟悉运动员的姓名和准确宣报姓名的发音。在国际比赛时，准确宣报队名和运动员姓名尤为重要。

3. 与该场比赛的发球裁判员见面问好，提出有需要配合的工作，如提醒他准备比赛用球、带好运动员的姓名牌等。

4. 检查该场比赛的司线裁判员是否做好准备。

5. 在有要求时，召集比赛运动员列队入场。当发现有运动员未到时应立即报告裁判长。

6. 了解进场和退场的路线，在听到广播或裁判长示意后与发球裁判员（有时包括司线裁判员或运动员）一起进场。要注意，裁判员是该场比赛的组织者，从列队进场起，就应组织好该场比赛的所有运动员和临场裁判员在观众前亮相，行走要有精神，步子快慢要适当。

（二）进场后到宣布比赛开始前，召集双方运动员进行挑边，此时应与所有该场比赛的运动员们握手致意。

（三）挑边

裁判员最好使用一枚两边颜色不同的硬币进行挑边。应先向双方运动员交代清楚，他们各是挑边器上的哪一面（指颜色），然后用手指将硬币向上弹起，使硬币快速翻滚，再下落到地（也有的裁判员喜欢用手掌接），看是哪一边的颜色（图案）向上，就是该方运动员赢得首先挑选权。

裁判员应问清楚比赛开始时的首先发球员和首先接发球员，要及时在计分表上记下发球员、接发球员（双打比赛时）、比赛开始时双方的场区(在裁判员的左边还是右边),及时把挑边结果告知发球裁判员和记分员。

(四)宣布比赛开始

1. 发球期

从发球开始到发球结束的一段时间,在有发球裁判员时,宣判发球违例是发球裁判员的职责,裁判员主要是负责看接发球员在接发球时是否违例。但作为一场比赛的主持裁判员,仍应注意发球员的发球情况。接发球员在接发球时可能出现的违例:

(1)接发球脚违例

接发球员在接发球时应站在规定的发球区内,任何一只脚不能踩线或触线,在发球员的球拍击中球前,接发球员的任何一只脚不能提起或移动。这一违例多数发生在双打比赛中,在单打比赛的接发高远球时,有些运动员有习惯性提前后退的现象,从规则条文分析明显属违例,但在实际临场判罚中,不判的比判罚的多。依笔者意见,如果是明显提前移动,应予以宣判违例。作为同一名裁判员来讲,对同样情况的判罚尺度应该一致,决不能一般都不判(很多人不会有意见);遇情况特殊时只判罚一个(也符合规则),这是裁判员不公正的表现。

(2)干扰

在发球员发球时,接发球员不能以任何行动干扰发球员的发球。比较常见的接发球干扰是接发球员在双打比赛接发球时,站在贴近前发球线处高举球拍,不停地晃动球拍,威胁发球员发近网球。双打比赛发球时,发球员和接发球员的同伴可以站在本方场区的任何位置,但发球员和接发球员的同伴都不能因此而影响对方发球员或接发球员的视线,否则就属于干扰违例。

双打比赛发球时,只有站在发球员斜对面发球区的接发球员能接发球,如果接发球员的同伴回击了发来的球属违例。

(3)发球区错误的处理

在发球前发现应立即纠正;在球已经发出,还未成死球时发现错误，应该让该回合继续进行，直至死球，但该球的胜负有效，不纠正新的发球顺序和方位。

(4)发球球过网时擦网

羽毛球比赛发球时球擦网过网与不擦网过网同样处理。如果球过网后落在规定的发球区内仍为有效，落在规定的发球区外为界外违例，但注意不是做重发球处理。

(5)发球方和接发球方同时被判违例

应判重发球。发球裁判员判发球员发球过手违例，或裁判员判接发球员提前移动属于违例，裁判员应判此球重发球。

2. 球在比赛进行中

从球被发出后，一直到球落地或裁判员宣报违例或重发球或球碰网后开始落向地面成“死球”，这段时间是“球在比赛进行中”。裁判员双眼要紧随飞行的球以及注意整个球场及其周围的情况，根据规则及时作出判断和宣报。

(1)“界内”和“界外”

一场羽毛球比赛的胜负很大程度上由球的落地点决定。当球落在有司线裁判员分管线附近时，裁判员一定要根据该司线裁判员的决定宣判。如果该司线裁判员没有做手势，裁判员应要求他做出手势，然后再宣判。凡球落在没有司线裁判员分管线的界内，裁判员可直接报比分，如果是落在界外，则裁判员需先报界外，然后再报比分。

(2)球碰屋顶或场外障碍物

如果球场上空高度低于 9 米，裁判员要了解是否有补充规定(场地高度低于 9 米时，竞赛组委会或裁判长可以制订补充规定)。

(3)球触及运动员的身体或衣服

凡球触及运动员身体的任何部分或衣服都属违例。遇此情况裁判员应立即大声报违例，使双方运动员能清楚地听到，且停止击球，并且在球落到界线附近时，司线裁判员也不必考虑是否需做手势。击球时球拍的框、杆、柄击中球均为有效。

(4)死球

凡球撞网并挂在网上或停在网顶、球触地、球碰网或网柱开始在击球者这一方落向地面或裁判员报违例、重发球后,球均已成死球。死球后再有违例均不再判。准确掌握死球概念,对裁判员的正确宣判极其重要,如网前扑球,球拍碰网时就要区分球落地和球拍碰网哪一个发生在前;杀球时,球拍脱手飞过球网,球落对方场内,是球拍飞过网在前还是球落地在前;击球者把球打在自己一方的网上,并在自己一方落向地面,而对方又不慎球拍触网,这就要看如果是球拍触网在先或球拍触网和球碰网同时发生,这应是球拍触网一方违例,如果是球已开始下落后球拍再碰网,则应是击球方击球不过网违例。

(5)交换场区

羽毛球比赛第一局结束时双方需交换场区,进行第二局的比赛;如果局数打成一比一时,在第三局开始前双方也应交换场区;在第三局比赛中,当领先一方得分数到达 11 分时,双方也应交换场区。

五、比赛结束

当一场比赛最后一个球成死球时,裁判员应在记分表上写上最后一个得分数,然后宣布比赛结果(所有每一局的比分)。

在一方运动员再得一分,就将获胜该局比赛时,裁判员在报比分前要加报“局点”,但只有一方第一次出现此情况时需报“局点”。场点:在一方运动员再得一分,就将获胜整场比赛时,裁判员在报比分前要加报“场点”。方法与报“局点”相同,只是把“局点”改为“场点”。第一局的胜方在第二局到了局点时,应报“场点”,第一局的负方在第二局只有“局点”而没有“场点”。而在决胜局时,双方都只有“场点”,没有“局点”。

六、比赛时的记分方法

羽毛球比赛时,裁判员需亲自在记分表上做记录,一张完整的记分表应该反映出该场比赛所属竞赛的名称、比赛双方运动员姓名、队名、组别、位置号、比赛项目、阶段、轮次、日期、时间、地点、比赛场地号、比赛开始时间、比赛结束时间、裁判员姓名、发球裁判员姓名、每局比赛开始时的发球员和接发球员。裁判员从记录台领取记分表后，应先逐一检查各项内容，并填写能事先填写的项目。从进场后随着裁判工作的进行，裁判员的记录方法具体如下：

挑边后：在发球方的记分空格的第一格画 0，双打项目在开局时发球员姓名后的小格内写 S（即 SERVER 发球员），在开局时的接发球员姓名后的小格内写 R（即 RECIEVER 接发球员），也应把发球方在开局时所站的场区及裁判员座位标明。

记分：比赛开始后随着比赛的进行，裁判员在每个球成死球后都应在表上作相应的记录。

七、发球裁判员的职责

发球裁判员通常坐在裁判员对面网柱旁的矮椅上，使视线与发球员的腰部基本持平。根据需要也可以坐在裁判员同侧，当视线被挡而不能看清发球员的发球动作时可以挪动位置，直至能看清发球员的发球动作为止。

八、司线裁判员的工作方法

（一）不同数目司线裁判员的座位及分工

1. 至少有 3 名司线裁判员，其中两名分别负责两条端线，且最好面对裁判员，余下一名负责裁判员对面的一条边线。

2. 有 4 名司线裁判员，其中两名分别负责两条端线，另两名分别负责两条边线（包括网两边的整条边线）。也有另外一种方法，即负责边线的两名司线裁判员是同时负责裁判员对面的一条边线，两人各自只看本方场区到网的一段边线，这样裁判员一边的边线就由裁判员自己负责了。现在采用前一种方法的居多。

3. 有6名司线裁判员，其中两名分别负责两条端线，另外4名各负责半条边线。

4. 有8名司线裁判员，在6名司线裁判员安排基础上，另两名分别负责两条前发球线。

5. 有10名司线裁判员，在8名司线裁判员安排的基础上，另两名分别负责两条中线。

（二）司线裁判员的职责

1. 界内：球落在他所负责的线的界内，只需伸出右手指向他所负责的线，不宣报。

2. 界外：无论球落在他所负责的线的界外多远，都应立即作出两臂向两边平展的手势，在这同时高声报“界外”。

3. 视线被挡：司线裁判员的视线被运动员挡住，没能看到球的落点，就应举起双手遮着双眼，以向裁判员表示自己的视线被挡，不能作出判决。

4. 如果球碰运动员身体、衣服或球拍后出界，这是裁判员的职责，所以司线裁判员不要马上做手势，让裁判员来宣判；如果裁判员仍要求司线裁判员给手势时，司线裁判员只就球的落点做出“界内”或“界外”的手势。不要示意此球触碰运动员的身体、衣服或球拍。

司线裁判员的工作虽然简单，但对决定一场比赛的胜负却极其重要，随意安排司线裁判员的做法，将会导致严重后果。

第七章　乒乓球

乒乓球是我国广大人民群众十分喜爱的一项体育运动，具有极为广泛的群众基础，在国内外都有“中国的国球”之称。

第一节　比赛的主要规则

一、器材

(一)球台

1. 球台的上层表面叫做比赛台面，应为与水平面平行的长方形，长 2.74 米，宽 1.525 米，离地面高 76 厘米。

2. 比赛台面不包括与球台台面垂直的侧面。

3. 比赛台面可由任何材料制成，但应具有一致的弹性，即当标准球从离台面 30 厘米高处落至台面时弹起高度应约为 23 厘米。

4. 比赛台面应呈均匀的暗色且无光泽，沿每个 2.74 米的比赛台面边缘各有一条 2 厘米宽的白色边线，沿每个 1.525 米的比赛台面边缘各有一条 2 厘米宽的白色端线。

5. 比赛台面由一个与端线平行的垂直球网划分为两个相等的台区组成，各台区应是一个整体。

6. 双打时，各台区应由一条 3 毫米宽的白色中线将台面划分为两个相等的“半区”。中线与边线平行，并应视为右半区的一部分。

(二)球网装置

1. 球网装置包括球网、悬网绳、网柱及将它们固定在球台上的夹钳部分；

2. 球网应悬挂在一根绳子上，绳子两端系在高为 15.25 厘米的直立网柱上，网柱外缘离开边线外缘的距离为15.25厘米；

3. 整个球网的顶端距离比赛台面15.25厘米；

4. 整个球网的底边应尽量贴近比赛台面，其两端应尽量贴近网柱。

(三)球

1. 球应为圆球体，直径为40毫米；

2. 球重2.7克；

3. 球应由赛璐珞或类似的材料制成，呈白色或橙色，且无光泽。

(四)球拍

1. 球拍的大小、形状和重量不限，但底板应平整、坚硬。

2. 底板至少应有85%的天然木料。加强底板的黏合层可用诸如碳纤维、玻璃纤维或压缩纸等纤维材料制成，每层黏合层不超过底板总厚度的7.5%或不超过0.35毫米。

3. 用来击球的拍面应由一层颗粒向外的普通颗粒胶覆盖，连同黏合剂厚度不超过2毫米；或用颗粒向内或向外的海绵胶覆盖，连同黏合剂厚度不超过4毫米。

(1)普通颗粒胶是一层无泡沫的天然橡胶或合成橡胶，其颗粒必须以每平方厘米不少于10颗、不多于50颗的平均密度分布在整个表面。

(2)海绵胶即在一层泡沫橡胶上覆盖一层普通颗粒胶，普通颗粒胶的厚度不超过2毫米。

4. 覆盖物应覆盖整个拍面，但不得超过其边缘。靠近拍柄部分以及手指执握部分可不予以覆盖，也可用任何材料覆盖。

5. 底板、底板中的任何夹层以及用来击球一面的任何覆盖物及粘合层均应为厚度均匀的一个整体。

6. 球拍两面不论是否有覆盖物，但必须无光泽，且一面为鲜红色，另一面为黑色。

7. 由于意外损坏、磨损或褪色造成拍面整体性和颜色的一致性出现轻微的差异，只要未明显改变拍面性能，均可允许使用。

8. 比赛开始时及比赛过程中运动员需要更换球拍时，必须向对方和裁判员展示他将要使用的球拍，并允许他们检查。

二、定义

（一）回合：球处于比赛状态的一段时间。

（二）球处于比赛状态：从有意识发球前，球静止在不执拍手掌中的最后瞬间，到该回合被判得分或重发球。

（三）重发球：不予判分的回合。

（四）一分：判分的回合。

（五）执拍手：正握着球拍的手。

（六）不执拍手：未握着球拍的手。

（七）击球：用手中的球拍或执拍手手腕以下部分触球。

（八）阻挡：对方击球后，向比赛台面方向运动的球，在没有触及本方台区，也未越过端线之前，即触及本方运动员或其穿戴的任何物品。

（九）发球员：在一个回合中，首先击球的运动员。

（十）接发球员：在一个回合中，第二个击球的运动员。

（十一）裁判员：管理一场比赛的人。

（十二）副裁判员：在某些方面协助裁判员工作的人。

（十三）穿戴的物品：运动员在一个回合开始时穿戴的任何物品，但不包括比赛用球。

（十四）越过或绕过球网装置：除从球网和比赛台面之间通过以及从球网和网架之间通过的情况外，球均应视作已越过或绕过球网装置。

（十五）球台端线：包括球台端线和端线两端的无限延长线。

三、合法发球及还击

（一）合法发球

1. 发球时，球应放在不执拍手的手掌上，手掌张开和伸平。

球应是静止的，在发球方的端线之后，比赛台面的水平面之上。

2. 发球员须用手把球垂直地向上抛起，不得使球旋转，并使球在离开不执拍手的手掌之后上升不少于16厘米，且球下降到被击出前不能碰到任何物体。

3. 当球从抛起的最高点下降时，发球员方可击球，使球首先触及本方台区，然后越过或绕过球网装置，再触及接发球员的台区。在双打中，球应先后触及发球员和接发球员的右半区。

4. 从抛球前球静止的最后一瞬间到击球时，球要始终在台面以上，球不能被发球员或其双打同伴的身体或衣服的任何部分挡住。

5. 击球时，球应在发球方的端线之后，但不能超过发球员身体（手臂、头或腿除外）离端线最远的部分。

6. 运动员发球时，球与球拍接触的一瞬间，球与网柱连线所形成的虚拟三角形之内和一定高度的上方不能有任何遮挡物，并且其中一名裁判员要能看清运动员的击球点。

应让裁判员或副裁判员看清他是否按照合法发球的规定发球。

（1）如果裁判员怀疑发球员某个发球动作的正确性，并且其或者副裁判员都不能确信该发球动作不合法，一场比赛中此现象第一次出现时，裁判员可以警告发球员而不予判分。

（2）在同一场比赛中，如果发球员或其双打同伴发球动作的正确性再次受到怀疑时，不管是否出于同样的原因，均判接发球方得一分。

（3）任何时候只要发球员明显没有按照发球的规定发球，他将被判失一分，无需警告。

7. 运动员因身体伤病而不能严格遵守合法发球的某些规定时，可由裁判员作出免予执行的决定，但须在赛前向裁判员说明。

（二）合法还击

对方发球或还击后，本方运动员必须击球，使球直接越过或绕过球网装置，或触及球网装置后，再触及对方台区。

四、比赛次序

（一）在单打中，首先由发球员合法发球，再由接发球员合法还击，然后两者交替合法还击。

（二）在双打中，首先由发球员合法发球，再由接发球员合法还击，然后由发球员的同伴合法还击，再由接发球员的同伴合法还击，此后运动员按此次序轮流合法还击。

五、重发球

（一）回合出现下列情况应判重发球：

1. 如果发球员发出的球，在越过或绕过球网装置时，触及球网装置，此后成为合法发球或被接发球员或其同伴阻挡；

2. 如果接发球员或接发球方未准备好时，球已发出，而且接发球员或接发球方没有企图击球；

3. 由于发生了运动员无法控制的干扰，使运动员未能合法发球、合法还击或遵守规则；

4. 裁判员或副裁判员暂停比赛。

（二）可以在下列情况下暂停比赛：

1. 由于要纠正发球、接发球次序或方位错误；

2. 由于要实行轮换发球法；

3. 由于警告或处罚运动员；

4. 由于比赛环境受到干扰，以致该回合结果有可能受到影响。

（三）除被判重发球的回合外，下列情况下运动员得一分：

1. 对方运动员未能合法发球；

2. 对方运动员未能合法还击；

3. 运动员在发球或还击后，对方运动员在击球前，球触及了除球网装置以外的任何东西；

4. 对方击球后，该球没有触及本方台区而越过本方端线；

5. 对方阻挡；

6. 对方连击;

7. 对方用不符合规定的拍面击球;

8. 对方运动员或其穿戴的任何东西使球台移动;

9. 对方运动员或其穿戴的任何东西触及球网装置;

10. 对方运动员不执拍手触及比赛台面;

11. 双打时,对方运动员击球次序错误。

六、一局和一场比赛

(一)在一局比赛中,先得 11 分的一方为胜方。10 分平局后,先多得 2 分的一方为胜方。

(二)一场比赛应采用三局两胜、五局三胜或七局四胜制。

(三)一场比赛应连续进行,除非是经许可的间歇。

七、发球、接发球和方位的选择及错误

(一)发球、接发球和方位的选择

1. 选择发球、接发球各方的权力应由抽签来决定。中签者可以选择先发球或先接发球,或选择先在某一方位。

2. 当一方运动员选择了先发球或先接发球,或选择先在某一方位后,另一方运动员只有另一个选择。

3. 在获得每两分之后,接发球方即成为发球方,依此类推,直至该局比赛结束,或者直至双方比分都达到 10 分或实行轮换发球法,这时发球和接发次序仍然不变,但每人只轮发一分球。

4. 在双打的第一局比赛中,先发球方确定第一发球员,再由先接发球方确定第一接发球员。在以后的各局比赛中,第一发球员确定后,第一接发球员应是前一局发球给他的运动员。

5. 在双打中,每次换发球时,前面的接发球员应成为发球员,前面的发球员的同伴应成为接发球员。

6. 一局中首先发球的一方在下一局应首先接发球。在双打决胜局中,当一方先得 5 分时,接发球方应交换接发球次序。

7. 一局中,在某一方位比赛的一方,在该场下一局应换到

另一方位。在决胜局中，一方先得 5 分时，双方应交换方位。

（二）发球、接发球次序和方位的错误

1. 裁判员一旦发现发球、接发球次序错误，应立即暂停比赛，并按该场比赛开始时确立的次序，按场上比分由应该发球或接发球的运动员发球或接发球；在双打中，则按发现错误时那一局中首先有发球权的一方所确立的次序进行纠正，再继续比赛。

2. 裁判员一旦发现运动员应交换方位而未交换时，应立即暂停比赛，并按该场比赛开始时确立的次序，按场上比分运动员应站的正确方位进行纠正，再继续比赛。

3. 在任何情况下，发现错误之前的所有得分均有效。

八、轮换发球法

（一）如果一局比赛进行 15 分钟后仍未结束（双方都已获得至少 19 分时除外），或者在此之前任何时间应双方运动员要求，应实行轮换发球法。

1. 当时限到时，球仍处于比赛状态，裁判员应立即暂停比赛。由被暂停回合的发球员发球，继续比赛。

2. 当时限到时，球未处于比赛状态，应由前一回合的接发球员发球，继续比赛。

（二）此后，每个运动员都轮发一分球，直至该局结束。如果接发球方进行了 13 次合法还击，则判发球方失一分。

（三）轮换发球法一经实行，或一局比赛进行了 15 分钟，该场比赛中剩余的各局必须实行轮换发球法。

九、服装

（一）比赛服装一般包括短袖运动衫、短裤或短裙、短袜和运动鞋；其他服装，如半套或全套运动服，不得在比赛时穿着，但除得到裁判长的允许时外。

（二）短袖运动衫（除袖子和领子外）、短裤或短裙的主要颜色应与比赛用球的颜色明显不同。

（三）短袖运动衫的背部可以有号码或字样，用于表明运动员、运动员的协会，或在俱乐部比赛时，表明运动员的俱乐部，以及符合规定的广告。

（四）在短袖运动衫背部的中间位置应优先佩戴由组织者规定的用于表明运动员身份的号码布。这个号码布应是长方形，面积不大于 600 平方厘米。

（五）在运动服前面或侧面的任何标记或装饰物以及运动员佩戴的任何物品，如珠宝装饰等，均不应过于显眼或反光，以防止影响对方的视线。

（六）服装上不得带有可能产生不悦或诋毁本项运动声誉的设计和字样。

（七）有关比赛服装的合法性及可接受性问题，应由裁判长决定。

（八）团体赛同队运动员或同一协会运动员组成的双打，应穿着同样的服装，除鞋袜外。

（九）比赛的双方运动员应穿着颜色明显不同的运动服，以使观众能够容易地区分双方运动员。

（十）当双方运动员或运动队所穿服装颜色类似，且均不愿更换时，应由抽签决定某一方必须更换。

（十一）运动员参加世界、奥林匹克或国际公开锦标赛时，穿着的短袖运动衫、短裤或短裙等应为其协会批准的种类。

十、比赛条件

（一）赛区空间应为不少于 14 米长、7 米宽、5 米高区域。

（二）赛区应由 75 厘米高的同一深色的挡板围起，与相邻的赛区及观众隔开。

（三）在世界和奥林匹克比赛中，从比赛台面高度测得的照明度不得低于 1 000 勒克斯，且整个比赛台面照明度均匀，赛区其他地方的照明度不得低于 500 勒克斯；其他比赛中，比赛台面的照明度不得低于 600 勒克斯，且整个比赛照明度均匀，赛区其他地方的照明度不得低于400勒克斯。

（四）使用多张球台时照明水平应是一致的。比赛大厅的背景照明不得高于比赛区域的最低照明度。

（五）光源距离地面不得少于5米。

（六）场地四周一般应为暗色，不应有明亮光源，或从窗户等透过未加遮盖的日光。

（七）地板不能颜色太浅、反光强烈或打滑，而且表面不得为砖、水泥或石头；在世界和奥林匹克比赛中，地板应为木制或国际乒联批准的某品牌或某种类的可移动塑胶地板。

十一、裁判人员的管理权限

（一）裁判长

每次竞赛应指派一名裁判长，其身份和工作地点应告知所有参赛者和队长。裁判长应对下列事项负责：

1. 主持抽签；

2. 编排比赛日程；

3. 指派比赛工作人员；

4. 主持裁判人员的赛前短会；

5. 审查运动员的参赛资格；

6. 决定在紧急时刻是否中断比赛；

7. 决定在一场比赛中运动员是否可以离开赛区；

8. 决定是否可以延长法定练习时间；

9. 决定在一场比赛中运动员能否穿长运动服；

10. 对解释规则和规程的任何问题作出决定，包括服装、比赛器材和比赛条件的可接受性；

11. 决定在比赛紧急中断时，运动员能否练习，以及明确练习地点；

12. 对于不良行为或其他违反规程的行为采取纪律行动。

经竞赛管理委员会同意，当裁判长的任何职责托付给其他人员时，这些人员中每人的特殊职责和工作地点应告知参赛者及队长。裁判长或在其缺席时负责代理的副裁判长，在比赛过程中应自始至终亲临比赛场地。如果裁判长认为必要，可在任何时间更换裁判人员，但不得更改被更换者在其职权范围内就事实问题作出的判定。

（二）裁判员

1. 每场比赛均应指派 1 名裁判员和 1 名副裁判员。裁判员应坐或站在球台一侧，并与球网成一直线。副裁判员应面对裁判员坐在球台另一侧。裁判员应对下列事项负责：

（1）检查比赛器材和比赛条件的可接受性，如有问题向裁判长报告；

（2）按条款规定任意取一只比赛用球；

（3）主持抽签确定发球、接发球和方位；

（4）决定由于运动员身体伤残而是否放宽合法发球的某些规定；

（5）控制方位、发球和接发球的次序，纠正上述出现的错误；

（6）决定每一个回合得 1 分或重发球；

（7）根据规定的程序报分；

（8）在适当的时间执行轮换发球法；

（9）保持比赛的连续性；

（10）对违反场外指导或行为等规定者采取行动。

2. 副裁判员决定处于比赛状态中的球是否触及距离他最近的比赛台面的上边缘。

3. 裁判员或副裁判员均可判决：

（1）运动员发球动作不合法；

（2）合法发球在球越过或绕过球网装置是否触及球网装置；

（3）运动员阻挡；

（4）比赛环境受到意外干扰，该回合的结果有可能受到影响；

（5）掌握练习时间、比赛时间及间歇时间。

4. 执行轮换发球法时，副裁判员或另外指派的一名裁判人员均可当计数员，记接发球方运动员的击球板数。

十二、申诉

（一）在单项比赛中双方运动员或在团体比赛中双方队长之间所达成的协议均不能改变该场比赛的裁判人员就事实问题所作的决定，亦不能改变裁判长就解释规则或规程的问题所作的决定和改变竞赛管理委员会对竞赛或比赛管理问题所作的决定。

（二）对有关裁判人员就事实问题所作的决定，不得向裁判长提出申诉；对裁判长就解释规则或规程的问题所作的决定，不得向管理委员会提出申诉。

（三）对裁判人员就解释规则或规程的问题所作的决定不服时，可以向裁判长提出申诉，裁判长的决定为最后决定。

（四）对裁判长就未包括在规则或规程中的有关比赛管理问题所作的决定有不同看法时，可向竞赛管理委员会提出申诉，该委员会作出的决定为最后决定。

（五）在单项比赛中，只能由参赛的运动员就该场比赛中出现的问题提出申诉；在团体比赛中，则只能由参赛队的队长就比赛中出现的问题提出申诉。

（六）对裁判长就解释规则或规程的问题所作的决定，或竞赛管理委员会就比赛管理方面的问题所作的决定仍有异议时，可以由有权申诉的运动员或队长通过所属协会将问题提交国际乒联规则委员会。

（七）规则委员会将就此作出裁决，作为将来决定的指南。所属协会仍可就该裁决向理事会或代表大会提出反对，但不影响裁判长或竞赛管理委员会已作出的任何最后决定。

十三、比赛的管理

（一）报分

1. 当球一结束比赛状态，或在情况允许时，裁判员应立即报分。

(1)报分时,裁判员应首先报下一回合即将发球一方的得分数,然后报对方的得分数;

(2)一局比赛开始和交换发球员时,裁判员在报完比分后,应报出下一回合发球员的姓名,并用手势指明发球方;

(3)一局比赛结束时,裁判员应先报胜方运动员的姓名,然后报胜方得分数,再报负方的得分数。

2. 裁判员除报分外,还可以用手势表示他的判决。

(1)当判得分时,裁判员可将靠近得分方的手举至齐肩高;

(2)当出于某种原因,回合应被判为重发球时,裁判员可以将手高举过头表示该回合结束。

3. 裁判员应使用英语或双方运动员及裁判员均能接受的其他任何语言报分以及在实行轮换发球法时的报数。

4. 应使用机械或电子设备显示比分,使运动员和观众都能看清楚。

5. 当运动员因不良行为受正式警告后,应在记分牌上该运动员得分处放置一个黄牌。

(二)器材

1. 运动员不得在赛区内挑选比赛用球。

(1)在进入赛区之前,运动员应有机会挑选一个或几个比赛用球,并由裁判员从中任意取一个球进行比赛。

(2)如果未能在运动员进入赛区前挑选比赛用球,则由裁判员从大会指定的一盒比赛用球中任意取一个进行比赛。

(3)如果比赛中球损坏,应由比赛前选定的另外一个球代替;如果没有赛前选定的球,则由裁判员从大会指定的一盒比赛用球中任意取一个球代替。

2. 在一场单项比赛中,球拍不允许更换,除非球拍意外严重损坏到不能使用。如果运动员在比赛中损坏了球拍,应立即替换随身带来的另一块球拍或场外递进的球拍。

3. 运动员在比赛间歇时,应将球拍留在比赛的球台上,除得到裁判员的特殊许可外。

（三）练习

1. 在一场比赛开始前 2 分钟，运动员有权在比赛球台上练习，正常间歇不能练习。只有裁判长有权延长特殊的练习时间。

2. 在紧急中断比赛时，裁判长可允许运动员在任何球台上练习，包括比赛用的球台。

3. 运动员应有合理的机会检查和熟悉将要使用的器材，在替换破球或损坏的球拍以后，运动员可练习少数几个回合，然后继续比赛。

（四）间歇

1. 任何运动员有权要求：

（1）在局与局之间，不超过 1 分钟的休息时间；

（2）每局比赛中，每打完 6 分球后，或决胜局交换方位时，利用短暂的时间擦汗。

2. 一名或一对双打运动员可在一场比赛中要求一次暂停，时间不超过 1 分钟。

（1）在单项比赛中，暂停应由运动员或指定的场外指导者提出；在团体比赛中，应由运动员或队长提出。

（2）请求暂停只有在球未处于比赛状态时作出，应用双手做出"T"形表示。

（3）在一方获得合理的暂停要求后，裁判员应暂停比赛，并出示白牌，然后将白牌放在提出要求暂停一方运动员的台区上。

（4）当提出暂停的一方运动员准备继续比赛或 1 分钟暂停时间已到时，以时间短的计算，白牌应被拿走，并且立即恢复比赛。

3. 运动员因意外事件而暂时丧失比赛能力时，裁判长若认为中断比赛不至于给对方带来不利时，可允许中断比赛，但时间要尽量短些，在任何情况下都不得超过 10 分钟。

4. 如果失去比赛能力的状态早已存在，或在比赛开始前就有理由可以预见，或由于比赛的正常紧张状态引起，则不能允许中断比赛。如果失去比赛能力的原因在于运动员当时的身体状况或比赛进行的方式而引起抽筋或过度疲劳，这些也不能成为中断比赛的理由。只有因意外事故，如摔倒受伤而丧失比赛能力，才能允许紧急中断。

5. 如果赛区内有人受伤流血，应立即中断比赛，直到他接受了医疗救护，并将赛区内所有血迹擦干净后再恢复比赛。

6. 除非裁判长允许，运动员在一场比赛中应留在赛区内或赛区附近；在局与局之间法定休息的时间内，运动员应在裁判员的监督下，留在赛区周围3米以内的地方。

（五）纪律

1. 场外指导

（1）团体比赛，运动员可接受任何人的场外指导。

（2）单项比赛，运动员只能接受一个人的场外指导，而这个指导者的身份应在该场比赛前向裁判员说明；如果一对双打运动员来自不同协会，则可分别授权一名指导者；如未被授权的人进行指导，裁判员应出示红牌令其远离赛区。

（3）在局与局之间的休息时间或经批准的中断时间内，运动员可接受场外指导，但在赛前练习结束后到比赛开始前不能接受场外指导。如被授权的指导者在其他时间内进行指导，裁判员应出示黄牌进行警告；如在警告后再次违犯，将被驱逐出赛区。

（4）在一个团体赛或单项比赛中的一场比赛，指导者已被警告过，如任何人再进行非法指导，裁判员将出示红牌，并将其驱逐出赛区，不论其是否曾被警告过。

（5）在团体比赛中被驱逐出赛区的人不允许在团体比赛结束前返回，除非需要他上场比赛。在单项比赛中，不允许他在该场单项比赛结束前返回。

（6）如被驱逐出赛区的指导者拒绝离开或在比赛结束前返回，裁判员应中断比赛，并立即向裁判长报告。

（7）以上规定只限制对比赛的指导，并不限制运动员或队长就裁判员的决定提出正式申诉，或阻止运动员与所属协会的代表或翻译就某项判决的解释进行商议。

2. 不良行为

(1)运动员和教练员应克服那些可能影响对手、冒犯观众或影响本项运动声誉的不良行为，诸如辱骂性语言、故意弄坏球、将球打出赛区、踢球台或挡板和不尊重比赛官员等。

(2)任何时候，运动员或教练员出现严重冒犯行为，裁判员应中断比赛，立即报告裁判长；如果冒犯行为不太严重，第一次裁判员可出示黄牌，警告冒犯者，如再次冒犯将被判罚。

(3)运动员在受到警告后，在同一场单项比赛或团体比赛中，第二次冒犯，裁判员应判对方得 1 分；再犯，判对方得 2 分。每次判罚，应同时出示黄牌和红牌。

(4)在同一场单项比赛或团体比赛中，运动员在被判罚 3 分后继续有不良行为的，裁判员应中断比赛，并立即报告裁判长。

(5)在一场比赛中，不允许更换球拍，除非球拍意外严重损坏到不能使用。如果运动员没有声明就更换球拍，裁判员应停止比赛，并向裁判长报告。

(6)双打配对中的任何一名运动员所受到的警告或判罚均应视为该对双打运动员的，但未受警告运动员在同一场团体比赛随后的单项比赛中不受影响；双打比赛开始时，配对运动员中任何一名在同一场团体比赛中已经受到的最严重的警告或判罚应视为该对双打运动员的。

(7)教练员在受到警告后，在同一场单项比赛或团体比赛中再次冒犯，裁判员应出示红牌，并将其驱逐出赛区，直到该场团体比赛或单项赛中的该场单项比赛结束才可返回。

(8)无论是否得到裁判员的报告，裁判长有权取消有严重不公平或冒犯行为的运动员的比赛资格，包括取消一场比赛、一项比赛或整个比赛的比赛资格。当他采取行动时应出示红牌。

(9)如果一名运动员在团体(或单项)比赛中有两场被取消比赛资格，自动取消其参加团体(或单项)比赛的资格。

(10)裁判长有权取消已经两次被驱逐出赛区的任何人在本

次竞赛剩余时间里的临场资格。

(11)非常严重不良行为的事例应报告冒犯者所属协会。

3. 黏贴

(1)用来黏合球拍覆盖物的黏合剂不得含有禁用溶剂。从秘书处可得到禁用溶剂的清单。

(2)在世界性比赛和奥林匹克比赛及主要的巡回赛中将进行胶水检测,运动员的球拍被检测出含有违禁胶水,将被取消本次比赛的参赛资格,并报告其所属协会。

(3)应提供一处通风良好的地方用于粘贴球拍覆盖物,比赛场地的其他任何地方不得使用液体黏合剂。

(六)淘汰赛的抽签

1. 轮空和预选赛

(1)淘汰赛第一轮的位置数应为2的幂。

①如果位置数多于已接纳的报名人数,第一轮应设置足够的轮空位置以补足所需位置数目。

②如果位置数少于已接纳的报名人数,应举行预选赛,使预选赛出线人数和免予参加预选赛的人数总和等于所需的位置数。

(2)轮空位置应按照种子排列先后次序安排,在第一轮中尽可能分布均匀。

(3)通过预选赛的选手应视情况尽可能均匀地抽入相应的上下半区、各1/4区、1/8区或1/16区。

2. 按排名排列种子

(1)排名在前的选手应被列为种子,以使他们在比赛进行到较后轮次时相遇。

(2)种子数不得超过该项比赛第一轮的选手数。

(3)第一号种子应安排在上半区的顶部,第二号种子应安排在下半区的底部,其余种子应通过抽签进入规定的位置,具体如下:

①第三、第四号种子应抽入上半区的底部和下半区的顶部;

②第五～八号种子应抽入单数1/4区的底部和双数1/4区

的顶部；

③第九～十六号种子应抽入单数 1/8 区的底部和双数 1/8 区的顶部；

④第十七～三十二号种子应抽入单数 1/16 区的底部和双数 1/16 区的顶部。

(4)在团体淘汰赛中，每一协会中只有排名最高的队才有资格按排名被列为种子。

①来自同一单位的报名选手应尽可能合理分开，使他们在比赛进行较后轮次时相遇；

②各单位应按技术水平由强至弱的排列其报名运动员和双打配对的顺序，并应与种子排名表的顺序一致；

③排列为第一位和第二位的选手应被抽入不同的半区，第三和第四号选手应被抽入没有本协会第一、第二号选手所在的另外两个 1/4 区；

④排名第五～八号的选手，应尽可能均匀地抽入没有前四号选手的 1/8 区；

⑤排名第九～十六号的选手应尽可能均匀地抽入没有前八号选手的 1/16 区，以此类推，直到所有报名选手都进入适当位置为止。

(七)变更抽签

1. 只有竞赛管理委员会授权，才能对已经结束的抽签进行更改，情况许可时，还须征得与之直接有关各单位代表的同意。

2. 只有在纠正因通知和接受报名方面产生的错误和误解，加入补报的运动员时才可对抽签进行更改。

3. 一个项目比赛开始后，除必要的删减外，抽签结果不可作任何更改，但预选赛可视作一个单独项目，不在此列。

4. 未得到有关运动员的许可，不可将其从抽签中除掉，除非其已被取消比赛资格；如果运动员在场，该许可应由运动员本人提出，如果运动员缺席，可由其授权的代表提出。

5. 如果两名双打运动员均已到会，其健康状况允许比赛，不得变更其配对；变更配对的理由须是其中一名运动员受伤、生病或缺席。

（八）重新抽签

不允许运动员从抽签的一个位置移到另一个位置。如果因任何原因使抽签结果极不平衡，应尽可能全部重新抽签。如果不平衡是由于同一抽签区内若干种子选手缺席造成，只可将剩余种子重新排列顺序，在种子范围内重新抽签，尽可能考虑按协会提名排种子的规定。

（七）增补

1. 抽签时未包括在一个项目内的运动员，由竞赛管理委员会许可及经裁判长同意，可以增补。

2. 首先应按排名顺序，将实力最强的增补运动员补抽进种子位的空缺；然后，将多出的选手先抽入因缺席或取消资格而出现的空位，而后抽入不与种子位相邻的轮空位。

3. 如果运动员或双打配对按照排名可以作为种子进入原抽签，则只能抽入种子位的空缺。

十四、团体赛形式

（一）五场三胜制（五场单打）

1. 一个队由 3 名运动员组成。

2. 比赛顺序是：

①A－X　　④A－Y

②B－Y　　⑤B－X

③C－Z

（二）五场三胜制（四场单打和一场双打）

1. 一个队由 2、3 或 4 名运动员组成。

2. 比赛顺序是：

①A－X　　④A－Y

②B－Y　　⑤B－X

③双打

(三)七场四胜制(六场单打和一场双打)

1. 一个队由 3、4 或 5 名运动员组成。

2. 比赛顺序是:

①A—Y	⑤A—X
②B—X	⑥C—Y
③C—Z	⑦B—Z
④双打	

(四)九场五胜制(九场单打)

1. 一个队由 3 名运动员组成。

2. 比赛顺序是:

①A—X	⑥C—Y
②B—Y	⑦B—Z
③C—Z	⑧C—X
④B—X	⑨A—Y
⑤A—Z	

3. 奥运会团体赛的形式是:

(1)五场三胜制。一、二、四、五场为单打,第三场为双打。

(2)一个队由 3 名运动员组成,每名运动员出场 2 次。

(3)比赛顺序是:

第一场	A—X
第二场	B—Y
第三场	C+A 或 B—Z+X 或 Y
第四场	A 或 B—Z
第五场	C—X 或 Y

(4)在打完前两场比赛后再确定双打运动员的出场名单。

(5)A 或 B 及 X 或 Y 如果参加了双打比赛,就不能参加后面的单打比赛;不参加双打比赛的运动员才可以参加后面的单打比赛。

(五)团体比赛程序

1. 所有出场运动员应来自团体报名表。

2. 团体比赛前由抽签的中签者优先选择 A、B、C 或 X、Y、

Z。由队长将该队名单提交给裁判长或其代理人，并对每一名单打运动员确定一个字母所代表的相应位置。

3. 双打比赛的配对不必立即提交，直到前一场单打比赛结束。

4. 需要连场的运动员有资格在连场的比赛之间有最多 5 分钟的休息时间。

5. 所有比赛场次采用三局两胜制。

6. 当一个队赢得足够多数场次时，为一次团体比赛结束。

第二节　比赛的组织与编排

一、竞赛项目和方法

乒乓球竞赛一般包括团体赛和单项比赛，团体赛有男子团体赛和女子团体赛；单项比赛有男女单打比赛、男女双打比赛和混合双打比赛。

二、竞赛制度

同其他球类竞赛项目一样，乒乓球比赛也多采用循环制和淘汰制两种形式，有时也采用混合制。

(一)循环制：循环制是球类比赛的一种基本和常用的方法，其特点是参加竞赛的各队在整个比赛中都有相遇的机会，这种方法有利于对手之间的交流和提高技术水平，并且能较公正客观地反映比赛结果，因而成为乒乓球比赛经常采用的方法。其不足之处在于耗时较多，因而在参赛人数多且比赛时间短的情况下不宜采用。乒乓球比赛一般多采用单循环和分组循环。

(二)单循环：参赛人或队都要互相轮流比赛 1 次的方法。单循环比赛的轮数计算：当参赛人数或队数为单数时，轮数等于人(队)数；参赛人数为双数时，轮数等于人(队)数减 1。单循环比赛的计算方法：国际竞赛规程中规定胜一场得 2 分，输一场得 1 分，未出场比赛或未完成比赛的场次为 0 分；小组名次根据所获得的场次分段决定，如果小组内有两个或更多的队得分相同，他们有关的名次应按他们相应之间比赛的成绩决定，首先计算他们之间获得的场次分数，再根据需要计算个人比赛场次（团体赛时）、局和分的胜负比率，直至算出名次为止。

（三）单循环赛制比赛顺序的确定：

确定单循环赛制比赛顺序经常采用的方法是 1 号位不动的“逆时针轮转法”。以 6 个队的单循环赛为例：

单循环制比赛顺序表

第一轮	第二轮	第三轮	第四轮	第五轮
1——6	1——5	1——4	1——3	1——2
2——5	6——4	5——3	4——2	3——6
3——4	2——3	6——2	5——6	4——5

（四）分组循环：这是将若干人（队）分成几个小组，在各小组内进行循环的方法。其特点是要以节省时间，在参赛人数多且比赛时间短的情况下采用。分组循环一般用于团体赛，可将所有参赛队用蛇形方法分组，如 12 个队参赛可分成 A、B 两组：

A 组：1、4、5、8、9、12　　　　B 组：2、3、6、7、10、11

上列数字是各队的顺序号，它是按各队实力强弱排列的，序号小者实力强，反之实力弱。

但分组循环后，还应增加第二阶段的比赛来排出全部名次。常用的方法有两种：(1)各组同名次比赛。如第一阶段分为四组进行小组循环，第二阶段比赛各小组的第一名为一个组进行单循环赛，决出 1 至 4 名；各小组的第二名为一个组，决出第 5 至 8 名；依此类推。(2)交叉比赛。第一阶段分成两个组进行循环赛，第二阶段由每个组的前两名进行交叉比赛，决出冠、亚军及其他名次。采用此法，由各组的 3、4 名交叉决出第 5 至 8 名；各组第 5、6 名交叉决出第 9 至 12 名；依此类推。

（五）淘汰制：单淘汰赛是比赛中失败一次就退出比赛，获胜者继续比赛，直到决出冠、亚军为止。这种竞赛方法的特点是节省时间，竞争性强，能使比赛越来越精彩，但缺点是偶然性较大。

1. 单淘汰赛:参加比赛的队(或人)按照编排秩序进行比赛,胜者进入下一轮比赛,负者被淘汰,直到决出冠军。单淘汰赛的场次相对少,有利于在较短的时间内安排较多的选手进行比赛。但这种方法合理性差,不完整性和机遇性强,须采取一些措施来克服这些弊端,才能在实际应用中发挥它的作用。

(1)号码位置数的选择:号码位置数应选择 2 的乘方数。比赛常用的号码位置数是 8、16、32、64、128、256。

(2)轮空:如果参加比赛的人数不等于号码位置数,小于号码位置数即第一轮比赛的人数少于号码位置数时,没有运动员的位置称为轮空位置。

(3)抢号:参加比赛的人数稍大于 2 的乘方数时,选择参加人数最接近的、较小的 2 的平方数作为号码位置数,其中一小部分参赛者进行抢号。抢号就是在同一号码位置上先进行一场比赛,胜者进入该号,抢号的位置和轮空位置一样,抢号也算一轮。

(4)种子(即强手或优秀选手)

① 设立种子的作用:采用设立种子选手的方法是为了克服单淘汰赛的不合理性。抽签时把种子均匀地分布在各个"区"内,使他们最后相遇,力求保证比赛名次确定的合理性。

② 种子的数目:种子的数目主要是根据参加比赛的队数或人数多少来确定的,一般为参赛人数的 1/6~1/2,即平均 6~12 名选手设一名种子;同时种子数量应是 2 的乘方,如 2、4、8、16 等。

③ 种子的位置:种子的位置根据规定应做如下编排:第一号种子安排在上半区的顶部;第二号种子应安排在下半区的底部;第三、四号种子应分别插入上半区的底部和下半区的顶部;第五至八号种子应分别进入单数四分之一区的底部和双数四分之一区的顶部;如有更多的种子(9~16)依此类推(种子位置号码可查种子位置表)。事实上,淘汰赛的种子都均匀地分布在各个区的。

2. 附加赛:单淘汰赛除了冠亚军外其他名次的判定要采用附加赛的办法来确定。

附加赛的轮数:所有选手都进行相同轮数的比赛。

附加赛的总场数＝轮数×(参赛选手数/2)，如决出 16 名选手名次的比赛方法如图 7－1 所示。

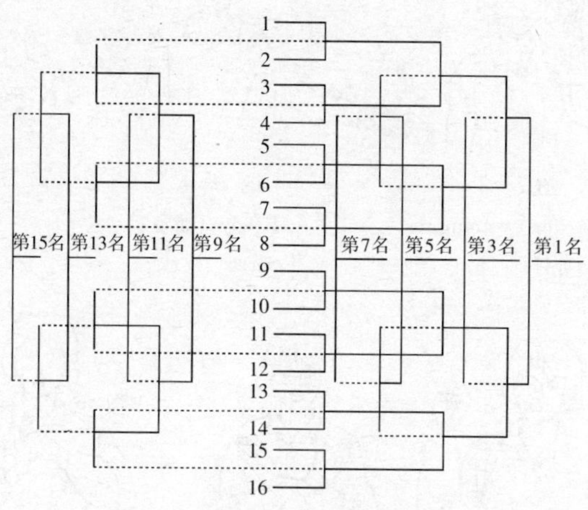

图 7－1　决出 16 名选手名次的比赛方法

裁判术语和手势，如图 7－2、图 7－3、图 7－4、图 7－5、图 7－6、图 7－7、图 7－8、图 7－9 所示。

图 7－2

Stop practising　停止练习

Service fault　发球犯规

Time up　时间到

Let up　暂停

Double bounce　两跳

Double hit　连击

Net　擦网

Moved table surface　台面移动

Again　重发球

图 7-3

Practice for two minutes

练习两分钟

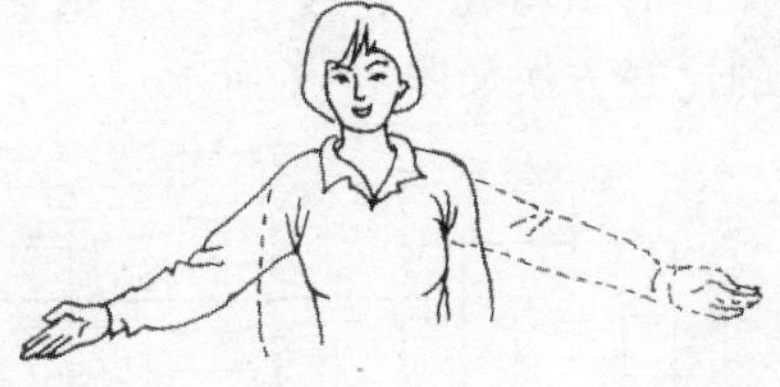

图 7-4

Ready　准备

Serve　发球

图 7-5

Point　得分

图 7-6

Change　交换方位

图 7-7

Obstruct　阻挡

图 7-8

Edge ball　擦边球

图 7-9

Out　出界

Off　出界(指出擦边球)

第八章 网 球

第一节 竞赛规则简介

一、单打比赛

1. 场地

单打场地是一个长 23.77 米、宽 8.23 米的长方形。中间由一幅挂在最大直径为 0.8 厘米粗的绳索或钢丝绳上的网分开。网的两端应附着或跨在两个网柱上，网柱应为边长不超过 15 厘米的正方形方柱或直径为 15 厘米的圆柱。网柱不能超过网绳顶端上方 2.5 厘米。每侧网柱的中点应距场地 0.914 米，网柱的高度应使网绳或钢丝绳的顶端距地面垂直距离 1.07 米。

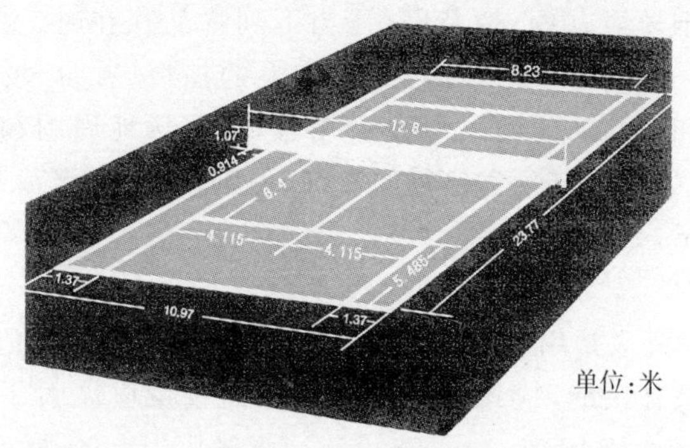

图 8-1 网球场地图

在一双打与单打兼用的场地上悬挂双打球网进行单打比赛时，球网应该用两根高 1.07 米的网柱支撑起来。这两根网柱被称作“单打支柱”，它们应该是边长不超过 7.5 厘米的正方形方柱或最大直径是 7.5 厘米的圆柱。每侧单打支柱的中点应该距单打场地 0.914 米。球网应该充分伸展开，填满两个网柱之间的空间，网孔的大小以能防止球穿过为宜。球网中心的高度应该是 0.914 米并且用不超过 5 厘米宽的白色的网带向下绷紧固定。球网上端的网绳或钢丝绳要用一条白色的网带包裹住，每一面的宽度不得小于 5 厘米也不能大于 6.35 厘米。在球网上、网带及单打支柱上均不得有广告。

球场两端的界线叫做端线，两边的界线叫做边线。在球网的每一边距离球网 6.40 米的地方有一条与球网平行的线叫做发球线。球网与每一边的发球线和边线组成的场地被发球中线分为两个相等的部分叫做发球区，发球中线是一条连接两条发球线的中点且与边线平行的线，线宽必须是 5 厘米。每一条端线都被一条长 10 厘米、宽 5 厘米的发球中线的假定延长线分为相等的两部分，这条短线叫做“中心标志”，它与所触的端线呈直角相连，自端线向场内画。

2. 永久固定物

场地上的永久固定物不仅只包括球网、网柱、单打支柱、网绳或钢丝绳、中心带及网带，当下列物品存在时，也都被看做是永久固定物。比如：后面和边上的挡板、看台、场地周围固定的和可移动的椅子以及占用者，所有场地周围和上方的固定物，处于各自预定位置的裁判、司网裁判、脚误裁判、司线员和球童。

3. 球

球的外表是用纺织材料统一制成的，颜色应该是白色或黄色。如果有接缝，应该没有缝线。球的重量应该大于两盎司(56.7 克)小于 21/6 盎司(58.5 克)，当球从 254.00 厘米的高度落在混凝地上时，它的弹跳范围应该是高于 134.62 厘米而低于 147.32 厘米。

4. 球拍

不符合下列要求的球拍不允许在按照本网球规则进行的比赛中被使用：

(1)球拍的击球面应该是平坦的，由连接在球拍框上的弦组成一种式样，拍弦在交叉的地方应该是相互交织或相互结合的；拍弦所组成的式样应该大体一致，中央的密度不能小于其他区域的密度。球拍的设计和穿弦应使球拍的两面在击球时的性质大体保持一致。

拍弦上不应有附属物和突出物，除非该附属物仅仅是用来限制和防止弦线磨损、撕拉或振动的，而且它的尺寸以及位置也必须是合理的。

(2)从2000年1月1日起，在非职业比赛中使用的球拍框的总长度，包括拍柄不能超过73.66厘米。球拍框的总宽度不能超过31.75厘米。穿弦平面的总长度不能超过39.37厘米，总宽度不能超过29.21厘米。

(3)球拍框，包括拍柄上不应有附属物和装置，除非它仅仅是用来限制和防止球拍磨损、破裂和振动或者是用来分布重量的，而它的尺寸和位置也必须是合理的。

(4)球拍框包括拍柄以及弦线上不能有任何可能从实质上改变球拍形状或改变球拍纵轴方向的重力分布从而使挥拍瞬间的惯性发生变化或者故意改变任何的物理性质从而在一分球的比赛中影响球拍表现的装置。

5. 发球员和接球员

运动员应该分别相对站在球网的两侧：首先发球的运动员称作发球员，另一个运动员称作接球员。

6. 场地和发球的选择

场地的选择和在第一局中成为发球员还是接球员的权利由掷币来决定。掷币获胜的一方可以选择或要求他的对手来选择：

(1)成为发球员或接球员的权利，在这种情况下另一个运动员应选择场地；

(2)场地，在这种情况下另一个运动员应选择成为发球员或接球员的权利。

7. 发球

球应该按照如下的方式进行发出。发球员在开始发球前，应双脚站在端线后(即远离球网的一侧)中心标志的假定延长线和边线之内。然后发球员应用手将球抛向空中的任何方向并在球触地前用球拍将球击出。在球拍与球相接触的那一时刻，整个发球即被认为已经结束。

8. 脚误

在发球的整个过程中，发球员应该：

(1)不通过走动或跑动改变他的位置，如果发球员轻微地移动而没有从本质上影响到他原来的站位的话，则不认为他是“通过走动或跑动而改变了他的位置”。

(2)发球员的双足不能触及除了端线后、中心标志的假定延长线之间的区域以外的任何地方。

9. 发球的程序

(1)发球时，每一局比赛发球员都应该从场地的右半区开始，轮换地站在右半区及左半区的后面来发球。如果发球是从错误的半区发出的并且没有被察觉，那么由错误的发球所引起的比赛结果都将有效。但是这个不正确的站位一旦被发现应该立刻得到纠正。

(2)发出的球应该越过球网，在接球员回击之前触及对角的发球区内的地面，或者落在任何组成发球区的界线上。

10. 发球失误

(1)如果发球员违反了规则7、8或9(2)的任何部分；

(2)如果他试图击打球时未能打到；

(3)如果发出的球在触地前碰到了固定物(不含球网、中心带或网带)。

11. 第二发球

在一次发球失误后(如果它是第一次失误)，发球员应该从他该次失误的同一半场的后面的规定位置再发一次。如果第一次失误球是从错误的半场发出时，按照规则9的规定，发球员必须从另外半场的后面发球且只有一次机会。

12. 何时发球

发球员应该在接球员做好准备以后再发球。如果后者试图回击发球则认为他已准备好。然而,如果接球员示意他还没有准备好,他就不能要求发球一次失误,因为球没有在发球的固定限制内接触场地。

13. 重发球

所有在此规则下的重新发球、或者规定比赛受到打断的例子,都应按照下面的解释来执行:

(1)单独在某次发球中呼报重发时,仅仅重发该次发球;

(2)在其他情况下的呼报,该分重赛。

14. 发球中的“重发”

(1)发出的球触到球网、中心带或网带后落在有效发球区内,或者在触到球网、中心带或网带后落地前又触到接球员或他所穿的、所携带的任何物品;

(2)球发出后,无论好坏接球员没有做好准备时。

在重新发球时,引起重发的那次发球不被计算,发球员重新发球,但是重新发球前的失误不能取消。

15. 发球次序

在第一局结束后,接球员应该成为发球员,发球员应该成为接球员;并按此次序在整个比赛后面所有局中依次交换。如果一名运动员发球次序有误,则应轮及发球的运动员在错误一旦被发现后就该立即发球,而在此错误发现前的比分均有效,在此错误发现前的一次发球失误则不予计算。如果在错误发现前该局已经结束,则后面的发球次序就按照已改变的次序进行。

16. 运动员何时交换场地

运动员应该在每一盘的第一局、第三局和后面依此相错的局数结束后以及每盘结束后双方所得局数之和为单数时交换场地,如果一盘结束后双方局数相加之和为双数时,则在下一盘第一局结束后再交换场地,如果发生了错误没有按照正确的顺序站位，则错误一旦被发现运动员就应立刻继续正确的站位和原先的顺序进行交换。

17. 活球

球从发出的那一时刻开始成为活球。除了失误或重发之外活球状态保持到该分结束为止。

18. 发球员得分

(1)发出的球，不属于规则 14 中重发的情况，在落地前触到了接球员或他穿戴的、携带的任何物品；

(2)如果接球员违反了规则 20 中的规定而失分。

19. 接球员得分

(1)如果发球员连续两次发球失误；

(2)如果发球员违反了规则 20 中的规定而失分。

20. 运动员失分

(1)活球状态下，在球连续两次触地前不能将球直接回击过网(除规则 24 中(1)或(3)的规定以外)。

(2)在活球状态下的回击触到了对方场地界线以外的地面、固定物或其他物体。

(3)运动员截击球失误，即使站在场地外面。

(4)运动员故意用他的球拍拖带或接住处于活球状态中的球，或故意用球拍触球超过一次。

(5)在活球状态下的任何时候，运动员或运动员的球拍(无论是否在运动员手中)或运动员穿戴的、携带的任何物品触到球网、网柱、单打支柱、网绳或钢丝绳、中心带或网带或者他对手场地的地面。

(6)在球过网前就截击。

(7)活球状态下的球触到了除运动员手中的球拍以外，运动员的身体或运动员穿戴的、携带的任何物品。

(8)运动员抛拍击球并且击到球。

(9)在一分比赛进行中，运动员故意从材料上改变球拍的形状。

21. 运动员妨碍对手

如果一名运动员的任何举动妨碍了他的对手击球，那么，如果这种行为是故意的，该运动员将失分；如果不是故意的，则这一分要重赛。

22. 压线球

落在线上的球被认为是落在由该线作为界线的场地内。

23. 球触永久固定物

如果活球状态下的球落地后触到了永久固定物（除了球网、网柱、单打支柱、网绳或钢丝绳、中心带或网带），击出该球的运动员赢得该分；如果是落地前触到了永久固定物，则他的对手赢得该分。

24. 有效回击

下列情况属有效回击：

(1)如果球触到了球网、网柱、单打支柱、网绳或钢丝绳、中心带或网带并且从上越过后落在对方场地内；

(2)无论是发球时还是回击球时，在球落到有效区后又反弹或被风吹过网时，该轮及击球的运动员越过网击球并且没有违反规则 20(5)的规定；

(3)如果回击球从网柱或单打支柱以外，无论是高于还是低于球网的上部高度，即使触到网柱或单打支柱，只要落在有效的场地内；

(4)如果运动员的球拍在击球后越过球网，而不是在球过网前击打并且回击有效时；

(5)无论是发球时还是回击球时，如果运动员的击球击到了停在场内的另外一只球时。

25. 运动员受到妨碍

假如一名运动员受到他无法控制的任何原因的妨碍而不能击球时，除了场地上的永久固定物，或规则 21 中的规定以外，都应该重赛。

26. 一局中的计分

如果运动员获得了他的第一分，比分记为该运动员 15，他获得第二分，记为30，他获得第三分，记为40，这名运动员获得的第四分记为他赢得该局但是除了下列情况：

如果两名运动员都获得了三分，比分记为平分，一名运动员获得的下一分记为该运动员占先，如果同一名运动员又赢得了下一分，他就获得了这一局；如果另一名运动员又获得了一分，比分仍被平分；如此记分直到有一名运动员在平分后立即获得二分，则该运动员获得这一局。

27. 一盘中的计分

(1)一名运动员先取得6局的胜利即赢得一盘；除此以外，他必须还要净胜他的对手两局，在这种情况下，一盘的比赛有可能一直延续，直到达到净胜两局的情况为止。

(2)假如在比赛前提前决定，也可采用平局决胜制的计分替代(1)中的“长盘”比赛规则。

28. 比赛的最多盘数

一场比赛最多的盘数为男子5盘，女子3盘。

29. 场上官员的作用

在比赛中如果有一个被任命的裁判员时，他的决定就是最后的裁定；但是当有一个被任命的裁判长时，运动员对于场上裁判员作出的关于规则问题的裁决有疑问时，可以向裁判长申诉，在这种情况下，裁判长的决定是最终的裁定。

30. 连续比赛和休息

比赛应该从第一次发球开始直至比赛结束，连续进行。

(1)如果第一次发球失误，发球员应该立即进行第二次发球而不能有任何拖延。

接球员必须跟着发球员的步调来比赛，并且应该在发球员准备发球时作好接球准备。

① 国际性巡回赛和被国际网联认可的团体赛的组织者可以决定分与分之间的休息时间。但是在任何情况下，从上一分结束时到下一分球被发出时，间隔的时间不能超过20秒。

② 比赛不能因为一名运动员要恢复他的体力、呼吸或身体

条件而被推延、中断或干扰。但是，在出现意外伤害的情况下，裁判员可以允许比赛因为那次伤害而有一次3分钟的延缓。

③ 如果由于运动员不能控制的原因，比如他的服装、鞋或器材(包括球拍)出现使他不能继续比赛的情况，在运动员进行调整的时候，裁判员可以延缓比赛。

④ 裁判员可以在任何需要的和合适的时候延缓或推迟比赛。

⑤ 在第三盘之后，或在女子比赛的第二盘之后，如果由于出现运动员不能控制的情况，而裁判员也认为需要的时候，每一名运动员可以有不超过10分钟的休息时间，或比赛在介于北纬15度和南纬15度之间的国家进行时，可以有45分钟的休息时间。如果比赛被延缓而且直到一天以后才恢复的话，休息只能在这一天的第三盘(女子比赛在第二盘)之后进行，前一天未进行完的一盘记作一盘。

⑥赛事的组委会有权决定比赛开始前的准备活动时间，但是最多不能超过5分钟，并且要在赛事开始前宣布。

⑦当使用经批准的罚分制和非积累罚分制时，裁判员将根据这些条例的内容来做决定。

⑧裁判员可以根据违反的情况在警告触犯者之后，可以继续给予处罚甚至取消他的比赛资格。

31. 指导

在团体赛的比赛当中运动员可以接受坐在场上的队长的指导，但是这种指导只能在一局结束后交换场地时进行，而决胜局中交换场地时不能进行指导。

在受到警告之后一名运动员可能被取消资格。当通过批准的罚分制被使用时，裁判员将按照规定来实施惩罚。

32. 换球

一场比赛在经过一定的局数之后要进行换球，如果没有按照正常的顺序换球的话，那么就要等到下一次该由这名运动员或双打比赛中这一对选手发球时用的新球来发球。在此之后的换球顺序仍然按照原先规定的局数进行。

二、双打比赛

1. 双打比赛

上面的规则都适于双打比赛并附加以下内容。

2. 双打场地

双打场地的宽应该是 10.97 米。场地的描述与规则 1 中的很近似,但是球网两边端线和发球线之间的单打线在不需要的时候可以去掉。

3. 双打的发球次序

在第一局先发球的那对选手应该决定哪一名运动员先发球,他们的对手应该在第二局作同样的决定。第一局先发球的运动员的同伴在第三局发球;第二局发球的运动员的同伴在第四局发球,在这一盘的比赛后面的比赛中都按照这样的顺序来发球。

4. 双打的接发球次序

在第一局中先接发球的那对运动员应该决定哪一名运动员先接第一局,然后这名运动员在整个那一盘的所有单数局比赛中都首先来接发球。他们的对手应该按照这种方式决定哪一名运动员在第二局先接发球,然后在整个这一盘的所有双数局的比赛中都先接发球。搭档的两名运动员应该在每局的比赛中轮流接发球。

5. 双打发球的次序错误

如果一名同伴发球出现错误,应该轮及发球的那名运动员在错误一经发现时就要立即更正。但是所有已经决定出来的比分都有效,在此错误发现之前的发球失误也都要被计算在内。如果该局比赛在错误被发现时已经结束,则发球次序就按照已经发生的变化来执行。

6. 双打的接发球次序错误

如果在一局比赛中接发球的次序被接球方改变,那么接发球的次序就保持错误被发现时的状态直到这一局结束。但是这一对运动员要在该盘下一次他们成为接球员的那一局时回到他们原来的正确的接球位置。

7. 双打的发球失误

发球时符合规则 10 的情况都属于失误，或者如果球触到了接球员的同伴或他所穿戴的、所携带的物品，且不属于规则 14(1)中的重赛的情况，则发球方得分。

8. 双打中的击球

比赛时应该由相对双方的一名或另外一名运动员轮流击球，如果一名运动员违反了这条规则在同方运动员击球后用他的球拍触到了球，他的对手就赢得这一分。

第二节 比赛的编排方法

一、国际上一般采用的编排方法

国际上的比赛除戴维斯杯和联合会杯赛分男子团体和女子团体以外，大多数的国际网球赛基本上是单项比赛的运动员多，场地少，但又需要在短时间内决出冠亚军，所以多采用单淘汰制。

(1)单淘汰制的抽签办法

当参加比赛的运动员人数是 2、4、6、8、16、32、64、128 等 2 的乘方时，可采取累进的淘汰制进行比赛。若人数多于 128，则增加预选赛。

当参加比赛的运动员人数不是 2 的乘方时，第一轮将有"轮空"。其目的是使运动员在第二轮中形成一个"满档"，即 2 的乘方数，这样才能顺利前进，一直到最后两名运动员参加决赛。

轮空数的计算方法是：所选定的号码位置数减去参加比赛的运动员人数。例如有 27 名运动员参赛，则选 32 个号码位置数，其中有 5 个号码是轮空的。与这个 5 个号码相遇的运动员，将直接参加第二轮比赛，然后他们和第一轮比赛的11名优胜者形成2的乘方数(16)。“轮空”先从两端开始，然后移向中间。第一个轮空先从下端开始，第二个“轮空”从上端开始，依此类推，交替进行下去。如果有27名运动员比赛，就需要在31、2、29、4、27号位上安置“轮空”。这是中国网球协会批准的在任何地区、区域或国家的锦标赛分配“轮空”的正式分配办法。

(二)种子选手的确定与排列

1. 根据中国网协比赛规程的规定，确定种子应依据前一年同一比赛的名次。在被批准的比赛中，每4～8人有一种子，但种子最多不得超过16人。如果种子选手不够，则有多少算多少，其他人由抽签来决定位置。双打时如非原配对，则不得当种子，除非另有明确标准。

2. 除1、2号种子外，其他种子的位置凭抽签来决定。1号种子安置在最上端，2号种子安置在最下端，如果抽签决定3号种子在上半区，那么4号种子的位置就应放在下半区，若3号抽在下半区，则4号应抽入上半区。其余种子的位置，也应根据这一原则分别抽签。

3. 国家的、地区的和区域性的锦标赛，其种子与“轮空”的分配，均按上述规定进行。

二、其他的编排方法

(一)单循环制

单循环制是每个参加队(人)之间都要比赛，通过积分来决定名次的比赛方式。在报名队(人)数少且场地又多，日期又长的情况下，可以用此法。特点是：合理，且能参加更多的比赛，积累经验。

1. 轮数和比赛场数的计算

(1)轮数计算

队(人)数为双数时，轮数等于队数减1。

队(人)数为单数时,轮数等于队数。

(2)比赛场数计算

比赛场数 $=N(N-1)/2$　　(N 代表队数或人数)

计算轮数和比赛场数的意义在于,它使比赛组织者能够在筹备比赛时,根据场地数量,再计算出比赛轮数和场数,就可以估算出比赛需要多少天,需要多少裁判人员。

2. 比赛顺序的确定方法

一般采用逆时针轮转法。该轮转方法是先将1号位置固定不动,第一轮次序是将比赛队数的前一半号码依次写出,排在左侧,再将后一半号码,从下向上依次写出,排在右侧,并用横线连起来即可。第二轮次序的轮转方法是1号固定下动,其他号码按逆时针方向轮转一个位置,即可排出。第三轮次序按第二轮次序的位置,逆时针轮转一次,依此类推可排出其他各轮比赛秩序。

例如有6个队(人)参加比赛,比赛顺序如下表所示。

第一轮	第二轮	第三轮	第四轮	第五轮
1——6	1——5	1——4	1——3	1——2
2——5	6——4	5——3	4——2	3——6
3——4	2——3	6——2	5——6	4——5

如果是5个队参加比赛,还用上表,只需将6号换成轮空即可。

如进行团体赛,可由两场单打,一场双打组成,采用三场两胜制;或可由四场单打,一场双打组成,采用五场三胜制。每场可采用三盘两胜或五盘三胜制。

3. 决定名次方法

单循环以获胜场数多少排名,若两队(人)获胜场数相等,则按两者之间的胜负关系排定。若三者或三者以上获胜场次相等,则按下列条款依次排定:

(1)该队(人)在本次比赛中全部比赛的获胜盘的百分比;

(2)该队(人)在本次比赛中全部比赛的获胜局的百分比;

(3)该队(人)在本次比赛中全部比赛的获胜分的百分比。

(二)分组循环制

第一阶段先分几个小组进行单循环赛,第二阶段各组同名次的队(人),进行单循环赛,排出全部名次。

(三)混合制

在一次竞赛的不同阶段,分别采用循环制和淘汰制两种方法称为混合制。采用这种制度要把比赛分为两个或三个阶段。第一阶段若采用淘汰制,第二阶段就采用循环制。

第三节 裁判的分工职责

一、裁判员职能

(一)裁判长

1. 对竞赛规程、竞赛规则、行为准则、网球规则及由此产生的一切问题,有权进行解释和处理。

2. 赛前,安排必要的裁判学习,使他们能全面了解所适用的一切规则与程序。

3. 指定裁判组长并保证其能正确地履行职责。

4. 保证每块球场、球网及网柱都能符合网球规则的要求,包括以下设备:

(1)裁判椅

高度应在 1.82～2.44 米之间,其中心点位置应距网柱 0.914 米。

(2)司线椅

发球司线员和端线司线员的坐椅,应安放在其对应线靠近挡网处的位置,以不妨碍运动员正常比赛为宜,约距边线 3.66 米,位置不可垫高。有阳光时,尽量背对,无阳光时,面对主裁。中线及边线司线员的坐椅,除另有安排,应放置在相应线的假定延长线后方,靠近边挡网,距底线不小于 6.4 米。

(3)司网椅

根据比赛的形式，安放在网柱后方或单打支柱侧后方，尽可能地放在主裁对面。

(4)运动员椅

必须安排在主裁判椅的两侧，且应有遮阳伞。

(5)场上用品

每场比赛均应提供给运动员水或饮料。

5. 保证赛场周围的挡网、广告牌和后面的墙壁不能是白色、黄色或其他浅颜色，以免影响运动员的视线。

6. 赛前应召集各参赛队的教练员、领队开联谊会，并通知他们比赛的有关事项。

7. 在运动员驻地及赛场显著位置设置布告栏以便贴各种通知、战表及成绩公告。

8. 确定参赛选手名单和种子选手名单，准备与抽签相关的各种资料和工具。

9. 进行公开性抽签。在相关位置张贴抽签表，以及次日的战表。

10. 以紧接前场的方式或限定开始时间的方式，安排每日赛事。

(1)预选赛

应在正选赛开始前一天全部结束，除因天气或不可避免的因素干扰外，预选赛中运动员在一天内最多能安排两场单打。若在一天内赛完一轮以上的预选赛，其比赛顺序应由上至下或由下至上按抽签表顺序进行。

(2)正选赛

除天气或不可避免的因素外，运动员每天最多可安排一场单打，一场双打，除裁判长另有安排，应先安排单打，再安排双打。

11. 在前一场因特殊原因提前结束时，裁判长应通过一切合理手段，尽量通知下场比赛的运动员，以免运动员被动弃权。

12. 决定某一场比赛是否更换场地或暂停。

若因天气或其他不可避免的因素，导致正在进行中的比赛无法顺利进行，裁判长有权暂停比赛或更换其他场地进行。

13. 在比赛中，裁判长对有违反规则的运动员有权给予各种处罚，直至取消其比赛资格。对不利于比赛顺利进行的裁判员，根据实际情况可以进行调整或撤换。

14. 赛前赛后，安排运动员进退场。

15. 比赛期间，运动员对裁判员涉及规则的问题，可请裁判长解决，其判定为最后裁决，裁判长应始终在场，但不可做主裁。

16. 比赛结束后，安排有关人员出成绩册，并宣布比赛名次，向大会主办单位写出书面总结，给每位裁判员写书面鉴定，并与个人总结一起上交主办单位。

（二）裁判组长

裁判组长是在竞赛委员会推选的裁判员中，由裁判长指定的工作能力强，态度认真的有威信的裁判员。职责如下：

1. 召集足够，合格的裁判员担任比赛工作；

2. 组织裁判员进行必要的赛前训练，并复习网球规则、竞赛规程和行为准则；

3. 准备一份比赛中所负责的裁判员的名单，并标明各自的级别，交予裁判长；

4. 制订每天裁判员的进场顺序，其所做安排需经裁判长同意；

5. 赛前召开碰头会，介绍有关场次的安排和执法程序，如何呼报，裁判手势要求，场地轮转安排等；

6. 评比裁判员的工作表现；

7. 比赛中应随时在场，除非裁判长另有安排，不能上场做主裁或司线；

8. 协助裁判长工作。

（三）裁判员

裁判员是竞赛委员会推选的具备一定级别的裁判。国际上按水平分国级金牌、银牌、铜牌裁判及国际白牌裁判。国内按级别分国家A、B、C级及一、二、三级裁判。

职责如下：

1. 熟悉网球规则、竞赛规程和行为准则，在比赛中要做到严肃、认真、公正、准确、作风正派、坚持原则。

2. 着装规范、得体。

3. 赛前提前于运动员到场，检查场地、各种设施是否符合要求，尽量不与运动员，特别是即将对其执法的运动员交谈。

4. 上场时必须携带记分表、秒表、笔、量网尺、挑边器等工具。

5. 赛前检查运动员的服装是否符合《行为准则》中关于服装的要求，对不符合规定的应责令其在15分钟内更换，否则取消其比赛资格。

6. 面对裁判椅，召集运动员进行赛前会议及组织挑边。

7. 确保比赛用网球的充足及一两个旧球。

8. 裁定比赛中一切事实问题。

9. 确保双方运动员及司线员能按规则行事。

10. 对运动员因有关规则而产生的问题，应允许裁判长的要求。

11. 按照国际网联的裁判员职责和程序，在每分结束后要做到第一，判断；第二，面向失分方呼报(必要时要加以手势)；第三，正确填写记分表。

12. 对于司线员的误判要及时更改。

13. 在沙土场地比赛时，因运动员提出界内外问题发生争议时，有义务责令司线员或亲自检查球印。

14. 尽力维持赛场秩序并负责引导球童，以有利于运动员正常比赛。

15. 用手中的秒表随时控制比赛正常运行。

16. 换球前，应适当提前开启球筒，并做充分检查，以免因换球而延误比赛。

17. 在比赛中,因种种原因造成比赛中断时,要收集比赛用球以确保重新比赛的用球,并且要记录发球员的姓名,场上的球员位置,中止时间,分、局、盘等比分。

18. 比赛结束后,要立刻离开球场,认真正确填写记分表,并交给裁判长。

19. 若有运动员违反《行为规则》,要向裁判长汇报,仔细认真填写违反行为准则罚款表,并交给裁判长。

(四)司线员

司线(网)员是由竞赛委员会推选具备一定级别的裁判员,职责如下:

1. 着装统一、规范。

2. 赛前准时到场。

3. 选择视角最好的位置,观察自己所司之线。如果视线被运动员遮挡,应适当地进行移位调整。

4. 完成所负责之线的呼报,面对自己职责之外其他司线员或主裁的判定不做任何评论。

5. 如遇运动员阻碍视线而未看见球的落点,应立即做出未看见的手势。

6. 意识到自己的误判时,要立刻进行更正。

7. 若主裁改判你的判定,应遵从,不应与其对抗。当运动员问及呼报和改判时,应不予回答,将问题交给主裁解决。

8. 负责底线、中线、边线时应注意脚误。

9. 当主裁未看见运动员违反《行为规则》时,应在不影响比赛的情况下向主裁判报告。

10. 不要为运动员拾球、递毛巾。

11. 比赛中不与观众交流。

12. 不为运动员鼓掌。

13. 未经主裁同意,不得擅自离场。

14. 保持良好的工作姿态,呼报洪亮、准确,手势标准、到位。

第九章　毽　球

第一节　竞赛规则简介

一、比赛项目

比赛设男、女团体(3 人制),男、女双人,男、女单人,男女混合双人共七个项目。

二、场地

(一)场地面积

1. 团体、双人和混合双人赛的赛场场地长 11.88 米,宽 6.10 米;

2. 单人比赛场地长 11.88 米,宽 5.18 米;

3. 场地上空 6 米以内(由地面计算)和场地四周 2 米以内不得有障碍物。

(二)界线

比赛场地应画出清晰的界线,线宽 4 厘米,线的宽度包括在场地面积之内。较长的两条边界叫边线,较短的叫端线。连接场地两边线的中点与端线平行的线叫中线。中线将场地分为均等的两个场区。在中线两侧各画一条与中线平行的线叫限制线(此线包括在限制区内)。中线中点至限制线的外缘(远离中线端)的距离为 1.98 米。

(三)发球区

距两端线中点两侧各 1 米处向场外各画一条长 20 厘米与

端线垂直的短线叫发球区线(此线不包括在发球区内)。发球区线向后无限延长区域叫发球区。

(四)单人赛接发球有效区

单人赛的发球必须落在接发球有效区,即限制线与端线之间的区域。

三、球网

(一)球网的规格

球网长 7 米,宽 76 厘米,网孔 2 厘米。球网上沿缝有 4 厘米宽的双层白布,用绳穿起,将球网张挂在网柱上。球网必须挂在中线的垂直上空。球网为深绿色。网柱安在中线以外,距边线 50 厘米处。

(二)球网的高度

球网的中部顶端距地面垂直高度为男子 1.60 米或女子 1.50 米。网的两端距地面的垂直高度必须相等,两端的高度与中间的高度相差不得超过 2 厘米。

(三)标志杆与标志带

在球网的两端,垂直于边线和中线交接处,各系有一条宽 4 厘米,长 76 厘米的白色带子,叫标志带。在球网上连接标志带外侧应系有两根有韧性的杆,叫标志杆。两杆内侧相距 6 米。标志杆长 1.20 米,直径 1 厘米,用玻璃纤维或类似的材料制成。标志杆应高出球网上沿 44 厘米,并用鲜明对比的颜色画上 10 厘米长的格纹。

四、毽球

毽球由毽毛、毽垫等构成。毽毛为四支白色或彩色鹅羽成十字形插在毛管内,每支羽毛宽 3.20～3.50 厘米。毽垫直径 3.80～4 厘米,厚 1.30～1.50 厘米。毛管高 2.50 厘米。毽球的高度为 13～15 厘米。毽球的重量为 13～15 克。

五、比赛队的组成

团体赛(3人制)的比赛队由6人组成,上场队员3人,其中场上队长1人(左臂应佩带明显标志)。比赛前,各队应将参赛队员(包括替补队员)的姓名、号码登记在记分表上,未登记的队员不得参赛。

参加团体赛的人员可报名参加单人、双人、混合双人赛。参加双人和混合双人赛的队员经检录确认后,不得替换和变更。比赛中,某方队员因故不能继续参赛,则判该方失利。

六、位置

(一)教练员和替补队员应坐在指定的位置上。

(二)队员的场上位置。

团体赛的双方队员必须站在本方场区内。站在靠近球网的两名队员从左至右分别为3号位和2号位队员,靠近端线的队员为1号位队员,场上队员的位置必须与登记的轮转顺序相符合。

(三)团体赛之外的各项比赛,其队员必须在本方赛场场区内。

(四)发球时的位置

1. 团体赛的发球一方,2、3号位队员在发球队员的前方,彼此间相距不得少于2米。球发出后,双方队员可以在本方场区内任意交换位置。

2. 双人、混合双人赛发球时,同队队员须在场区内,不得有掩护动作。

3. 双人赛、混合双人赛的发球次序按A1→B1→A2→B2的顺序发球,发出的球应落在对方场区内。

(五)教练员和场上队长

比赛成死球时,教练员和场上队长有权请求暂停或换人。在暂停时间内,教练员可以进行场外指导,但不得进入场区。

七、比赛局数、得分、场区选择

(一)各项比赛采用三局两胜每球得分制,团体赛每局21分,其他各项每局15分。

(二)比赛前抽签获胜的一方选择场区或发球权。第一局结束后双方交换场地和发球权。

(三)决胜局开始前,正裁判员召集双方队长重新选择场区或发球权。决胜局比赛中,任何一队先得10或8分时两队应交换场地。交换时,不得进行场外指导。交换场区后,双方队员的轮转位置不得变换。经记录员查对后,由原发球队员继续发球。若未及时交换场区,一旦被裁判员或一方队长发现时,应立即交换。比分不变。

八、暂停

(一)比赛成死球时,教练员或队长可以向裁判员要求暂停。

(二)暂停时,教练员可以在场地外进行指导,但场上队员不得出场,也不得与场外其他任何人讲话,场外人员不得进入场内。

(三)每局比赛中,每队可以要求两次暂停,每次暂停时间不得超过30秒钟。若某队在一局中请求第三次暂停,应判该队违例并失1分,交换发球权。一局内,某方的暂停次数不得移至另一局使用。

(四)单人比赛任何一方先得8分时,增加一次30秒的公共暂停,允许双方队员在场内休息,但不准场外指导。公共暂停不记录在双方暂停次数内。

九、换人

(一)团体赛允许换人。比赛成死球时,教练员或场上队长可以向裁判员请求换人。换人时,场外人员不得向场内队员进行指导,场内队员也不得离开场地。

（二）每队每局换人不得超过三人次。

（三）替补队员在上场前，应在记录台附近做好准备，换人时间不得超过15秒钟，否则判该队一次暂停。若该队在该局已暂停过两次，则判该队失一分。

（四）教练员或场上队长要求换人时，应向裁判员报告下场和上场队员的号码。

（五）比赛中因故被取消比赛资格的队员，不能继续参加该场比赛，可由替补队员替换。若该队在该局已换人三次，或场外无人替换时，则判为负局。

十、局间间隙

一局比赛结束，下局比赛开始前，中间最多可有2分钟时间，供两队交换场地、换人和记录员登记号码，双方教练员在不影响上述工作的情况下，可以进行场外指导。

十一、发球与接发球

（一）发球

1. 各项比赛的发球队员须站在本方发球区内，用手持球，将球抛起，用脚将球踢向对方场区，使比赛进行。发球队员必须在发球区内发球，在球发出后才能进入场区。

2. 团体比赛发球时2、3号队员不得有任何掩护动作，否则判由对方得一分。

3. 比赛各局若出现20或14平，执行轮换发球法。

（二）单人赛接发球有效区

单人赛每次发球均应落在单人赛接发球有效区内，否则判发球方失一分。

（三）发球失误

发生下列情况之一时，即判为发球失误：

1. 队员发球时，踏及端线或发球区线及其延长线；

2. 球未过网、触网或触及标志杆；

3. 球从网下穿过；

4. 球从标志杆及其延长高度以外过网；

5. 球触及任何障碍物，或在进入对方场区前触及本队队员；

6. 球落在界外；

7. 发球延误时间超过 5 秒钟；

8. 裁判员鸣哨后球坠落在地上。

(四)重发球

发生下列情况之一时，须重发球：

1. 在比赛进行中，球挂在网上(最后一次击球挂网除外)；

2. 在比赛进行中，毽毛和毽垫在飞行时脱离；

3. 在裁判员鸣哨之前发球；

4. 在比赛进行中，其他人或物品进入场区。

(五)团体赛发球次序错误

1. 未按照记分表上登记的发球次序进行发球，叫做发球次序错误。

2. 发球队员击球的一刹那，裁判员发现队员发球次序错误，则判该队失分，并恢复正确位置。若犯规队已得分，取消该队因该次发球次序错误所得的分数。

3. 团体赛接发球的位置错误。

接发球方队员的位置：

(1)2、3 号位队员至少有一只脚的一部分比 1 号位队员的双脚距中线更近；

(2)2、3 号位队员至少有一只脚的一部分比 1 号位队员的双脚距左(右)更近。

(六)对位置错误的判罚

1. 判位置错误方失一分；

2. 队员恢复到正确位置。

(七)拦击发球

发球时，当球的整体高于网的上沿，接发球方在限制区内完成进攻性击球为拦击发球犯规。

十二、团体赛的轮转顺序

（一）某队取得发球权时，应先按顺时针方向轮转一个位置，然后由轮转到1号位队员发球。

（二）新的一局开始前，可以变换本队队员的轮转顺序，并填好位置表交给记录员。

每局比赛结束之前，队员的轮转顺序不得调换。

十三、比赛进行中的击球与附加动作

（一）团体赛每队在将球踢入对方场区前，在本方场区最多只能有三人次共击球四次。双人、混双赛为三人次三次击球过网，单人赛为二次击球过网。

（二）一人次是指某队员触球次数，每名队员可触球一次也可以连续触球两次。

（三）不得用手、臂触球。但防守队员在手臂下垂不离开躯干的前提下，拦网时手球不判违例。

（四）球不得明显地停留在队员身体的任何部位。

（五）违反第十三条第一至四款均为违例，判由对方得1分。

十四、触网球

在比赛进行中球触及两标志杆以内的球网为好球，球触标志杆为失误。

十五、触网

（一）比赛进行中，队员身体任何部位触及两标志杆以内的球网，均为触网违例。

（二）队员击球后，触及标志杆或标志杆以外的球网、网柱、网绳或其他物体，不判违例。

十六、进入对方场区和空间

（一）过网击球为犯规。

（二）比赛进行中，身体任何部位不得从网上标志杆以内区域进入对方场区的空间。

（三）队员若用头攻球时，必须在限制线以外起跳，落地时两脚可落在限制线内。防守队员在限制区内，拦网时头部无意识触球过网不判违例。

（四）在比赛进行中，除脚以外，身体任何部位不得触及中线。脚不得完全越过中线。

十七、死球与中断比赛

（一）球触地及违例为死球。

（二）中断比赛：其他人或物品进入比赛场区；更换损坏的器材；运动员发生意外事故等。发生以上情况，裁判员应鸣哨，中断比赛和恢复比赛。

十八、计胜方法

（一）各项比赛先得 21 分或 15 分的队为胜一局；如比分是 20 或 14 平时，比赛应继续进行，直至某队领先 2 分，方为胜一局。

（二）某局出现 20 或 14 平时则实行轮换发球法，即首先由有发球权一方发球，无论得分否，均由对方发球，依此类推，直至某队领先 2 分结束。

十九、判定和申诉

（一）一场比赛中，正裁判员的判定是最终判决。

（二）只有场上队长可以对裁判员的判罚当场提出询问或要求解释，正裁判员应及时予以解释。

（三）比赛队对裁判员的判罚有争议，比赛时都须服从裁判员的裁判，比赛后可向仲裁委员会提出书面申诉。正裁判员亦应向仲裁委员会提出书面报告。

无正当理由迟到 15 分钟为弃权，无故停止比赛 5 分钟为弃权。

二十、裁判员的组成

每场比赛应有正裁判员、副裁判员、记录员和记分员各一人，司线员两人。

第二节　竞赛裁判法

一、裁判工作的组织和职责

正式比赛，应在大会竞委会的领导下，设立裁判委中央领导同志，与其他部门共同合作工作。

（一）裁判委员会的组成

毽球正式比赛应设裁判长 1 人，副裁判长 1～2 人。每场比赛设正裁判员 1 人，副裁判员 1 人，司线员 2 人，记录员 1 人，记分员 1 人。

（二）正裁判员的职责

正裁判员主持一场比赛的裁判工作，在该场比赛的全过程中，正裁判员对场上双方队员和其他裁判员都可以行使其职权，并负责解释比赛中的一切问题。比赛前召集执行该场比赛任务的全体裁判员做好一切准备工作，负责检查场地、器材和设备等。主持该场比赛的裁判工作。比赛中，他的裁决是最终判定。他有权处理比赛中一切问题。如果发现其他裁判员的错误判断时，有权予以改判。比赛进行中，还可根据规则判定死球、得分、犯规及取消某队员或某队的比赛资格。有权决定因故中断和恢复比赛的时间。在鸣哨成死球时，应以明确的手势表示死球的原因及发球一方。比赛前召集双方队长用投币的方式选择场区或发球，掌握两队的准备活动时间。

比赛结束后，主持退场仪式。退场后，检查比赛记录，核实无误后，在记分表上签字。

（三）副裁判员的职责

副裁判员是正裁判员的助手，站在正裁判员对面的场外，主动协助正裁判员进行工作，正裁判员因故不能继续工作时，他可以代替正裁判员的职务。在暂停和双方换场区时，保管好一个比赛用球。与记录台密切联系，做好正裁判员与其他裁判员的联系工作等。每局比赛开始前和决胜局交换场区后，根据位置表，检查双方场上队员的位置是否正确。若替补席上的教练员和替补队员，发出有不正当行为时，及时报告正裁判员。比赛进行中，阻止替补队员在无障碍区内做替换前的准备活动。比赛成死球后，接受教练员或场上队长提出暂停或换人的请求，并掌握暂停的时间和换人的次数。可以用手势指出在其职责以外的犯规，但不能鸣哨，并不得坚持自己的判断。

遇到以下情况必须鸣哨并做出手势：

1. 接发球队的位置错误；

2. 球从靠近其一侧的标志杆以外过网或触及标志杆；

3. 运动员触及球网或标志杆；

4. 运动员从网下进入对方场区、空间或从后场区进攻时脚踏头球限制线；

5. 球触障碍物；

6. 其他人或物体进入场内；

7. 暂停或换人；

8. 发现队员受伤，准许进行替换或给予治疗恢复的时间；

9. 当正裁判员提出询问时，应如实地回答和表明自己的看法。

（四）记录员的职责

记录员应在正裁判员的对面、副裁判员的背后进行工作。

比赛开始前，负责登记比赛的两队队员的姓名、号码，并取得两队队长和教练员的签字。每局比赛开始前，取得位置表并登记两队上场队员的号码及轮转顺序。在记录员左侧的一队登记在记分表的左边栏内，右侧一队登记在记分表右边栏内。比赛进行中，记录每队得分与暂停及换人的次数，发现队员位置错误和不合法的请求和发球次序错误时，要及时通知正、副裁判员。

（五）司线员的职责

司线员应对指定他们负责的违例和犯规做出旗示。

1. 判断球是否出界；

2. 判断球是否触及场上队员身体后出界；

3. 判断球是否从标志杆及其延长线以外过网；

4. 判断发球队员是否踏及端线、发球区的短线及其延长线；

5. 判断单人赛的发球是否落在接发球区的边线和端线外；

6. 当正裁判员提出询问时，应如实报告；

7. 两名司线员分别站在两端线靠近左侧的角端、距球场1米的位置，各负责靠近的一条边线、一条端线、一根标志杆、一个发球区和单人赛接发球区。

二、比赛规则

（一）一分、一局和一场比赛

1. 比赛采用每球得分制，不论发球权在何方，胜一球即得1分。

2. 一方无论是发球失误，接发球失误或任何其他的犯规，对方即得1分。先得21分或15分的队胜一局；20或14平时，以一方领先2分为胜一局。比赛一场为三局两胜制，先胜两局的队为胜一场。

（二）抽签

1. 抽签是为了保证公平竞争，由正裁判员主持抽签，抽签获胜的一方可选择一个场区或另一个场区，发球或接发球；

2. 抽签的方法是赛前由正裁判员召集双方队长到记录台前，采用抛硬币的方法，由猜中的一方获得首先挑选权；

3. 决胜局前，正裁判员召集双方队长再次抽签。

（三）换人和暂停

1. 由教练员或场上队长提出换人请求，每局每队最多可替换三人次（一队员上场，另一队员下场为一人次）。换人时，可换一人次，也可同时换多人次。某次换人，需换两人次以上时，教练员或队长应向裁判员讲清楚，一人次一人次地上下。

2. 比赛中若某队进行不合法替换。在比赛重新开始前要及时给予指出并纠正。若比赛已经重新开始，处理方法：

（1）判该队犯规，对方得1分；

（2）纠正不合法的替换；

（3）取消该队发生不合法替换后所得的分数。对方所得的分数予以保留。

3. 当比赛成死球时，裁判员鸣哨发球之前，教练员或场上队长可请求暂停。暂停可以单独使用，也可以连续使用。

4. 某队请求第三次暂停时，裁判员应予以拒绝，若在同一局是第二次发生，则判该队失1分。

5. 比赛中，各队暂停和换人可以连续使用。暂停之后可请求换人，换人后可请求暂停。

6. 比赛中，某队换人超过15秒钟，判该队一次暂停。如某队在该局已暂停两次，则判该队失1分。

7. 某队在暂停中请求换人，即使暂停时间没用完，一经提出换人，暂停即为终止。换人之后不能继续进行场外指导，应立即恢复比赛。

8. 甲队要求暂停，此时乙队不能要求换人，因为甲队暂停请求在先，乙方应在暂停结束后再请求换人。

9. 场上队长请求暂停，而场外的教练员不同意，裁判员应同意场上队长的请求，判该队暂停一次。

(四)团体赛队员的位置和轮转顺序

1. 队员的位置

(1)每局比赛开始前,副裁判员向双方教练员索取有其签字的位置表,交给记录员收存,一经交付不得更改。核对上场队员位置时,如发现某队上场队员的位置与交来的位置表不相符时,应按交来的位置表予以纠正。

(2)每局已登记在记分表上的轮转顺序,在该局中不得调换。

(3)每局开始时,应由发球队1号位队员发球,直到失去发球权。

2. 轮转顺序

(1)某队取得发球权时,应先按顺时针方向轮转一个位置,然后由轮转1号位的队员发球。

(2)新的一局开始前,可以变换本队队员的轮转顺序,各队教练员填写好位置表交给记录员。

3. 轮转错误

(1)接发球队获得发球权后,该队队员没有按顺时针方向轮转一个位置(2号位队员转至1号位发球,1号位队员转至3号位)的轮转次序进行发球,即为轮转错误。

(2)轮转错误的判断记录员应根据位置表,准确掌握各队轮转次序和发球次序并及时发现轮转错误。

4. 轮转错误的判罚

(1)因轮转错误而发生发球次序错误的一方判失1分,并责令队员恢复正确位置。

(2)根据记录员确定的轮转错误发生时间,取消该队自错误发生后的所有得分,对方所得的分数予以保留。

(五)发球

1. 发球时裁判员的分工

(1)正裁判员观察发球一方,注意发球员有无犯规,站位有无错误,发球时同队队员是否掩护或站在场外,发出的球是否失误等。因此,正裁判员的视线不仅要观察发球队员,而且要观察发球一方场上所有队员的情况。

(2)副裁判员观察接发球一方,注意接发球队员的位置有无错误,是否站在场外。同时还要判断发出的球是否触及这一侧的标志杆或其他障碍物,或是从标志杆及其延长线以外进入对方场区。

(3)发球队一方的司线员注意观察发球队员是否踏及端线、发球区短线及其延长线,是否越出发球区,发出的球是否触及标志杆或从标志杆及其延长线以外过网,球是否落在另侧场区的边线外。接发球一方的司线员注意观察发出的球是否触及标志杆或从标志杆及其延长线以外过网,球是否落在本侧场区外。

(4)记录员发现发球次序错误时,应及时鸣哨通知裁判员,并按规则进行判罚。

2. 发球时裁判员之间的配合

(1)正裁判员鸣哨发球时或发球后,副裁判员不得允许某队教练员请求暂停或换人,如副裁判员错误鸣哨,正裁判员应予拒绝并再次鸣哨立即恢复比赛。

(2)发球队员犯规的同时发生接发球队员犯规,即使正、副裁判员同时鸣哨,也应判发球队员犯规。

(3)发球时,司线员发现某方队员站在场外,应立即举旗向裁判员示意。是否判罚,由裁判员判断;如不予判罚,则不可坚持举旗示意。

3. 发球时的裁判方法

(1)一般情况下,当发球队员进入发球区并持球在手时,即可鸣哨发球。但应注意观察接发球一方是否有特殊情况。如有的队员因抢救险球而跑出场外还未回到场内做好接发球准备,则应等该队员站好位置后再鸣哨。鸣哨之后,开始默计 5 秒钟的限定发球时间。

(2)球发出后,对于运行轨迹低而平的球,正裁判员应降低视线，以便观察球是否擦网。

(3)副裁判员为了便于工作，观察接发球队员的站位是否错误，可以向接发球队一侧移动。判断接发球队队员位置是否错误，应根据发球队员击球的一刹那接发球队员脚的实际着地位置来判断。

4. 发球队员须站在本方发球区内，用手持球，裁判员鸣哨后 5 秒钟内将球抛起，用脚将球踢向对方场区使比赛进行。如果没有上抛动作，判“球未抛起”犯规，并失 1 分。

5. 第一局和第三局由抽签获得发球权的队首先发球，第二局由对方发球。比赛中当比分出现 20 或 14 平时则实行轮换发球法，这时，发球和接发球次序不变，但每方只轮发 1 分球。

6. 发球失误

(1)队员发球时，踏及端线、发球区短线及其延长线；

(2)球未过网或触及标志杆；

(3)球从网下穿过；

(4)球从标志杆及其延长线以外过网；

(5)球触及任何障碍物，或在进入对方场区前触及本方队员；

(6)球落在界外；

(7)发球时间超过 5 秒钟；

(8)裁判员鸣哨后球落在地上。

7. 发球掩护犯规

(1)发球时，2、3 号位正确站位在离中线中点左右各 1 米以外的位置并不得有掩护动作，任何人只要有一只脚进入 2 米区以内则为违例，第一次判警告；再犯，则判掩护犯规并失 1 分。

(2)发球队某一队员挥臂、跳跃或左右移动有意阻挡对方观察发球队员和球的飞行路线。

8. 裁判员鸣哨前，发球队员已将球发出，则该球无效。裁判员应对其口头警告并鸣哨令其重新发球，若再犯，则判发球失误并失 1 分。

9. 发球时，发球队员可以从发球区进入场区空间击球，击球时发球队员的支撑须在发球区内。

10. 发球时，接发球队后排队员插到前排的时间，不以裁判员鸣哨时间为准，而是依发球队员击球为准，否则判犯规并失1分。

（六）团体赛发球时的位置和次序错误

发球队员在击球的一刹那，双方任何一名队员没有按记分表上的位置站位，都判为位置错误。

1. 位置错误只有在发球队员击球的瞬间才可能发生。

2. 判断队员的场上位置是以其脚的着地部位为依据。

3. 应明确"同排"与"同列"的概念及位置关系。2、3号位为同排队员；1、2号位，1、3号位为同列队员。

4. 团体赛发球次序错误的判定与处置。发球队员击球一刹那，发球一方未按记分表上所登记的发球次序进行发球，叫做发球次序错误。

(1)副裁判员发现某队发球次序错误时，应立即鸣哨中止比赛。并向正裁判员示意，由正裁判员判其发球错误并失1分，令该队恢复正确位置后，由对方发球。当记录员发现该队发球次序错误时，应立即鸣哨中止比赛并向副裁判员报告，由副裁判员向正裁判员示意，正裁判员判发次序错误的队失1分，并令该队恢复正确的位置后，由对方发球。

(2)发现发球次序错误后，自该次发球次序错误起连续得分至一局结束，在未交换场区前或双方已交换场地但球未发出前，仍可判罚。即取消该队从该次发球次序错误起所得的全部分数，并判该队失误，对方得分有效，令其恢复正确位置，并重新继续比赛；若新的一局比赛已在进行中，则对上一局不再予以判罚；对新的一局，双方在发球次序错误期间的得分均为有效；责令发生发球次序错误的队恢复正确位置的同时判对方得1分，即可继续比赛。若已退场则所形成的局面均为有效。

（七）比赛中对击球的规定

1. 团体赛中本方场区最多四人次三人击球，双人、混合双人赛为三人次二人击球，单人赛为两人次将球从球网上空击向对方场区。无论是主动击球或被球触及，均作为该队击球一次。一人次是指一人可击一次或两次球；三人次是指每人可击球一次或一人击两次，另一人击一次；两人次是指每人可击球一次或一人击两次；其时球必须过网。

2. 当同队的两名队员同时触球时，则计为两人次二次击球。

3. 击球犯规

(1)团体赛一个队连续击球五次，即“五次击球”犯规；双人、混合双人赛一方四次击球，单人赛某方三次击球。

(2)手臂触球，即“手球”犯规。

(3)击球动作不合理，球在身体的某个部位停留时间过长，即“持球”犯规。

(4)一名队员连续击球三次或球连续触及身体的不同部位均为“连击”犯规。

(5)允许队员跳过广告牌或运动员席将球击回。

(6)甲方将球击向乙方，球触及场地上空障碍物则判甲方犯规。

(八)持球和连击

在比赛中正确判定持球和连击是裁判员工作中重要环节之一。比赛中只有正裁判员可以判定持球和连击。

1. 持球

规则规定，“球不得明显地停留在队员身体的任何部位”。若球明显地停留在身体任何部位时都应判为持球。判定是否持球可根据三个方面因素来考虑：首先停留时间的长短；其次击球不能清晰；第三击球的技术动作是否合理。这三个因素不是孤立的，而是相互联系的。例如携带球，球在脚或腿部必然有较长时间的停留，击球也不会清晰。因此，在理解规则关于持球的规定时，切不可分割为孤立的因素。判定时，应以视觉观察为主，击球时发出的声音不得作为判定的首要依据。

2. 连击

(1)比赛中，凡队员两次以上的击球判为连击；

(2)比赛中，球在胸部、腿部、头部有明显的滚动，应判连击。

(九)网上球

球必须通过网上空的过网区进入对方场区方为合法，过网区是球网垂直平面的部分，其范围：下至球网上沿；侧至两标志杆及其延长线；上至天花板。

1. 过网拦网

过网拦网是指防守队员的头部、肩部及胸部过网拦截对方的进攻性击球，过网拦网为犯规。

2. 过网击球

击球时，如果击球过球网上沿的垂直面，则判为过网击球犯规。判断时裁判员主要是以击球点为依据，凡是击球点越过球网上沿的垂直面就应判为过网击球犯规。击球时，击球点虽在本方场区上空，但随惯性身体某部位越过球网上沿的垂直面，也应判为过网犯规。

3. 触网犯规

在比赛中，队员身体在任何部位触及两标志杆以内的球网都应判为触网犯规(比赛成死球后除外)。判断触网犯规时，正、副裁判员应有分工和侧重。正裁判员重点观察网口上面的情况，副裁判员则重点观察网口下面的情况。

(十)拦网

1. 拦网触球后再次击球不判犯规，算一人次二次击球；

2. 防守队员在手臂自然下垂的前提下，拦网时的手球不判违例；

3. 当发出的球整体高于球网上沿时，接发球方不能在限制区内进行进攻性的拦击，否则判“拦击发球”犯规，并失1分。

(十一)界外球

界外球的判定：

1. 凡是球的着地点触及界线以外的场地，即使球体的一部分仍在界线垂直面上空，只要未直接触及界线，应判为界外球。

2. 两标志杆及延长线之间网口上沿的空间为球的有效过网区。当球触及标志杆，或从标志杆及延长线以外过网应判为界外球。

3. 球触及场地的任何障碍物（包括球场上空固定的设备）和标志杆以外的球网、网柱、裁判台、裁判员、观众或球的整体从网下空间进入对方场区，均为界外球。

（十二）触网

包括发球在内球越过球网时均可触网，如果球挂在网上（最后一次击球除外），则判重新比赛。

队员触及 6.10 米以外的网绳、网柱，如不影响比赛，则不判犯规。队员有意触及这些部分，且对比赛造成影响，则应判触网犯规。队员的衣服和头发属身体的一部分，该部位触网应判触网犯规。大力击出的球触及球网后，致使球网反弹而触及队员，则不判犯规。

（十三）比赛间断

某场比赛一次或数次间断累计不超过 2 小时，若比赛仍在原场地进行，间断的一局应保持原比分、原队员和原场上位置；如比赛另择场地，应取消该局的比分，重新比赛，已结束的各局保留比分。如果一次或数次间断时间累计超过 2 小时，则全场比赛重新开始。

（十四）延误比赛

某队以不正当行为拖延比赛继续进行的称延误比赛。

延误比赛例举：

1. 换人延误时间；

2. 在裁判员鸣哨恢复比赛后，拖延暂停时间；

3. 请求不合法的替换；

4. 在同一局中再次提出不符合规定的请求；

5. 场上队员拖延比赛的继续进行。

(十五)不符合规定的要求

1. 无请求权的成员提出请求;

2. 未经比赛过程再次请求换人;

3. 超过规定暂停次数的请求;

4. 不符合规定的请求应予拒绝并给予警告,若同局中再次发生则判失 1 分;

5. 比赛进行中,裁判员鸣哨发球的同时或之后,提出请求。

(十六)比赛中的严重伤害事故

比赛中出现严重伤害事故,裁判员应立即中断比赛,该球重新进行。

迅速换人。如受伤队员不能进行合法替换,则给予受伤队员 5 分钟的恢复时间,一场比赛中同一队员只能给予一次恢复的时间。5 分钟后仍不能进行比赛,则宣布该队为阵容不完整,判对方该局或该场比赛获胜。

(十七)不良行为

比赛队员在违反下列规定时予以警告或取消比赛资格。

1. 警告(出示黄牌)

(1)对裁判员有不正当的行为;

(2)对本方队员或对方队员有不正当行为;

(3)企图踢、打、用头撞击对方队员;

(4)在比赛中断时(局间休息除外),未经裁判员允许擅自离场。

2. 取消比赛资格

(1)经警告后重犯(出示红牌);

(2)凡符合(十七)1.(1)(2)(3)任何一项且情节恶劣者,可不经警告即取消其比赛资格。

被取消比赛资格者应立即进行替换并离开比赛场地和运动员席,不得参加该场比赛。

任何不良行为不论是发生在局前还是局间,都应判罚。

第十章　健身健美操

第一节　竞赛的组织

一、制定竞赛规程

(一)制定的要求

1. 主办单位必须根据竞赛目的、任务、性质、规模等具体情况制定竞赛规程。竞赛规程必须符合竞赛规则要求，也可对竞赛规则作适当补充和说明，是赛会的法规性文件。

2. 竞赛规程最迟在赛前三个月发出，确保参赛各队有充分的准备时间。

(二)竞赛规程内容

1. 竞赛日期和地点；

2. 参赛单位；

3. 竞赛项目；

4. 参加办法；

5. 竞赛方法；

6. 录取名次办法；

7. 奖励办法；

8. 报名及报到时间、地点；

9. 其他。

(三)竞赛规程范例

******年“飞翔杯”移动公司健身健美操竞赛规程**

1. 竞赛日期和地点：****年**月**日至**月**日在**省**市举办

2. 参加单位：各省移动总公司

3. 竞赛项目(可根据情况自行设定)

(1)混合双人徒手自编套路;

(2)三人徒手自编套路;

(3)六人徒手自编套路;

(4)八人规定套路。

4. 参赛办法

(1)团体竞赛;

(2)单项竞赛。

5. 竞赛方法

采用教育部中国学生健身健美操竞赛评分规则。

6. 录取名次

(1)团体一等奖一名、二等奖二名、三等奖三名、优秀奖若干;

(2)单项一等奖一名、二等奖二名、三等奖三名、优秀奖若干。

7. 奖励办法

(1)给获得团体和单项一、二、三等奖的运动员和运动队奖励;

(2)大会特设"最佳编排奖"、"最佳表现奖"各一名。

8. 报名及报到时间

(1)报名:****年**月**日将报名表寄至承办单位竞赛部,逾期未报名按弃权论;

(2)报名各队于赛前两天到**地报到。

9. 经费:各参赛单位自理。

10. 裁判员由承办单位选派。

11. 未尽事宜,由承办单位另行通知。

二、建立竞赛组织机构

为使比赛的各项工作能在严密的组织领导下顺利进行,根据竞赛规模的大小成立相应的组织领导机构。基层比赛,只需成立竞赛领导小组,下设编排记录组、场地器材组和评判组等,分别负责比赛的一切工作。

(一)组织委员会:全面负责整个比赛工作。

(二)竞赛委员会:负责编排秩序册、制订比赛日程、安排运动队的训练场地、领导裁判组工作及核实与公布比赛成绩。

(三)评判组:学习和研究裁判法和评分细则。

(四)宣传组:负责竞赛的宣传、报道和现场广播工作。

(五)总务组:做好竞赛的经费预算、安排好交通和比赛期间的医疗工作及准备好场地和器材。

三、制订竞赛日程

(一)制订要求

1. 根据竞赛具体时间及各单项参赛人数,科学合理地制订竞赛日程;

2. 竞赛日程必须有利于竞赛进程及竞赛效果;

3. 竞赛日程的安排需有利于运动员体力的恢复。预赛、决赛必须分开进行。

(二)内容(场次)安排

1. 时间(上午、下午);

2. 开幕式安排;

3. 竞赛项目顺序;

4. 颁奖顺序;

5. 闭幕式安排。

四、编排秩序册

(一)编排要求

1. 秩序册的编排工作在报名截止日期后进行;

2. 字迹清楚、准确无误;

3. 在各参赛队报到时下发;

4. 可根据需要刊印赞助企业广告,但不得喧宾夺主。

(二)秩序册内容

1. 竞赛规程;

2. 组织委员会机构名单;

3. 仲裁委员会名单;

4. 评判委员会名单;

5. 各代表队名单；

6. 参加各单项竞赛的运动员名单及号码；

7. 大会活动及竞赛日程；

8. 一般健美操知识介绍。

五、赛前领队和教练员技术会议

由组委会负责人主持，评判长及各队的领队、教练员参加。会议内容包括：

1. 介绍比赛准备情况；

2. 介绍比赛主要负责人和主要工作人员；

3. 宣布比赛日程及有关规定；

4. 解答各参赛队和个人提出的有关问题；

5. 抽签排定出场顺序。

六、比赛的进行

（一）开幕式

1. 主持人宣布开幕式开始；

2. 各参赛队列队入场（可采取表演形式，即每队表演几个八拍的健美操动作）；

3. 领导致开幕词；

4. 评判员、运动员代表宣誓；

5. 退场。

（二）进行比赛

1. 赛前检录

比赛前20分钟检录，运动员在指定地点集合，并核对运动员号码。

2. 介绍裁判员

由广播员向观众介绍裁判员。

3. 比赛

（1）播音员宣布比赛开始，第一名参赛者出场；

(2)裁判员示意，参赛者举右手表示准备完毕；

(3)参赛者在音乐伴奏下完成成套动作；

(4)评判员评分；

(5)评判员示分，并由播音员宣布得分；

(6)记录员记录比赛成绩；

(7)赛后记录单经评判长确认无误后上交总记录处；

(8)成绩经总记录处统计后得出最后的比赛名次。

(三)闭幕式及发奖

1. 宣布闭幕式开始；

2. 评判长宣布比赛成绩；

3. 获奖运动员入场接受颁奖；

4. 致闭幕词；

5. 可安排优秀参赛者表演；

6. 宣布比赛结束。

七、赛后结束工作

(一)比赛全部结束后，竞赛组将所有比赛成绩编印成册，并在运动队离会前发至各参赛队；

(二)竞赛各工作部门及时进行工作总结；

(三)接待组安排运动员及工作人员离会。

第二节　中国学生健身健美操竞赛评分规则

一、总则

(一)宗旨

1. 为中国学生健身健美操竞赛提供客观统一的竞赛规则；

2. 为评判员公正、准确地评分提供客观依据；

3. 为参赛者提供赛前训练和比赛的指导依据；

4. 是中国学生开展健身健美操运动的规范性文件。

(二)竞赛性质

1. 全国大学生运动会健身健美操比赛;

2. 全国中学生运动会健身健美操比赛;

3. 中国学生健身健美操锦标赛;

4. 中国学生健康活力大赛。

(三)参赛资格

我国全日制大(中)学、高(中)等专科学校、民办及私立大(中)学的在校在籍学生均具有参赛资格。参赛运动员必须遵守学校各有关规定,且文化课考试合格,并经医院检查身体健康。

(四)竞赛项目

1. 规定套路:中国学生健美操艺术体操协会审定的由一定动作组成的成套动作。

2. 徒手自编套路:根据规则及规程要求由各队自己创编的成套动作。

3. 轻器械自编套路:轻器械是指在成套动作中运动员能轻松持握或搬动的器械。无论借助什么样的轻器械创编健美操动作,都应依据该器械的特质,充分发挥其器械特点,体现该器械的健身价值。

(五)成套动作时间

自编套路的时间为 2 分 30 秒±10 秒(从第一个可听见的声音开始,到最后一个声音结束,不包括提示音)。

(六)参赛人数与更换运动员

1. 每队参赛人数为 6～12 人,性别不限;

2. 如有特殊情况要更换运动员时,需持有效证明,经组委会同意方可更换。

(七)竞赛场地

1. 赛台

赛台高于地面 80～90 厘米,后面有背景遮挡且赛台大小不得少于 14 米×14 米。

2. 竞赛区域

比赛场地可为地板或地毯，要清楚地标出12米×12米的比赛区域。标志带为5厘米宽的醒目色带，是场地的一部分。

3. 座位区

如图10-1如示。

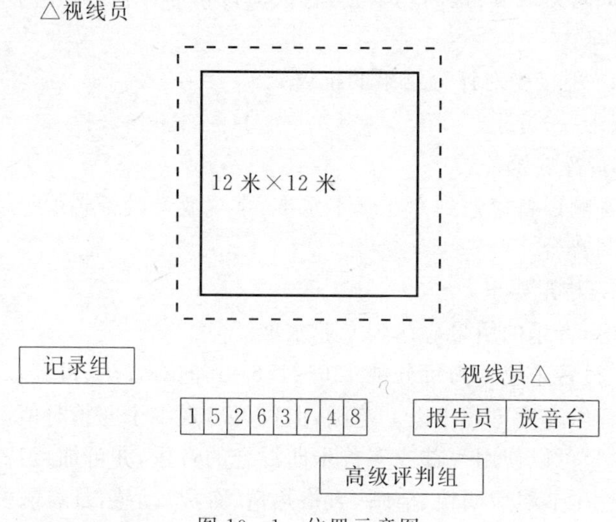

图10-1　位置示意图

注：1～4为艺术评判，5～8为完成评判。

(八)竞赛程序

1. 比赛采用预赛和决赛；

2. 赛程分为分区赛和总决赛。

(九)出场顺序

预赛和决赛出场顺序由抽签决定，抽签在赛前15天进行，由组委会竞赛部门负责。

(十)评分及计分方法

1. 评分方法：比赛采用公开示分的方法。评判员评分精确到0.1分，运动员最后得分精确到0.01分。

2. 计分方法：成套动作的得分为艺术得分与完成得分之

和，艺术得分和完成得分各为10分，成套动作满分为20分。各组评判员评分去掉一个最高分和一个最低分，中间两名评判员评分的平均数为该组评判得分，两组评判得分相加减去评判长扣分即为最后得分。

3. 最后得分高者名次列前，若得分相等，名次排列取决顺序为最高完成分、最高艺术分；若成绩再相等，则名次并列，无下一名次。

4. 不接受对评分结果的抗议。

（十一）音乐

1. 音响设备

音响设备应达到专业基本水准，常规放音设备必须包括CD机及调音台。

2. 特定要求

（1）音乐的质量应达到专业水准。

（2）音乐速度为每分钟136～156拍，前奏音乐、过渡音乐和结束音乐速度可超出以上范围，但仅可出现1个8拍时值。

（3）可以使用一首或多首乐曲混合的音乐，亦可加入特殊音效。音乐节奏应明快、清晰，风格热情、奔放、动感，具有震撼力。

（4）音乐必须录制在CD的开头，并自备两份比赛音乐。

（十二）服装及仪容

1. 外表

整洁与适宜的运动员外表，女运动员的头发须梳系于头后，头发不得遮挡脸部。

2. 着装

服装整体以紧身为主，材质和款式不限，但必须适宜运动。运动员必须穿白色运动鞋和运动袜，运动员可穿连体式或分体式短裤或长裤。可根据成套动作的整体风格选择服装，服装上可有简单修饰，但不允许使用悬垂饰物，禁止佩戴饰物（首饰、手表等），禁止穿描绘战争、暴力、宗教信仰和性爱为主题的服装。化妆应适度。

(十三)特别奖项

1. 特设“最佳编排”、“最佳完成”和“最佳表现”特别奖;

2. 特评“最佳教练”和“最佳男女运动员”特别奖。

(十四)奖励

根据比赛规程的规定而确定奖励办法。

二、成套动作评分

(一)成套动作的评分因素

1. 艺术编排:艺术得分为10分。

2. 完成情况:完成得分为10分。

3. 评判长减分。

(二)艺术编排的评分因素

1. 成套设计(操化组合、托举与配合、过渡与连接、开头与结尾和队形与路线)5分。

2. 音乐:1分。

3. 风格与主题:1分。

4. 创造性:1分。

5. 场地与空间:1分。

6. 表演:1分。

(三)艺术编排的评分标准

1. 成套设计(5分)

(1)成套动作的设计应舒展、优美、大方、健康和有动感,应符合健身健美操项目的特征和年龄特点,动作组合应充分体现出协调性与多样性,动作内容的选择与安排在成套动作中要有很好的均衡性。

(2)动作设计不提倡选择难度动作,如出现此类动作不予加分,且对出现的错误予以减分。

(3)轻器械自编套路的设计强调器械属性的运用充分、合理。成套操中累计脱离器械的徒手动作不得超过6个8拍。

(4)操化组合:成套动作步伐必须包括十四个基本步伐及其

变化步伐:踏步(March)、曼波步(Manbo)、一字步(Easy Walk)、V字步(V Step)、单并步(Step Touch)、后屈腿(Step Curl)、侧抬膝(Step Knee)、双并步(Two Step)、后交叉步(Grapevine)、向前走(Walk Forward)、脚跟前点(Heel Tap)、脚尖侧点(Side Tap)、脚尖后点(Toe Back)、依次抬膝(Knee Lift)等。

(5)步伐组合应体现各种基本步伐的强度、节奏及平面的变化,应以高低冲击动作为主。

(6)操化动作应展示出以十四个基本步伐组合的上肢及身体其他部位的动作形式,体现出组合形式的多样性,动作变化的多样性和复杂性。

(7)轻器械自编操化动作强调要符合该器械的特点和动作规范,明确练习部位。

(8)配合和托举:动作设计巧妙、造型优美、完成流畅;成套动作中至少出现2次身体接触的配合动作;成套动作中托举的数量不多于3次。

(9)轻器械自编操的配合与托举动作应体现出器械特点,无论器械离开身体与否都应表现出器械是动作语言的一部分。

(10)过渡与连接:过渡动作必须动感、平滑且流动地将三个空间(地面、站立、腾空)的使用穿插起来;连接动作必须要把在同一空间完成的组合和动作衔接起来,并富有创造性与连贯性。

(11)开头与结尾:开头与结尾动作设计清楚,要与成套动作协调自然、连接流畅;开头与结尾允许出现托举动作,但不允许出现违例动作。

(12)轻器械自编操的开头与结尾应与器械有相应联系,使器械从头至尾都展示出是成套动作中不可缺少的一个部分。

(13)依次动作:运动员可以依次或分批做动作,任何一名运动员停顿节拍不得超过1×8拍。

(14)队形变化:成套动作的队形变化应自然、迅速、流畅、美观且清晰。成套动作中至少出现8次队形变化,队形的移动与变化要注意流畅和对比强烈，注意点、线及面的合理搭配。

(15)违例动作：成套动作不允许出现违例动作。

2. 音乐(1分)

(1)音乐的选配应保持完整性，并与成套动作风格协调，有利于表现运动员的个性特点与技术风格；

(2)成套动作按音乐的结构、风格及乐句进行编排；

(3)成套动作的表演要与音乐风格相吻合；

(4)音乐的质量和音效要有专业效果和实际意义。

3. 风格与主题(1分)

(1)成套动作的编排要根据音乐风格、特点来设定一个风格与主题；

(2)通过成套中各种内容的表达来实现风格与主题；

(3)主题可以表现某种简单的剧情，且可以通过与音乐、动作、表演、服装和造型等元素的配合来实现；

(4)风格与主题的表达是提高观赏性的关键；

(5)器械应与主题很好地配合并加强突出主题的效果。成套动作中如果使用两种以上的器械，这两种器械应有一定的联系，并反映一定的主题。

4. 独创性(1分)

(1)成套动作的编排要突出独一无二的风格，风格是艺术创新的关键；

(2)风格的主线要紧紧围绕健美操的项目特征，鼓励多元素的创新编排；

(3)围绕健美操特点和器械特点组合的一切创新都是提倡的。

5. 场地及空间(1分)

成套动作应均衡、合理且充分地使用场地和空间。要充分使用五个区域(四角一中央)，要合理使用四种以上路线(前、后、左、右、对角与弧线)，要充分利用三维空间(地面、站立、空中)的变化。

6. 表演(1分)

(1)运动员外形整洁、干练，能瞬间吸引观众，表现出朝气蓬勃的精神面貌；

(2)运动员的动作充满活力，其娴熟的动作技巧表现出健康的体能素质；

(3)运动员全身心的激情投入与自信，能由内而外的感染观众，引起观众的共鸣。

(四)完成情况的评分因素及标准

1. 技术技巧：指完美完成所有动作的能力

完成评判员对所有动作出现错误的减分标准，具体如下：

(1)小错误：稍偏离正确完成，每次扣0.1分。

(2)中错误：明显偏离正确完成，每次扣0.2分。

(3)大错误：较严重偏离正确完成，每次扣0.3分。

(4)严重错误：严重偏离正确完成，每次扣0.4分。

(5)失误：根本无法达到要求，无法清晰展示身体的位置，失去平衡(跌倒)，器械失误等，每次扣0.5分。

(6)身体姿态控制能力：在完成动作时始终保持身体正确姿态的能力。

(7)动作的力度：成套动作的力度、爆发力及肌肉耐久力。力度是通过动作快速准确到位的延伸制动控制来实现的，动作要松而不懈、力而不僵。

(8)动作的准确性：部位准确、技术规范、动作方向清楚且完美控制。开始与结束动作清晰明了。运动员的节奏感与动作的韵律性协调一致，完美体现动作的弹动与控制。

(9)动作的熟练性：动作技术娴熟、轻松流畅。

(10)动作的幅度：动作幅度要大，但要避免过伸动作和大幅度的反关节运动。

(11)器械使用的正确性、有效性及熟练性：不正确、不熟练、没有有效使用器械或只是将器械作为道具和装饰物的均应减分。

2. 一致性:作为一个整体完成动作的能力

(1)运动幅度:整体完成动作时的运动范围一致;

(2)运动强度:整体完成动作时均衡一致的运动能力;

(3)表演技巧:作为一个整体所具有的一致性表演技艺。

(五)评判长减分

1. 音乐问题

(1)时间不足或超过规定时间 5 秒内:减 0.5 分;

(2)时间不足或超过规定时间 10 秒外:减 1 分;

(3)音乐速度不符合要求:减 0.5 分;

(4)音乐质量差:最多减 0.5 分。

2. 出场

(1)运动员被叫到后 20 秒未出场:减 0.5 分;

(2)运动员被叫到后 60 秒未出场:弃权。

3. 运动员的着装仪容不符合规定:每次减 0.1 分

(1)露出身体的隐私部位;

(2)运动员没有着护体内衣;

(3)运动员运动中露出内衣;

(4)运动员怪异发型及肤色;

(5)运动员头发遮盖脸部;

(6)运动员发带和鞋带散开或脱落;

(7)男或女运动员的着装与仪表不协调一致。

4. 出界

每出现一次减 0.1 分。

5. 违例动作

每出现一次减 0.1 分。

为了保持健美操的特色,对不利于健身健美操发展的其他项目的表现形式,以及身体各关节过分伸展或过分弯曲的易损伤身体的动作应禁止使用。

(1)所有沿矢状轴或横轴翻转的动作。

(2)所有高于 30°的水平支撑动作。

(3)任何与身体的自然姿态完全相反的动作,如反背弓、背部挤压、膝转、足尖起及仰卧翻臀等。

(4)使用爆发性加速或减速动作,如抽踢等。

(5)任何马戏或杂技动作。

(6)抛接动作:抛是指由同伴抛起或借助同伴的力量弹起至腾空位置。腾空是指一个人未触及地面或同伴。根据以上原则,违例动作举例如下:

体操动作类:	艺术体操和舞蹈类:
桥	挺身跳
躯干后屈	劈叉后屈体跳
各种滚翻	结环跳
各种倒立	站立后搬腿劈叉
各种软翻、手翻、空翻	鹿结环跳
屈伸起	膝转、颈转、背转
托马斯全旋	水平旋转跳(旋子)
双腿全旋	
武术动作类:	其他:
侧踹	仰卧翻臀
抽踢	跪地足尖起

6. 任何轻器械与运动员的结合失误按下列情况减分

(1)界内脱离器械,原地拾回减 0.5 分;

(2)器械脱离至界外,拾回器械减 0.8 分;

(3)器械脱离至界外,运动员不拾回而继续做动作判为失去器械,减 1 分;

(4)任何伤害到其他运动员的器械使用或失误,被判为严重失误减 1 分。

三、纪律处罚

(一)警告

对以下情况给予警告:

1. 出现在禁止场地；

2. 不文明的举止；

3. 不尊重评判员和官员；

4. 非运动员举止。

(二)处罚

对无故弃权、罢赛、罢奖以及不服从裁决等违反体育道德行为者，取消名次、停赛一年及通报批评，并报上级主管部门备案。

四、特殊情况

1. 播放错音乐带；

2. 由于音响设备而出现的音乐问题；

3. 由于设备问题而出现的干扰，如停电、舞台坍塌等；

4. 运动员责任外的情况而引起的比赛中断或终止。

运动员在遇到以上情况发生时，应立即停止做动作，且成套动作结束后提出的抗议将不被接受。根据评判长的决定，运动员在问题解决后可重做，原先分数无效。

上述情况以外的问题，将由总评判长根据情况解决，总评判长的决定为最后决定。

五、专业评判委员会

(一)评判组的组成

1. 高级评判组：由总评判长 1 人、副总评判长 2 人组成。

2. 评判组：由评判长 1 人、艺术评判 4 人、完成评判 4 人、计时员 1 人、视线评判员 2 人组成。

3. 辅助评判员：记录长 1 人、记录员 2 人、检录长 1 人、检录员 2 人、放音员 1 人、播音员 2 人组成。

(二)评判委员会职责

1. 总评判长

(1)组织评判员学习，指导评判员赛前视评工作；

(2)主持技术会议，传达有关竞赛方面的决定，负责解释规则中的主要问题；

(3)指导和检查各评判组的工作；

(4)赛前5分钟召集评判员做好入场准备；

(5)宣布比赛成绩、名次。

2. 评判员

(1)临场执行评判员应来自不同单位；

(2)在竞赛中要严格依据竞赛规则独立评分；

(3)尊重并服从总评判长指挥，有权用适当方式在适当场合向总评判长提出意见。

3. 记录长

(1)协助总评判长做好赛前准备工作，检查各种竞赛用表及工作用具；

(2)根据技术会议有关规定，处理弃权、更换运动员的问题；检查各队参赛人员是否符合要求；

(3)组织记录员准备和填写各种竞赛用表，将各项目参赛运动员名单通知检录处、放音员、评判组；

(4)负责审核记录员计算、统计及填写的各种表格；

(5)将进入决赛的运动员名单及时通知检录处、放音员、评判组；

(6)将各项目比赛结果送交仲裁委员会和总评判长，经审核确认无误后，由总评判长签字生效，宣告成绩；

(7)协助竞赛处编写成绩册，整理各种资料和评分记录，送交竞赛委员会归档。

4. 记录员

(1)协助记录长准备各项竞赛表格，做好各项竞赛记录工作。负责抽签后填写“运动员各项目参赛表格”。

(2)熟练掌握计算方法，做到认真细致，计算迅速、准确无误，书写工整。

(3)及时向记录长送交进入决赛的运动员名单及决赛成绩。

(4)每个项目竞赛结束后请总裁判长在总记录表上签字。

(5)竞赛结束后，协助记录长整理、填写和装订各项成绩汇总表，做好归档工作。

5. 检录长

(1)熟练掌握竞赛程序，全面负责检录工作；

(2)指挥和检查检录员工作，保证运动员按时出场参加比赛；

(3)检查运动员服饰，发现问题及时给予纠正；

(4)指挥开幕式、颁奖及闭幕式的进退场工作。

6. 检录员

(1)服从检录长指挥，通知、组织各队进行决赛抽签；

(2)赛前20分钟进行赛前第一次点名，每隔5分钟点名一次，赛前10分钟集合运动员并讲解有关比赛的注意事项；

(3)发现有运动员弃权应立即通知记录长；

(4)竞赛开始或颁奖时，负责带领运动员入场或退场。

7. 视线员

(1)了解竞赛规则，比赛时观察运动员是否在规定场地内完成动作，对其越出场地的行为予以记录；

(2)比赛结束后，立即将填写的视线记录表送交总裁判长。

8. 放音员

(1)赛前抽签后负责收存比赛用光盘并根据比赛出场顺序进行编号；

(2)竞赛时在运动员准备动作完成后开始放音，运动员比赛成套动作结束时终止音乐；

(3)竞赛过程中，不得将光盘转借他人或复制，竞赛结束后及时将光盘归还运动员，不得丢失。

9. 计时员

(1)了解竞赛规则，牢记各单项比赛的规定时间和减分标准；

(2)熟练掌握计时器性能；

(3)竞赛时音乐响起时开始计时，动作结束，音乐结束后停表；

(4)若运动员成套动作不足或超时，及时通知总裁判长。

10. 报告员

(1)熟悉健美操竞赛规则及健美操特点，并具有一定语言表达能力；

(2)介绍仲裁委员会、总裁判长、副总裁判长、裁判员及记录长；

(3)宣布竞赛开始和结束，介绍每一比赛单元的竞赛内容及出场顺序，通知入退场；

(4)介绍健美操基本知识及竞赛特点；

(5)适当介绍运动员(运动队)的基本情况。

六、评分指南

(一)艺术评判评分指南

艺术评判的评分是针对任何有艺术价值的编排给予加分评价。

根据运动员成套动作做到规则要求的百分比，给予评价。

1. 做到该评分点 80%～100%为优秀，给予该项 80%～100%的分数(如该项分数为 1 分，即给予 0.8～1.0 分)；

2. 做到该评分点 40%～80%为好，给予该项 40%～80%的分数(如该项分数为 1 分，即给予 0.4～0.8 分)；

3. 做到该评分点 40%以下为差，给予该项 0%～40%的分数(如该项分数为 1 分，即给予 0～0.4 分)。

(二)完成评判评分指南

完成评判的评分是对所有动作的完成情况进行评分，对偏离完美完成的动作予以减分。

1. 技术技巧的评判依据

根据运动员在成套动作完成时所出现的身体形态、标准位置、步伐的规范性以及手臂和手形(操化)的完成情况进行评判。

(1)身体姿态的评判：全部动作必须表现出正确的形态和身体的标准位置。

① 躯干、后背和骨盆的稳定性及腹肌的收缩；

② 上体的标准位置、颈部的姿态、肩与颈相对于脊椎的位置关系；

③ 双脚相对于踝关节和髋关节的标准位置关系；

④ 全部关节的标准位置形态。

(2)弹动技术的评判：步伐动作完成时要充分体现髋、膝、踝三关节的合理屈伸以及始终保持身体重心的节律性起伏。

(3)基本步伐的技术评判

运用到竞技健美操描述到的七个基本步伐时，必须符合技术标准。

① 踏步：传统的低强度步伐，要求脚尖过渡到脚后跟落地缓冲，两脚尖平行方向朝前。

② 后踢腿跑：相对于踏步是高强度动作，要求髋和膝在一条线上，脚尖过渡到脚后跟落地缓冲。

③ 弹踢腿跳：膝关节和髋关节运动要有控制的延伸，脚尖绷直，要求屈膝落地缓冲。

④ 吸腿跳：上体正直吸腿，屈膝时大小腿夹角保持 90°，脚尖绷直，由脚尖过渡到脚后跟落地缓冲。

⑤ 踢腿跳：上体正直，直腿向前或向侧高踢腿，脚尖绷直，支撑腿可轻微弯曲。

⑥ 开合跳：分腿时，髋部外开，屈膝缓冲，膝关节弯曲的方向与脚尖方向相同，并腿时脚可平行落地或外开。

⑦ 弓步跳：上体正直，重心在两腿之间，两脚尖向前并平行，膝关节的投影点不能超过脚尖，脚后跟可以不着地。

有氧操动作组合所涉及的十四个基本步伐也必须符合相应的动作技术标准。

(4)手臂和手型的技术评判

手臂动作定位准确、位置清晰，身体方向(面)准确，手型标准，方向正确。

表 10－1 减分举例

举 例	减 分
1. 不正确的身体标准位置	最多减 0.5(整套动作)
2. 不正确的下肢关节标准位置 如：弓步跳时膝关节投影点超过脚尖	减 0.1(每出现一次)
3. 开始、结束动作不清楚	减 0.1(每出现一次)
4. 吸腿跳大腿未水平	减 0.1(每出现一次)
5. 落地缓冲时膝关节僵直	减 0.1(每出现一次)
6. 弓步时两腿未平行	减 0.1(每出现一次)
7. 手臂位置不准确	减 0.1(每出现一次)
8. 手臂动作无控制	减 0.1(每出现一次)
9. 无控制的膝关节屈伸	减 0.1(每出现一次)

2. 一致性的评判

(1)集体完成动作时的动作方向、路线、幅度及力度等出现不一致，每出现一次扣 0.1 分；

(2)队形变化时，个别运动员移动不准确、到位不迅速，每出现一次扣 0.1 分；

(3)所有运动员完成动作时的动作强度应保持均衡一致，否则每出现一次的扣 0.1 分；

(4)所有运动员应具有一致的表演技巧，否则每出现不一致一次扣 0.1 分。

3. 完成评判员对所有动作出现错误的减分标准：

(1)小错误：稍偏离正确完成，每次扣 0.1 分；

(2)中错误:明显偏离正确完成,每次扣 0.2 分;

(3)大错误:较严重偏离正确完成,每次扣 0.3 分;

(4)严重错误:严重偏离正确完成,每次扣 0.4 分;

(5)失误:根本无法达到要求、无法清晰的身体位置、失去平衡(跌倒)及器械失误等问题,每次扣 0.5 分。

各单位在组织竞赛时,可以用中国学生健身健美操评分规则做指导,制定符合实际水平的竞赛规程和评分规则。

第十一章 健 美

一、简述

健美运动又称“健身运动”，是根据人体解剖学、运动生理学、运动医学和人体美学等原理，通过运用各种特制的健身组合器以及徒手、哑铃、杠铃等其他轻器械，对不同性别、年龄、职业、体质、体型的人进行科学而系统的训练，按健美体格的标准来发达各部位的肌肉群，达到增强体质、发展力量、改善体型和陶冶情操的目的的运动项目。可以说健美运动是一项以塑造人体美为主的体育运动。

在长期的实践过程中，健美运动逐步发展成为独立的体育运动和竞技性比赛项目。目前，国际上每年都要举办一次业余健美锦标赛。自 1983 年开始，我国每年举办一届全国性健美比赛。

二、健美竞赛规则

(一)健美竞赛级别及特别奖项

1. 健美竞赛组(级)别

(1)男子成年组(21 周岁以上)

① 羽量级：体重 60 公斤以下(含 60 公斤)；

② 雏量级：体重 60.01～65 公斤；

③ 轻量级：体重 65.01～70 公斤；

④ 次中量级：体重 70.01～75 公斤；

⑤ 轻中量级：体重 75.01～80 公斤；

⑥ 中量级：体重 80.01～85 公斤；

⑦ 轻重量级:体重 85.01～90 公斤;

⑧ 重量级:体重 90 公斤以上。

(2)女子成年组(21 周岁以上)

① 羽量级:体重 46 公斤以下(含 46 公斤);

② 雏量级:体重 46.01～49 公斤;

③ 轻量级:体重 49.01～52 公斤;

④ 次中量级:体重 52.01～55 公斤;

⑤ 中量级:体重 55.01～58 公斤;

⑥ 重量级:体重 58 公斤以上。

(3)男子青年组(21 周岁以下)

① 轻量级:体重 65 公斤以下(含 65 公斤);

② 中量级:体重 65.01～70 公斤;

③ 次中量级:体重 70.01～75 公斤;

④ 重量级:体重 75 公斤以上。

(4)女子青年组(21 周岁以下)

① 轻量级:体重 49 公斤以下(含 49 公斤);

② 中量级:体重 49.01～52 公斤;

③ 重量级:体重 52 公斤以上。

(5)男子元老组(45 周岁以上)

① A 组:45～50 周岁;

② B 组:50 周岁以上。

(6)女子元老组(35 周岁以上)

① A 组:35～40 周岁;

② B 组:40 周岁以上。

(7)各组别的年龄界定

以出生年月日为准。

2. 健美特别奖评选项目

(1)最佳健美表演奖;

(2)最佳小腿肌奖(男);

(3)最佳腹肌奖(女);

(4)进步最快奖。

(二)健美竞赛

1. 健美运动员级别调整及更换

(1)当运动员需要做级别调整时,必须在称量体重前由领队或教练员提交书面申请;

(2)当参赛运动员需做更换时,必须在称量体重前由领队或教练员提交书面申请。

2. 健美运动员称量体重与抽签

(1)运动员必须在赛前一天称量体重。

(2)运动员称量体重时必须着比赛服装,并由裁判长检查比赛服装。

(3)称量体重顺序为:先女后男;先轻后重。

(4)运动员体重与原报名级别不符时,允许在 30 分钟内重复称量。若在规定时间内仍未达到规定体重,则取消该级别比赛资格。若体重超过原报名级别,如本人自愿,可升级比赛。

(5)运动员体重已与原报名级别相符时,不得降级或升级比赛。

(6)未能在规定时间内称量体重的运动员,不得参加比赛。

(7)参赛签号牌应在称量体重合格后,由运动员本人抽取。

(8)比赛时,签号牌应牢固地佩戴在赛裤的左上方,无签号牌者不得参加比赛。

3. 健美运动员服饰

(1)男运动员穿单色赛裤;

(2)女运动员穿单色比基尼赛服;

(3)参加男女混合双人比赛的运动员,其赛服必须一致;

(4)禁止运动员在比基尼赛服内使用垫衬物,赛裤必须包臀;

(5)禁止运动员穿鞋、袜、贴胶布、扎绷带、佩戴装饰品、咀嚼食物等;

(6)比赛中，检录长有权检查运动员的赛服。对赛服不符合规定的运动员，裁判长有权取消其比赛资格。

4. 健美运动员着色与擦油

(1)允许使用人工着色剂，但不得有任何勾画；

(2)允许参赛运动员擦抹植物油、润肤膏，但用量必须适度。

5. 健美竞赛动作

(1)自然站立

运动员自然站立，吸腹挺胸，头部正直，两眼平视，两臂自然下垂于体侧，身体各部位肌肉不得故意收缩，从前后左右四个方位展示体形。

(2)竞赛规定动作

① 前展肱二头肌(图 11-1)

面向裁判员自然站立，吸腹成空腔，抬起两臂，弯曲肘部略高于肩，两手握拳，屈腕，用力收缩肱二头肌及全身肌肉。

② 前展背阔肌(图 11-2)

图 11-1 前展肱二头肌

图 11-2 前展背阔肌

面向裁判员自然站立，吸腹成空腔，两手握拳置于腰部，用力收缩背阔肌及全身肌肉。

③ 侧展胸部(图 11-3)

侧向(以右侧为例)裁判员自然站立，右腿屈膝，前脚掌着地，吸腹挺胸，左手握住右手腕，屈肘，用力收缩胸部及全身肌肉。

④ 后展肱二头肌（图 11-4）

背向裁判员自然站立，一腿后移，屈膝，前脚掌着地，抬起两臂，弯曲肘部略高于肩，两手握拳，屈腕，用力收缩肱二头肌及全身肌肉。

图 11-3　侧展胸部

图 11-4　后展肱二头肌

⑤ 后展背阔肌（图 11-5）

背向裁判员自然站立，一腿后移，屈膝，前脚掌着地，吸腹含胸，两手握拳置于腰部，用力收缩背阔肌及全身肌肉。

⑥ 侧展肱三头肌（图 11-6）

侧向（以右侧为例）裁判员自然站立，左腿后移，屈膝，前脚掌着地，右臂垂于体侧，左手经体后握住右手腕，用力收缩肱三头肌及全身肌肉。

⑦ 前展腹部和腿部（图 11-7）

面向裁判员自然站立，一腿前伸，身体重心置于后腿，屈膝，双手置于头后，用力收缩腹部、腿部及全身肌肉。

图 11-5　后展背阔肌

图 11-6　侧展肱三头肌

图 11-7　前展腹部和腿部

(3)女子个人竞赛五个规定动作

女子前展肱二头肌(图 11-8)、侧展胸部(图 11-9)、后展肱二头肌(图 11-10)、侧展肱三头肌(图 11-11)及前展腹部和腿部(图 11-12)的动作规格同男子个人竞赛规定动作。

图 11-8　前展肱二头肌

图 11-9　侧展胸部

图 11－10　后展肱二头肌

图 11－11　侧展肱三头肌

图 11－12　前展腹部和腿部

(4)男女混合双人竞赛五个规定动作

前展肱二头肌(图 11－13)、侧展胸部(图 11－14)、后展肱二头肌(图 11－15)、侧展肱三头肌(图 11－16)、前展腹部和腿部(图 11－17)。其动作规格同女子个人竞赛规定动作。

图 11－13　前展肱二头肌

图 11－14　侧展胸部

图 11-15　后展肱二头肌

图 11-16　侧展肱三头肌

图 11-17　前展腹部和腿部

(5)自由造型

① 造型:应从前、后、左、右、上、下等方位展示身体各部位肌群和体形。

② 动作数量:男子不得少于 15 个,女子不得少于 20 个。每个造型应有停顿。

③ 造型时间:男子个人为 60 秒;女子个人为 90 秒;男女混合双人为 120 秒。

6. 健美运动员自由造型音乐

(1)参加半决赛和决赛的运动员须在半决赛或决赛名单宣布 15 分钟内,同时将音乐带(盘)交给放音员。

(2)自备音乐必须录在磁带 A 面或光盘开头;若无自备音乐,由大会提供备用音乐。

(3)大会提供集体不定位自由造型音乐。

7. 健美竞赛计分方法与名次评定

(1)预赛评选方法

① 预赛采取以打“×”号的方式入选运动员,“×”号多者进入半决赛。

② 每一级别参加半决赛运动员不得超过15人。如遇参加预赛运动员不足15人时,直接进入半决赛;不足6人参赛时,直接进入决赛。

③ 在统计和入选参加半决赛15名运动员时,当最后两名或两名以上运动员入选“×”号数相等,应再进行比较淘汰,直至选定为止。

(2)半决赛内容与评分

① 半决赛内容:自由造型和规定动作的比较评分。

② 评分形式:经自由造型和规定动作的比较,评出每位运动员的得分,即第一名为1分,第二名为2分,依此类推。

③ 计分方法

A. 在统计运动员得分时,若设15位裁判员评分,应去掉3个最高分和3个最低分,将其余9位裁判员的分值相加,即为该位运动员半决赛得分。

B. 在统计运动员得分时,若设9、11、13位裁判员评分,应去掉2个最高分和2个最低分,将其余裁判员的分值相加,即为该位运动员半决赛得分。

C. 在统计运动员得分时,若设5、7位裁判员评分,应去掉1个最高分和1个最低分,将其余裁判员的分值相加,即为该运动员半决赛得分。

(3)决赛内容与评分

① 决赛内容:自由造型、规定动作和集体不定位自由造型。

② 评分形式:经自由造型、规定动作和集体不定位自由造型的比较,评出每位运动员的得分,即第一名为1分,第二名为2分,依此类推。

(4)决赛总分的计算与方法

将决赛运动员的半决赛和决赛得分相加，即为该运动员的决赛总分。分值小者名次列前。如遇决赛总分相等时，以在决赛中小分值多者名次列前；仍相等，以半决赛中小分值多者名次列前。不允许出现相同的名次。

第十二章 体育舞蹈

第一节 竞赛组织方法

一、制定竞赛规程

竞赛规程和裁判规则是进行比赛的法规性文件，具有权威性和指导性。制定规程要依据竞赛的目的、任务、经济实力和竞赛的诸多条件来确定各项具体内容。规程应内容严谨、概念清楚且文字表达正确简练。竞赛规程、竞赛通知和报名表应在赛前3个月至半年发至有关单位。竞赛规程内容包括：

（一）主办单位

（二）承办单位

（三）比赛日期、地点

（四）比赛项目

1. 摩登舞系列；

2. 拉丁舞系列；

3. 团体舞：摩登组、拉丁组。

（五）参赛办法

1. 主办单位将规程发至有关单位，并按本规程规定组队；

2. 各单位领队教练限定人数；

3. 选手应有的身份证明。

（六）竞赛办法

1. 竞赛规则；

2. 音乐设置；

3. 赛次设置；

4. 裁判聘请。

(七)录取名次及奖励

1. 各组别录取名次及奖品(奖杯、证书、奖品、奖金);

2. 参赛者的纪念品。

(八)费用

1. 报名费:含单项参赛选手、双项选手和团体舞选手。

2. 其他费用:各队差旅、市内交通、食宿及医疗费用处置方法。

(九)报名与报到

1. 报名表一式两份,回寄地址、联系人、电话及邮编等说明。

2. 报名时间:含截止日期。

3. 报到时间、地点和要求。

(十)其他

1. 跨组处理;

2. 各组选手的晋级要求及违规处罚;

3. 丙组、常青组男女的年龄要求和身份证明;

4. 以赞助厂商为命名的代表队时应注明;

5. 对无故不参赛的队和个人的处理;

6. 团体舞比赛赛次及录取名次(参赛队不足6队、含6队时的录取名次);

7. 各队赞助单位的广告宣传、队服、绶带、队旗的要求及联系手续。

二、组织机构与任务

(一)组织机构

根据比赛规模,建立相应健全的组织机构。充分发挥机构的作用是完成比赛的保证。比赛规模一般可分大、中、小型三种,大型比赛组织机构如图12-1所示。

中小型比赛可酌情缩小,按照实用原则因事设组。

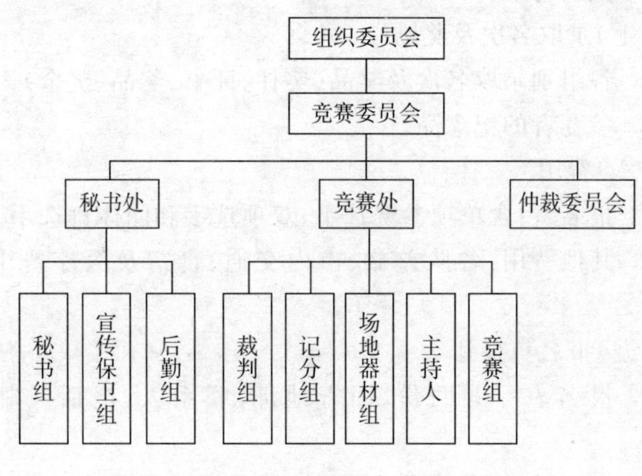

图 12-1　竞赛组织机构

（二）各部门工作

1. 组织委员会

组织委员会由包括政府部门在内的各方有影响的人士、参赛各队领队及各部门主要负责人组成。可设主任、副主任、秘书长和若干委员，下设竞赛委员会。

2. 竞赛委员会

竞赛委员会负责竞赛的全面工作。处理日常事务，检查下属和部门的工作情况，处理和决定有关比赛的重大问题。

3. 秘书处

秘书处负责竞赛以外的一切工作，下设秘书、宣传保卫和后勤三个组。

（1）秘书组：负责文件、联络、人事等竞赛委员会的日常事务。

（2）宣传保卫组：负责竞赛期间的政治思想教育、宣传报道、安全工作、环境美化及广告等。

（3）后勤组：负责接待、膳食、住宿、交通、医务、服装、财务开支等工作及有关行政事务。

4. 竞赛处

竞赛处下设裁判组、记分组、场地器材组、主持人和竞赛组，主要负责赛前分发竞赛规程、编制秩序册、编制竞赛编排、竞赛人员的培训和抽签、落实场地器材和音响灯光等。比赛过程中应与下属各组保持密切联系，保证比赛在公平竞赛的状态下正常运行，及时处理比赛中的各种问题。赛后及时公布成绩，进行总结，做好各种善后工作。

5. 仲裁委员会

由体育舞蹈界著名人士、技术官员和裁判长组成，处理比赛中提出的申诉和问题。

三、编排记录

(一)编排原则

1. 符合规程和规则，符合国际惯例，简便实用；

2. 有利于公平竞争；

3. 有利于选手发挥技术，有利于裁判和记分的正确实施；

4. 便于观众欣赏。

(二)竞赛方案

1. 核实报名单，确定选手背号

赛前认真核实参赛队数、选手对数及选手资格；根据秩序册各队前后顺序确定选手背号，每对一个号码。职业组与其他组选手号码应分开，为编制竞赛方案做好准备。

2. 制订竞赛编排

(1)根据参赛对数确定各组别分组。

(2)根据分组确定赛次和各赛次录取和淘汰对数。各赛次参赛对数一般为决赛 6 对，半决赛 12 对，第二预赛 24 对，第一次预赛 48 对。

(3)计算竞赛总时间，制订编排表。

3. 制订竞赛顺序

(1)根据竞赛日程、比赛时间和大会安排，制订各场次竞赛顺序。

(2)编制中应注意：

① 各场次中包括各组别比赛；

② 摩登舞和拉丁舞交叉编排；

③ 保证参加双项舞的选手有充分的换装时间；

④ 赛中和赛末穿插表演；

⑤ 留出表演和加赛时间；

⑥ 有起伏、有高潮，精彩比赛放在最后。

(3)制订各场次竞赛顺序细表，并发至记分组、主持人、音响及裁判长等处。

4. 制订抽签和公布成绩方法

(1)抽签

大型比赛每对选手由领队代理进行抽签，抽签程序一般据编排表制订抽签大表。抽签方法：

① 用扑克牌不同花色按组别各队轮流抽签。

② 预先制作签牌，由各领队抽本队各组别签牌。如条件允许，也可采用将种子选手至各组和抽签相结合的方式。抽签结束后应向全体选手公布，确定参赛各组别选手的对数和号码。

(2)公布成绩

公布成绩一般采用公布竞赛表格和抽签大表上划除淘汰选手号码的方式，决赛后应公布各组决赛成绩名次表。公布成绩是选手最关心的工作，也是记分组工作效率的表现，应做到及时、准确和有透明度。

5. 编制秩序册

秩序册是比赛的象征和指南，封面设计鲜明、美观和有特色，内容简明准确，突出比赛。可附加精美的舞蹈插图、人物介绍及专项宣传等，广告宣传宜放在适当位置。在赛前必须将秩序册发给各队及大会有关人员。

秩序册内容有：

(1)比赛通知、规程及上级主管部门有关指示(包括裁判员守则和运动员纪律)；

(2)组委会及下属各机构名单；

(3)裁判员名单；

(4)各队名单；

(5)大会活动日程；

(6)比赛日程及顺序；

(7)插图及宣传广告资料。

四、场地、灯光和音响

(一)场地

体育舞蹈场地为 23 米×15 米，一般采用塑料地板拼接而成，应不反光，防滑，平整，四周有界线。

(二)灯光

各类灯光齐备，大小、色彩、图案和追光等能及时变化，适于比赛表演等各种用途。

(三)音响

采用专业音响设备，配备两名以上专业人员来保持与主持人、选手的密切配合。决赛时每曲 2 分 30 秒，其他比赛时每曲不少于 1 分 30 秒。

五、记分

记分工作与裁判员和选手紧密相关，快速、准确和及时反馈是最基本要求。记分人员应头脑清楚、沉着、反应敏捷、组织纪律性强。记分工作应准备充分，记分方法和人员配备上有补充准备。

(一)赛前准备

1. 文具和复印机；

2. 培训记分员、跑分员、举分员；

3. 制作表格(国外评委应发外文表格)；

4. 与裁判商定记录符号；

5. 确定最佳人员分组及计算方法。

(二)赛中

1. 提前发出联络表,及时回收评分表,公布比赛成绩;

2. 保证每组评分表的复核;

3. 尽量不和选手、教练、领队接触,记分组外不议论裁判打分、记分情况;

4. 查分必须通过仲裁和裁判长签字,交纳手续费,允许查看,不允许抄录或复制;

5. 拒绝一切改变竞赛编排的不正当请求。

(三)赛后

1. 立即将竞赛成绩发至各单位;

2. 整理资料留档。

第二节　竞赛特点

一、体育舞蹈竞赛特点

由于体育舞蹈是从文艺转变而来的项目,因此表现在竞赛上既有文艺痕迹又具有体育特点。

(一)主持人制

体育舞蹈比赛自始至终在主持人的指挥和控制下运行。主持人既是司仪、广播员,又是宣传鼓动员、观众代言人,是场上的中心人物。

(二)比赛和表演结合

体育舞蹈比赛之前,中间或结尾经常穿插国内外优秀选手的表演,使比赛更加丰富多彩、气氛热烈,也使裁判、选手和记分组工作人员得以休息和重新准备。

(三)"淘汰"与"顺位"结合的比赛方法

1. 淘汰法

体育舞蹈比赛从预赛至半决赛采用淘汰制比赛方式,即根据竞赛编排从参赛人数中按规定录取定量选手进入下一轮比赛,淘汰其余选手。

2. 顺位法

体育舞蹈比赛决赛采用顺位法决定单项和全能的名次,即将决赛时评委给选手打的各舞名次通过顺位排列的方法计算名次。

(四)评分特点

体育舞蹈评议时每个评委在1.5～2.5分钟的时间内要从6～20多对选手中确定人选名单或名次顺序,这要求评委精力集中,业务熟练,眼光敏锐,反应迅速,判断正确。

二、组别、舞系和舞种

(一)组别

比赛通常设:

1. 职业组;
2. 职业新人组;
3. 甲组(公开、新人);
4. 乙组(公开、新人);
5. 丙组(男45岁以上,女35岁以上);
6. 常青组(男55岁以上,女55岁以上);
7. 少年组(10～16岁);
8. 儿童组(9岁以下);
9. 团体舞蹈(成人、少年)。

(二)舞系

舞系分为摩登和拉丁两大类。目前国内除少年、儿童两组只设拉丁类外,其他各组别都设两类。

(三)舞种

国内比赛见表12-1所列。

表 12－1　国内体育舞蹈比赛分组及参赛舞种

		职业	职业新人	甲	乙	少年	儿童	丙	常青	团体舞
参赛舞项数	预赛	4	4	4	3	3	3	2	2	5
	半决赛	4	4	4	—	—	—	—	—	—
	决赛	5	5	5	3	3	3	2	2	5
摩登舞	华尔兹(W)	√	√	√	√			√	√	
	探戈(T)	√	√	√	—			√	√	
	维也纳华尔兹(VW)	√	√	√	—			—	—	
	狐步(F)	√	√	√	√			—	—	
	快步(Q)	√	√	√	√	√		—	—	
拉丁舞	桑巴(S)	√	√	√	√			—	—	
	恰恰恰(C)	√	√	√	√	√	√	√	√	
	伦巴(R)	√	√	√	√	√	√	√	√	
	斗牛(D)	√	√	√	—		—	—		
	牛仔(J)	√	√	√	—	√	√	√	—	

其他舞协在职业、职业新人、甲组和乙组等组别上各舞的设置及排列顺序有所不同。

第三节　裁判工作

一、裁判

(一)裁判资格

裁判(评委)要严肃、认真、公正、准确地做好评判工作，必须具有良好的业务能力和道德品质。世界比赛的专业裁判是由英国皇家舞蹈教师协会考核审定的。按等级分为三种不同资格：

1. 学士资格

必须掌握5种舞蹈的50个以上的动作组合。

2. 会士资格

必须掌握5种舞蹈的100个以上的动作组合。

3. 范士资格

必须掌握10种舞蹈的100个以上的动作组合，并兼有考官资格。

某些国家规定，在全国比赛专业组获得第一、二名的选手可以担任评委。

（二）裁判组的组成及工作

裁判组通常设裁判长一名，裁判员若干名。上场裁判必须是单数，全国性、国际大赛设裁判员7～11名。裁判姓名用英文字母A、B、C、D……代表。

1. 赛前裁判长指定裁判代用字母，宣布裁判轮换方法，提出注意事项。

2. 由裁判长指派裁判位置，根据裁判人数和字母顺序按逆时针方向等距排开位置。赛中裁判可以离位移动观察选手动作，但在评判下一组选手前应回到原位。

3. 评判前裁判应在评分表裁判字母上圈上代号，并核对上场选手的背号，必要时裁判长应逐一宣布选手背号。

4. 评判时，裁判员应快速、准确判定选手情况，决定取舍，按预定要求作出记号并签字，将评分表交给跑分员。

5. 裁判长应注意比赛节奏，善于改进比赛各环节的联系，防止意外事故发生。

（三）裁判职责

1. 裁判长职责

裁判长应负责整个比赛评判工作的公正、准确和对违章裁判员的处理，应及时解决赛场上出现的问题，并向上级汇报。

（1）赛前召开裁判会议，宣布裁判纪律，统一评分观点，结合规则研究评分细则，观看选手练习，确定赛场裁判的替换方法。

(2)赛中负责比赛的正常运行，检查裁判是否公正准确，监督各舞种评分标准的执行情况。如果出现问题有权暂停比赛，召集临时会议，并调整记分组与裁判的配合，检查最后记分结果。

(3)赛后召开裁判会议，总结比赛和评判情况，写出书面报告交给上级主管部门，并对裁判员做工作鉴定。

2. 裁判员职责

裁判员应具有良好的职业道德和精湛的业务能力，具有国际或国内的裁判等级和资格证书；熟悉竞赛规程和裁判法，通晓音乐，具备良好的身体素质，文明礼貌，颇有风度。

(1)赛前：准时报到，按时参加裁判会议，认真研究评分细则，观看选手练习。

(2)赛中：准时到达赛场，做好赛前准备工作；根据选手临场表现客观评判并签名；与跑分员、举分员密切配合，出现问题及时向裁判长报告；与裁判组外人员接触时不议论评判情况；休息时不远离赛场，随时准备上场替换。

(3)赛后：自我小结，参加裁判总结。

二、评判

(一)评判要素

1. 基本技术

(1)足部动作；

(2)姿态；

(3)平衡稳定；

(4)移动。

2. 音乐表现力

(1)节奏；

(2)风格的理解和体现。

3. 舞蹈风格

(1)细微区别各种舞种之间的风格、韵味;

(2)个人风格的展现。

4. 动作编排

(1)动作流畅新颖,运用自如;

(2)能体现舞种的基本风韵并有一定技术难度;

(3)动作与音乐密切配合,发挥音乐效果;

(4)编排有章法,充分利用场地。

5. 临场表现

(1)赛场上的应变能力;

(2)良好的竞技状态,专注、自信且能自我控制临场发挥。

6. 赛场效果

即舞者的风度、气质、仪表及出入场的总体形象。

在六要素中,前三项主要指选手的技艺品质,后三项是选手的艺术魅力。在第一、二次预赛中裁判着重于前三条要素,在半决赛时着重于后三条要素的评判,在决赛中应全面地评价选手各项要素的完成情况。

(二)比赛场地与服装

1. 比赛场地长 23 米,宽 15 米。选手按逆时针方向运行,交换舞程线时应过中心线。

2. 比赛服装规定摩登舞男子穿燕尾服,女子穿不过脚踝的长裙。拉丁舞服装应有拉美风格,男女选手服装必须协调,男选手穿紧身裤或“萝卜”裤,上身穿宽松式长袖衣;女子穿露背、露腿的短裙;男女舞鞋应与服装颜色一致。摩登舞男子一般穿黑色舞鞋,女子穿 5～8 厘米的高跟船鞋,鞋面可加镶嵌亮饰。男子拉丁舞鞋同摩登舞鞋,女子穿高跟有襻凉鞋,鞋可加亮饰。

3. 男子可留分头,头发前不遮耳、后不过领,不能留长发长须;女士为短发或长发盘髻,可加头饰,不可披长发。

服装的样式、色彩随时代发展在不断变化。

4. 专业选手背号为黑底白字，业余选手背号为白底黑字。

(三)对选手的规定

1. 不许在同类舞场中交换舞伴；

2. 准时入场，违者按弃权论处；

3. 编组后不能改变组别；

4. 摩登舞比赛男女必须交手跳舞，拉丁舞比赛不许做托举上肩、跪腿等动作。

第四节　计　分

体育舞蹈的记分方法以 Skating System(顺位法)为依据。从 1947 年沿用至今，这期间逐渐增加了一些条文，使记分方法日趋完善，发展成现在的记分规则。

所谓顺位法是指决赛名次产生的方法，即将决赛时评委给选手打的名次通过顺位排列的方法计算单项和全能名次。

一、计分程序

(一)计分员将单项舞评分单上各裁判打“√”的记号记入预赛、半决赛用的淘汰表，按“√”数多少和规定名额录取下轮比赛选手。

(二)将决赛单项舞评分单上各裁判判定名次记入顺位表，再把各单项舞成绩顺位核计，算出选手单项舞名次。

(三)将单项舞名次数相加，依数值由小到大排出 1～6 名摩登舞或拉丁舞名次。

二、计分规则

(一)单项舞顺位规则

1. 在各顺位上领先获得过半数裁判判定的选手便获得该顺位的名次。

说明：在表 12－2 中 11 号选手在第一顺位获 3 个第 1 名，超过裁判半数，为第 1 名；21 号选手在第二顺位获 3 个名次(2、2、1)为第 2 名。以下类同，计分后划去空白位次。

表 12－2　单项顺位表(一)

背号	裁判员					顺位						名次
	A	B	C	D	E	1	1－2	1－3	1－4	1－5	1－6	
11	1	5	1	1	2	3	—	—	—	—	—	1
21	2	2	5	4	1	1	3	—	—	—	—	2
31	3	3	3	2	3	—	1	5	—	—	—	3
41	4	4	2	3	4	—	1	2	5	—	—	4
51	5	1	4	5	5	—	1	1	2	5	—	5
61	6	6	6	6	6	—	—	—	—	—	5	6

2. 在同一顺位上有两对以上选手获过半数，则按数值多少决定名次，多者名次列前。

表 12－3　单项顺位表(二)

背号	裁判员					顺位						名次
	A	B	C	D	E	1	1－2	1－3	1－4	1－5	1－6	
12	1	1	1	4	4	3	—	—	—	—	—	1
22	3	2	2	1	1	2	4	—	—	—	—	2
32	2	5	5	2	2	—	3	—	—	—	—	3
42	4	3	4	5	3	—	—	2	4	—	—	4
52	5	4	3	3	5	—	—	2	3	—	—	5
62	6	6	6	6	6	—	—	—	—	—	5	6

说明：在表 12－3 中 22 号和 32 号选手都在“第二顺位”上

获得过半数，但4＞3所以22号为第2名。同样在第四顺位上42号获第4名。

3. 在同顺位上出现相等数时，则将顺位数相加，并用括号表示，积数少者名次列前。

表12-4 单项顺位表(三)

背号	裁	判	员			顺		位				名次
	A	B	C	D	E	1	1—2	1—3	1—4	1—5	1—6	
13	1	1	1	5	5	3	—	—	—	—	—	1
23	2	2	5	1	4	1	3(5)	—	—	—	—	2
33	3	5	2	2	2	—	3(6)	—	—	—	—	3
43	4	3	4	6	1	—	—	3(7)	—	—	—	4
53	5	4	3	3	3	—	—	3(9)	—	—	—	5
63	6	6	6	4	6	—	—	—	1	1	5	6

说明：在表12-4中23号与33号在“第二顺位”数值相等，但22号顺位积数为2＋2＋1＝5，小于33号积分6，名次列前。同样43号7＜9为第4名。如果出现括号内积数相等情况，则降下一位次计算，直到得出名次为止。举例见表12-5所例。

表12-5 单项顺位表(四)

背号	裁	判	员			顺		位				名次
	A	B	C	D	E	1	1—2	1—3	1—4	1—5	1—6	
14	2	1	5	1	1	3	—	—	—	—	—	1
24	1	2	2	5	5	1	3(5)	3(5)	3(5)	5	—	2
34	5	6	1	2	2	1	3(5)	3(5)	3(5)	4	—	3
44	3	3	3	3	6	—	—	4	—	—	—	4
54	4	4	4	6	4	—	—	—	4	—	—	5
64	6	6	6	4	3	—	—	1	2	3	—	6

4. 在第一顺位上所有选手未获过半数，则降下位计算，直至出现过半数为止。

表 12－6　单项顺位表(五)

背号	裁判员					顺位						名次
	A	B	C	D	E	1	1—2	1—3	1—4	1—5	1—6	
15	1	1	3	2	3	2	3					1
25	6	5	4	1	1	2	2	2	3(6)			2
35	2	4	1	5	5	1	2	2	3(7)			3
45	4	2	5	6	2		2	2	3(8)			4
55	5	6	2	3	4		1	2	3(9)			5
65	3	3	6	4	6			3	3(10)			6

说明：在表 12－6 中 15 号选手在“第二顺位”获过半数为第 1 名，其余选手在“第三顺位”均未获过半数，降至第四位时出现过半数，但数值相等，则依据规则 3 决出名次。

(二)全能顺位规则

1. 将总分顺位表的单项名次相加，按合计数的大小，排列选手名次，数小的名次列前。举例见表 12－7 所列。

表 12－7　全能顺位表(一)

舞种 / 背号	华尔兹 (W)	探戈 (T)	狐步 (F)	快步 (Q)	合计	名次
16	1	2	2	2	7	1
26	3	1	1	4	9	2
36	2	3	3	3	11	3
46	4	4	4	1	13	4
56	5	5	5	6	21	5
66	6	6	6	5	23	6

2. 如果名次合计数相等,则看获得顺位次数多少,多的名次列前。

表 12-8 全能顺位表(二)

舞种 背号	华尔兹 (W)	探戈 (T)	狐步 (F)	快步 (Q)	合计	名次
17	1	1	2	5	9	1
27	3	3	1	2	9	2
37	2	5	4	4	15	3
47	4	2	3	6	15	4
57	6	6	5	1	18	5
67	5	4	6	3	18	5

说明:在表 12-8 中 17 号与 27 号选手合计数相等,17 号有两个第一,27 号有一个第一,则 17 号为第 1 名。37 号和 47 号比较 1~3 顺位,47 号有两次为第 3 名。57 号与 67 号比 1~5 顺位,67 号有 3 次为第 5 名。

3. 如果合计数、顺位次数都相等,则看顺位积数为多少,少的名次列前。

表 12-9 全能顺位表(三)

舞种 背号	华尔兹 (W)	探戈 (T)	狐步 (F)	快步 (Q)	合计	名次
18	2	2	2	4	10	1
28	1	1	6	5	13	2
38	6	3	1	3	13	3
48	4	4	4	1	13	4
58	3	5	3	2	13	5
68	5	6	5	6	22	6

说明:在表 12－9 中

(1)28、38、48、58 号在 1～2 顺位中只有 28 号有两次,故为第 2 名;

(2)38、48、58 号在 1～3 顺位中,38 号和 58 号各有 3 次,但 38 号积分 7,小于 58 号积分 8,故为第 3 名;

(3)48、58 号在 1～4 顺位中,48 号顺位次为 4,58 号顺位次为 3,则 48 号为第 4 名,58 号为第 5 名。

注意:在评定第 3 名次时不可同时给出第 4 名次的结论,否则容易出错。

4. 如果合计数、顺位次数和顺位积数分别都相等,则需将相等者的各单项名次顺位重新全部列出,再重新计算。如又相等,则可加赛或用其他方法解决。

三、日式记分法

日式记分法是英式记分的简化法,它们都是以奇数评委中过半数评委所判定的名次为依据,用顺位排列的方法确定单项和全能名次。其具体方法如下:

(一)将评委给每个选手的名次由小到大顺位排列。

(二)在正好过半数,即$\frac{n+1}{2}$处,栏目的两侧用红线相切。

(三)单项顺位规则:

1. 以过半数评委判定顺位数的大小排列名次,数小者名次列前。

2. 如两个或两个以上顺位相等,则看选手在该顺位以上获得几个评委的判定,即依据顺位个数的多少决定名次,多者名次列前。

说明:在表 12－10 中,选手 5 号和 8 号在决定第 2 名时,5 号有 4 个 2 而 8 号有 5 个 2,所以 8 号是第 2 名,5 号是第 3 名。

3. 如过半顺位数相同,顺位个数亦相同,则相加顺位数以上数值(称顺位积数),数值小的名次列前。

说明:在表 12－10 中选手 11、17、20 号顺位数都是 4,顺位个数亦相同，则将顺位以上数值相加：

11 号：3＋3＋4＋4＝14

17 号：2＋4＋4＋4＝14

20 号：3＋3＋3＋4＝13

所以 20 号选手是第 4 名。

表 12－10　全能顺位表(六)

评委/背号	A	B	C	D	E	F	G	顺位							名次
1	1	6	1	6	1	6	1	1	1	1	1	6	6	6	1
5	5	1	2	1	3	1	3	1	1	1	2	3	3	5	3
8	2	2	5	2	2	2	4	2	2	2	2	2	4	5	2
11	4	3	6	4	5	3	6	3	3	4	4	5	6	6	6
17	6	4	4	5	4	5	2	2	4	4	4	5	5	6	5
20	3	5	3	3	6	4	5	3	3	3	4	5	5	6	4

4. 如顺位数、顺位个数、顺位积数都相同，则降下位计算顺位个数，多者名次列前。

说明：在表 12－10 中 11 号和 17 号在决定第 5 名时，上述三项都相同，降位计算。11 号有 5 个顺位个数，17 号有 6 个顺位个数，所以 17 号是第 5 名，11 号是第 6 名。

5. 如顺位数、顺位个数、顺位积数及降位计算都相同，则将要定的名次数相加，计算平均值。如决定第 2 名时有两数相同，则$\frac{2+3}{2}=2\frac{1}{2}$；如三数相同则$\frac{2+3+4}{3}=3$；如四数相同则$\frac{2+3+4+5}{4}=3\frac{1}{2}$，计算名次。

6. 如决定某名次时，名次数未过半数时则降位计算。

(四)全能顺位规则

1. 将各项舞名次数相加，合计数小的名次列前。

2. 如合计数相同，则看决定名次的顺位个数多少，多者列前。

3. 如合计数相同且顺位个数相同,则相加顺位数,数少者名次列前。

表 12－11 日式全能顺位表(一)

舞种／背号	华尔兹(W)	探戈(T)	狐步(F)	快步(Q)	合计	名次
1	1	1	2	5	9	1
5	3	3	3	6	15	3
8	2	4	5	4	15	5
11	6	6	1	2	15	2
17	5	5	4	1	15	6
20	4	2	6	3	15	4

说明:在表 12－11 中决定第 4 名时,8 号和 20 号在 4 顺位个数相同,都是 3 个,17 号有 2 个。因此相加 4 顺位以上数值,8 号是 10,20 号是 9,所以 20 号是第 4 名。由于选手 8 号和 17 号在决定第 5 名时,顺位个数都是 4,顺位积数都是 15,只能采用综合顺位解决。

4. 在名次合计数相等,顺位个数相等,各顺位积数相等时,应将各单项舞名次由小至大进行综合顺位排列。

表 12－12 日式全能顺位表(二)

背号	顺位																				名次
7	1	2	3	3	4	4	4	4	4	4	5	5	5	6	6	6	6	6	6	6	5
8	1	1	1	1	1	2	2	2	2	2	2	2	3	3	4	5	5	5	6	6	2
9	1	1	1	1	1	2	2	2	2	2	2	2	2	3	5	5	5	5	5	5	1
10	1	2	3	4	4	4	4	4	4	5	5	5	5	6	6	6	6	6	6	6	6
11	1	1	1	1	2	2	2	3	3	3	3	3	3	3	4	4	4	5	5	6	3
12	1	1	1	1	3	3	3	3	3	3	3	4	4	4	4	5	5	6	6	6	4

说明:表 12 - 12 是 5 位评委对 4 项舞名次评定的综合顺位。

选手 8 号、9 号在决定第 1 名时,8 号有 12 个顺位数,9 号有 13 个顺位数,所以 9 号是第 1 名,8 号是第 2 名。选手 11 号、12 号在决定第 3、4 名时,11 号有 14 个顺位个数,选手 12 号有 11 个顺位个数,所以 11 号是第 3 名,12 号是第 4 名。选手 7 号、10 号在决定第 5、6 名时,顺位个数相等,顺位积数 7 号是 38,10 号是 40,所以 7 号是第 5 名,8 号是第 6 名。

5. 如上述方法仍不能解决,则采用平列或加赛方法解决。

注意:日式计分是英式记分的简化,除形式上略有差异外,在记分原则、方法和结果上是完全一致的。举例表 12 - 13、表 12 - 14 说明。

表 12 - 13　日式记分法

评委＼背号	A	B	C	D	E	F	G	顺位						名次
10	1	2	1	2	3	3	1	1	1	1	2	2	3	2
20	2	1	1	2	3	2	2	1	1	2	2	2	2	1

说明:选手 10 号、20 号在决定第 1、2 名时顺位数相等,都未达到过半数 4 个 1,所以用过半数 2 来决定名次。结果 10 号顺位个数是 5,20 号顺位个位是 6,所以 20 号是第 1 名,10 号是第 2 名。计算结果同英式计分法一致,见表 12 - 14 所列。

表 12 - 14　英式记分法

评委＼背号	A	B	C	D	E	F	G	1	1—2	1—3	1—4	1—5	1—6	名次
10	1	2	1	2	3	3	1	3	5					2
20	2	1	1	2	3	2	2	2	6					1

第十三章 拉拉队

第一节 总 则

一、拉拉队定义

拉拉队英文原名 cheerleading，是起源于美国的一项现代体育运动。它是在音乐的衬托下，队员完成高超的拉拉队特殊运动技巧并结合各种舞蹈动作，集中体现青春活力、健康向上的团队精神，并追求团队荣誉感的一项体育运动。

二、竞赛项目

（一）徒手项目：以徒手舞蹈动作的表演形式。

（二）轻器械项目：采用彩丝花球等道具的舞蹈动作的表演形式。

三、成套动作时间

成套动作时间为 2 分 30 秒，前后有 10 秒的宽容度。到第一个声音开始响起计时，到最后一个声音结束时完成计时。

四、参赛人数

每个参赛队人数为 6～30 人，性别不限。

五、出场顺序

（一）预赛出场顺序由抽签决定，在比赛前由竞赛部门负责组织。

(二)决赛出场顺序由预赛成绩决定,预赛成绩排名前者后出场,排名后者先出场。

六、竞赛场地

(一)赛台

赛台高 80～100 厘米,后面有背景遮挡,赛台不得小于 14 米×14 米。

(二)竞赛区

竞赛场地为地板或地毯,并清楚地标出 13 米×13 米的比赛区域。标志带为 5 厘米宽的红色或白色带,是场地的一部分。

(三)座位区

评判员坐在赛台正前方,视线员座位安置在赛台的 2 个对角,总评判长坐在后排,见表 13-1 所列。

表 13-1　座位区

评判 A 组											
J1	J5	J9	J2	J6	J10	J3	J7	J11	J4	J8	J12
编排	完成	表演	编排	完成	表演	编排	完成	表演	编排	完成	表演
记录组	J15			高级评判组						仲裁成员	
记录组成员	计时		副总评判长		总评判长		副总评判长			仲裁	

七、服装及仪容

(一)外表

整洁且适宜的运动员外表。

(二)着装

服装整体紧身为主,一般穿"V"字领,式样不限,女运动员可穿超短裙或长裤。服装修饰要适度,但不能影响运动。禁止穿有描绘战争、暴力、宗教信仰和性爱主题的服装。

运动员可穿轻便运动鞋，也可赤脚，但禁止佩戴任何饰物；化妆适度。服装、发型及饰物要与音乐风格和表演风格协调吻合。

（三）下列不正确着装，将被减1分。

1. 露出身体的隐私部分；

2. 运动员没有身着护体内衣；

3. 运动中露出内衣；

4. 运动中发型、服装散开或鞋及装饰物脱落；

5. 运动员出现发型及肤色怪异现象。

（四）道具

彩丝花球应醒目而吸引观众，道具的大小应适度。

八、音乐

（一）音响设备

音响设备应基本达到专业水准，常规放音设备应包括CD机、无线话筒以及调音台等。

（二）录音

可以使用一首或多首乐曲混合的音乐，可使用加入特殊音效，音乐必须录制在CD上（一盘CD只能录有一首音乐）并填写录音带登记卡，自备2盘比赛CD，一盘比赛，一盘备用，并且清楚地标明参加项目与国家。

（三）音质

音乐的质量应达到专业化水准，要确保清晰、稳定。

（四）节奏

节奏清晰明快、热情、动感、奔放、兴奋，且具有震撼力。

九、特别奖项及评选标准

（一）特别奖项

集体评选最佳团队精神、最佳编排、最佳表演、最佳音乐奖各一名。男女评选最佳形体、最佳形象及最佳魅力各一名。

（二）评选标准

1. 最佳团队精神

（1）比赛期间团队在团结互助、尊敬师长与对手、遵守大会纪律等方面综合体现当代拉拉队员的朝气、文明的素质修养；

（2）在比赛中能体现团队凝聚力、感召力、荣誉感并追求最高境界。

2. 最佳编排

（1）成套动作编排流畅，动作设计新颖，连接巧妙合理，具有独特性；

（2）动作风格与音乐风格完美结合，队形和空间变化合理。

3. 最佳表演

（1）成套动作表演具有感染力、鼓动性和煽动性；

（2）运动员充满热情和活力、具有极强的自信力。

4. 最佳音乐

（1）使用和选配的音乐具有合理性和独创性；

（2）音乐的风格、结构与动感拉拉队运动特征协调吻合；

（3）音乐的质量具有专业化水准。

5. 最佳形体

（1）男运动员具有健康的体魄，要有明显的肌肉线条，体型比例匀称，呈“倒三角”的健美的体形；

（2）女运动员具有明快的肌肉曲线美，体型比例匀称，肤色健康。

6. 最佳形象

（1）五官端正、仪态端庄、外貌靓丽；

（2）具有当代大学生的青春美、健康美。

7. 最佳魅力

（1）具有高雅的气质和超凡的风度；

（2）现场表现具有极强的感召力和吸引力。

第二节　评分规则

一、成套动作的评分因素

（一）成套编排

1. 成套动作的编排应根据音乐的节奏、音乐的乐句及音乐的风格来编排动作，动作设计必须符合舞蹈拉拉队的技术特征，展示舞蹈动作技巧。成套动作的编排要充分体现创造性、观赏性。

2. 编排要充分体现青春活力、健康向上的动感拉拉队项目特征，禁止编排渲染暴力、宗教信仰、种族歧视与性爱的主题，禁止编排抛接和空翻落地动作。

（二）完成情况

所有动作都应完美完成，要充分体现团队的一致性，配合默契。动作完成要有爆发力，动作清楚、准确（动作节奏变化要大、强弱分明）。运动员要保持良好的身体重心平衡控制以及正确的身体姿态。

（三）表演及总体印象

成套动作编排的流畅性、主题、音乐风格与表演风格一致性。成套动作的技术技巧、团队配合的默契感，以及服装、体形、现场表现效果等方面的总体感觉。

二、评价范围及标准

（一）成套编排为 30 分，包括动作设计 15 分、创造性 5 分、音乐的适宜性 5 分和成套动作的合理性 5 分。

1. 动作设计（15 分）

动作设计要有舞蹈拉拉队的动作特点，动作要充分利用身体及重心位置（上、下、低姿）的多样性变化。动作要有明显的节奏变化，包括上肢、下肢及躯干动作组合。动作设计要充分体现舞蹈动作技巧和体操化舞蹈动作风格。

评分标准:非常好　13.0～15.0
　　　　好　10.0～12.0
　　　　满意　7.0～9.0
　　　　差　4.0～6.0
　　　　不可接受　0.0～3.0

2. 音乐的适宜性(5分)

动作的风格与类型以及运动员的表现必须和音乐的风格、特色、结构及成套主题完美结合,音效必须是高质量的,且要有意义。成套动作与音乐强弱节奏相吻合,使动作体现动感的效果。

评分标准:非常好　5.0
　　　　好　4.0
　　　　满意　3.0
　　　　差　2.0
　　　　不可接受　1.0

3. 创造性(5分)

成套动作编排要有独特性,要与众不同且令人难忘,连接过渡和音乐要体现新颖独特。动作要有多样性、不重复,队形变化不少于8次,且必须充分利用地面。地上和空中的流畅转换及队形变化要具有多样性,能展示出高水准的创造性。鼓励有关比赛的一切创新。

评分标准:非常好　5.0
　　　　好　4.0
　　　　满意　3.0
　　　　差　2.0
　　　　不可接受　1.0

4. 成套动作的合理性(5分)

成套动作的设计风格、过渡连接的独特性与音乐的完整性和结构要统一、自然、流畅;成套动作的设计必须符合运动员的能力，要充分体现成套动作的合理性和创造性。

评分标准：非常好　5.0

好　4.0

满意　3.0

差　2.0

不可接受　1.0

(二)完成情况为 30 分，包括技术技巧 15 分、整体的一致性 5 分、合拍 5 分和团队默契度 5 分。

1. 技术技巧(15 分)

以最佳的准确性完成动作的能力。

(1)身体姿态：身体各部位应符合正常人体生理解剖位置，保持正确的重心低姿位置，完成动作时，保持身体重心平稳。

(2)准确性：动作清楚，部位准确。

(3)力度：动作要有力度和爆发力，到位要快速控制；无延伸动作，且要展示瞬间完成动作的能力。

(4)减分标准：

微错误　每次－0.2

小错误　每次－0.3

中错误　每次－0.4

大错误　每次－0.5

失误　每次－2.0

(5)减分依据：

微错误是指无误的完成、微小的错误，或正确与完美之间轻微偏离。

小错误是指与正确完成之间清晰明显的错误。

中错误是明显偏离正确完成的错误。中错误可视为一般的完成。

大错误是指严重偏离正确地完成。大错误被视为不令人满意地完成。

失误是指身体因缺乏控制而产生非控制性掉下，或非正常触及地面。

2. 一致性(5分)

作为一个整体完成所有动作的能力。以同一运动范围、动作幅度、腾空高度和准确性完成所有动作。一致性体现在同时或依次完成动作的准确性。

评分标准:非常好　5.0
好　4.0
满意　3.0
差　2.0
不可接受　1.0

3. 合拍(5分)

运动员的动作必须与音乐的节奏拍节相符,并配合乐句。

评分标准:非常好　5.0
好　4.0
满意　3.0
差　2.0
不可接受　1.0

4. 团队默契(5分)

团队配合要默契、交流自然、巧妙、流畅,队形变化迅速、准确。

评分标准:非常好　5.0
好　4.0
满意　3.0
差　2.0
不可接受　1.0

(三)表演及总印象为40分,包括表现力、感染力、自信力共20分和总印象20分。

1. 表演

(1)表现力:通过自己的活力、热情和高超的技能来吸引观众的能力。

(2)感染力:运动员持续感染观众的能力和目光的持续接触、交流的能力。

(3)自信力:运动员具有强烈自信心的表现。

(4)表演要与音乐风格、舞蹈动作特点和主题风格一致。运动员充满热情和活力,具有极强的鼓动性和煽动性。

评分标准:非常好　17.0～20.0

好　13.0～16.0

满意　9.0～12.0

差　5.0～8.0

不可接受　0.0～4.0

2. 总印象包括团队精神的体现,包括运动员外貌、体态及健康程度、成套动作的编排情况、场地使用的情况、成套动作的完成情况及服装等总体感觉。

(1)团体精神要突出,且体现得淋漓尽致。

(2)运动员的体型要健美,呈倒三角。肌肉线条明快,身体比例匀称,要体现当代学生的青春美、健康美。

(3)成套动作编排要有新意,连接巧妙、流畅。成套动作要与音乐风格吻合,要给人意想不到的效果。场地利用充分,队形变化多样,队形转变迅速,成形准确。

(4)成套动作完成完美,要体现舞蹈啦啦队动作特征。动作有力度,部位准确,动作节奏变化清晰,开始和结束清楚。

评分标准:非常好　17.0～20.0

好　13.0～16.0

满意　9.0～2.0

差　5.0～8.0

不可接受　0.0～4.0

三、出界

出界由坐在场地对角的视线员评判,每一视线员负责两条线。标志带是比赛场地的一部分。因此,触线是允许的,但身体任何部位接触线外的地面则减分。肢体空中出线将不扣分。出界每次扣1分。

四、道具掉地与捡起

运动员任何无意将道具掉地,评判员将按下列情况扣分:

(一)原地迅速捡起道具,扣1分。

(二)移动短距离(1~2步)捡起道具,扣2分。

(三)运动员移动长距离(2步以上)后捡回道具,扣3分。

(四)道具掉地出界加扣1分。

(五)运动员道具掉地后未捡起而继续做动作判为失去道具,扣5分。

五、时间

(一)成套动作的时间是从音乐的开始到音乐结束为止(动作与音乐同步,提示音除外)。

(二)成套时间不足:成套时间少于2分20秒,减2分。

(三)成套时间超过:成套时间多于2分40秒,减1分。

(四)成套时间错误:成套时间不足2分钟或超过3分钟视为时间错误,减5分。

六、评判长减分

(一)时间不足	减1分
(二)时间超过	减1分
(三)时间错误	减5分
(四)运动员被叫到后20秒钟未出场	减2分
(五)运动员被叫到后60秒钟未出场	取消资格
(六)运动员着装仪容不符合规定	减1分
(七)出界	减1分
(八)限制动作	减5分

第三节　评分办法

一、评分

(一)比赛采用公开示分的方法。评判员的评分最小单位为1.0分。

1. 编排分(满分为30分)

在四名评判员的评分中,去掉一个最高和最低分,中间两个的平均分为编排分。

2. 完成分(满分为30分)

在四名评判员的评分中,去掉一个最高和最低分,中间两个的平均分为完成分。

3. 表演及总印象分(满分为40分)

在四名评判员的评分中,去掉一个最高和最低分,中间两个的平均分为表现分。

4. 总分(满分为100分)

编排分、完成分、表演及总印象分相加为总分。成套动作满分为100分。

5. 最后得分:总分减去总评判长减分为最后得分。

(二)最后成绩

预赛成绩不带入决赛。决赛中得分高者名次列前,若得分相等,名次将按顺序取决于下列标准:

1. 最高编排分;

2. 最高完成分;

3. 最高表演分和总印象分。

二、评分表

例样:

（一）评分表Ⅰ

表 13－2

评分范围	分值	评分内容	得分
成套编排	30	动作设计 15 分	
		创造性 5 分	
		音乐的适宜性 5 分	
		成套动作的合理性 5 分	
最后得分			

评判签名　　评判号码

（二）评分表Ⅱ

表 13－3

评分范围	分值	评分内容	得分
成套完成	30	技术技巧 15 分	
		一致性 5 分	
		合拍 5 分	
		团队默契 5 分	
最后得分			

评判签名　　评判号码

（三）评分表Ⅲ

表 13－4

评分范围	分值	评分内容	得分
表演	20	表现力	
		感染力	
		自信力	
		表现风格	

（续表）

评分范围	分值	评分内容	得分
总印象	20	团队精神 服装、形态	
		成套动作编排情况	
		成套动作完成情况	
最后得分			

评判签名　　评判号码

（四）时间扣分表

表 13-5

扣分内容	扣　分
时间不足	
时间超过	
时间错误	

评判签名　　评判号码

（五）视线扣分表

表 13-6

扣分记录	扣　分

评判签名　　评判号码

（六）录音带登记卡

表 13-7

单　　位	
出场顺序	
预、决	
交带时间	

评判签名　　评判号码

第十四章　传统项目

第一节　组织机构

一、竞赛委员会

根据不同的比赛规模，可设立竞赛委员会、竞赛部、竞赛处以及若干名负责竞赛业务的行政人员。竞赛委员会在大会组委会领导下负责大会的竞赛组织工作。

二、仲裁委员会

（一）由3名、5名或7名专家组成，设主任、副主任及委员。

（二）仲裁委员会受理参赛队对裁判判决有异议时所提出的申诉。

（三）仲裁委员会受理后，应根据申诉书和执行裁判组的书面报告进行调查研究，召开仲裁委员会讨论裁决。

仲裁委员会不参加与本人所在单位有牵连的问题讨论与表决。

仲裁委员会出席的人员必须超过半数，所作出的决定方为有效。表决采取少数服从多数原则，如两种意见人数相等则由主任决定。

（四）若经仲裁委员会裁决申诉正确，仲裁委员会有权改判，即以书面形式通知总裁判组织申诉单位改判、退还申诉费，并建议总裁判对误判裁判长、裁判员进行教育、警告或撤换等处理。如判定原裁判无误，即书面通知申诉单位维持原判，但申诉费不予退还。

(五)仲裁委员会的决定为最终判决。

(六)仲裁委员会对比赛期间的申诉应及时判决,不得影响其他场次的比赛和颁奖。

三、裁判人员的组成

(一)总裁判长1人、副总裁判长1~2人。

(二)各裁判组设裁判长1人、副裁判长1人(也可不设)及裁判员7~8人(包括套路检查、计分及计时员)。

(三)编排记录长1人、编排记录员2~3人。

(四)检录长1人、检录员2~3人。

(五)宣告员1~2人。

(六)场上裁判员位置安排

裁判员的位置必须便于观看比赛,且有利于评分,也便于与裁判长联系。从裁判长右手按逆时针顺序1、2、3……依次排列(场地安排如图14-1所示)。

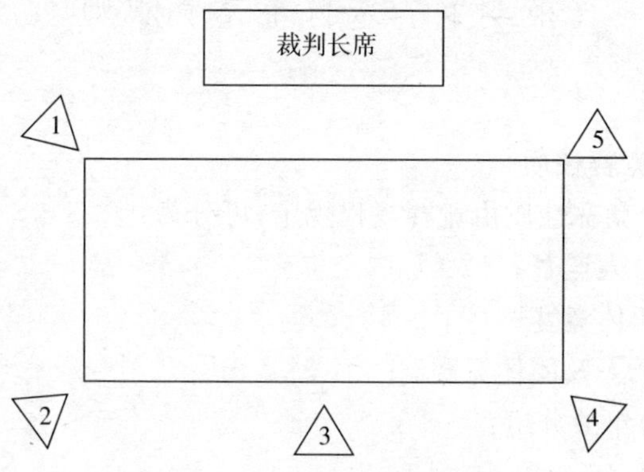

图14-1　5名裁判员场地位置安排

四、申诉

凡对裁判工作有意见,应及时通过本队的领队或教练员按大会有关规定提出书面申诉。

如需查看录像，仅限于裁判长对其错误扣分存有疑义，如确属错判应予更正；如同时发现了套路中的其他不符规定者，则须追加扣分。

五、比赛顺序

运动员的比赛顺序应在竞赛委员会的监督下由编排记录组抽签决定。如果一个运动员出现两次第一个出场时，则应予调整。

六、申诉范围、程序及要求

（一）申诉范围仅限于裁判长对其错误的扣分。

（二）申诉必须在该项目比赛结束后20分钟内，由本队领队或教练员以书面形式连同申诉费向仲裁委员会提出申诉，否则不予受理。

第二节　太极拳竞赛规则

一、竞赛性质

（一）竞赛性质由竞赛规程规定，可分为：

1. 个人竞赛；

2. 团体竞赛；

3. 个人及团体竞赛。

（二）年龄分组：

A组：16岁以下（含16岁）；

B组：17～39岁；

C组：40～59岁；

D组：60岁及以上。

二、竞赛项目

(一)规定套路

1. 太极拳:《太极拳竞赛套路》陈式、杨式、武式、吴式、孙式太极拳;24 式、42 式太极拳。

2. 太极器械:42 式、32 式太极剑。

(二)传统套路

1. 传统太极拳:陈式、杨式、武式、吴式、孙式太极拳及其他传统太极拳。

2. 传统太极器械:太极剑、太极刀及其他传统太极器械。

(三)集体项目

每队 8~16 人,男女、组别不限,拳、器械、拳械混合均可,但必须配音乐。

(四)套路比赛时间规定

1. 规定套路:42 式、陈式、杨式、武式、吴式、孙式太极拳 5~6分钟;24 式太极拳 4~5 分钟;42 式及 32 式太极剑 3~4 分钟。

2. 传统套路:各式太极拳、太极器械均不超过 5 分钟。

3. 集体项目:不超过 4 分钟。

三、名次评定

(一)个人单项名次:得分最多者为该单项的第一名,次多者为第二名,依此类推。两个或两个以上的运动员得分相等时,出场顺序号在前者名次列前。

(二)团体名次:根据竞赛规程的有关规定进行评定。

四、服装、礼仪、进场、退场、起势、收势及套路计时

(一)裁判员应穿统一服装,佩带统一的裁判标志。

(二)比赛时运动员应穿规定的比赛服装、武术鞋或运动鞋。

(三)运动员听到点名后应立即进场,面向裁判长,行抱拳

礼。待裁判长示意后，即走向起势位置。

（四）运动员身体的任何部位开始动作即为起势，并开始计时。

（五）运动员完成套路后，须并步收势，计时结束。再转向裁判长行注目礼，即可退场。

（六）运动员应在同侧场地内完成相同方向的起势和收势。

（七）裁判组用两块秒表计时，若不一致时，以接近规定时间的秒表为准。

五、场地、器械与服装的规定

（一）场地的规定

比赛在长 14 米、宽 8 米的地毯（或地面）上进行，四周沿边线向内标明 5 厘米的边线，在场地的长边中间各做一条长 30 厘米、宽 5 厘米的中线标记（集体项目不受限制）。

（二）器械的规格

1. 剑：长度以直臂反手持剑的姿势为准，剑尖不得低于本人耳上端。剑应钢制，并带短剑穗。

2. 剑的重量（包括剑穗）：

男子不得轻于 0.6 千克。

女子不得轻于 0.5 千克。

儿童不满 12 周岁不限制。

3. 剑的硬度：剑垂直，剑尖触地，且剑身不得弯曲。

（三）服装的规定

1. 料、色自选。

2. 男子：长袖、中式对襟小褂，七对中式直绊。女子：长袖、中式半开门小褂，五对中式直绊。

六、评分方法

（一）评分裁判员的分工与组成

场上评分裁判员由评判动作完成的和演练水平的 6～8 人

组成。场上评分裁判员分成单双数两组，单数裁判员负责动作规格的评分或其他错误的扣分；双数裁判员负责演练水平的评分。两组分值共为10分。

（二）裁判员评分方法

1. 裁判员根据运动员（队）现场发挥的技术水平，按照竞赛项目的评分标准在各类分值中减去错误动作的扣分，即为运动员（队）的得分。

2. 裁判员所示分数应取到小数点后面两位数，但小数点后面第二位数必须是0或5。

（三）应得分数的确定

1. 5个裁判员评分时，取中间三个分数的平均值为运动员的应得分。

2. 4个裁判员评分时，取中间两个分数的平均值为运动员的应得分。

3. 3个裁判员评分时，取中间的分数为运动员的应得分。

4. 运动员的应得分数取到小数点后面二位数，小数点后面第三位数不作四舍五入。

（四）裁判长的加减分

当裁判员的评分出现明显误差，在裁判长未宣布运动员的最后得分前，裁判长可与副裁判长协商，对场上运动员进行加分或减分。当运动员的应得分在9分以上（含9分）时，裁判长的调整分正负不得超过0.05分，在9分以下不得超过0.1分。

（五）最后得分的确定

1. 裁判长从运动员的应得分数中扣除其他错误的扣分即为该运动员的最后得分；

2. 裁判长公开宣布运动员的最后得分。

（六）示分的方法

比赛中裁判员一般采用公开示分的办法，裁判员在运动员演练结束后按规则进行独立评分，得分由裁判长现场出示。但有时也根据比赛需要采用不公开示分的办法。

七、太极拳、剑的评分标准

各项比赛的最高得分均为10分，评分和扣分标准如下：

（一）太极拳评分标准

1. 动作规格（6分）

凡手型、手法、步型、步法、身型、身法、腿法及跳跃与规格要求不符时，每出现一次轻微错误扣0.05分；每出现一次显著错误扣0.1分；每出现一次严重错误扣0.2分；一个动作同时出现多种错误时，扣分不得超过0.2分；多次出现同一种错误时，扣分不得超过0.3分。

2. 劲力、协调（2分）

凡符合运劲顺达、力点准确、连贯圆活、手眼身法步配合协调者，给予满分。

凡与要求轻微不符者扣0.1～0.5分；显著不符者扣0.6～1分；严重不符者扣1.1～2分。

3. 精神、意识、速度及风格（2分）

凡符合神态自然、意识集中、速度适宜且风格突出的要求者，给予满分。凡与要求轻微不符者，扣0.1～0.5分；显著不符者，扣0.6～1分；严重不符者，扣1.1～2分。

（二）太极剑的评分标准

1. 动作规格（6分）

凡手型（剑指）、剑法、步型、步法、身型、身法、腿法、跳跃及平衡与规格要求不符者，每出现一次轻微错误扣0.05分；每出现一次显著错误扣0.1分；每出现一次严重错误扣0.2分。剑以定式为准，一次总扣，不得超过0.2分；一个动作同时出现多种错误时，扣分不得超过0.2分；多次出现同一种错误时，扣分不得超过0.3分。

2. 劲力、协调（2分）

凡符合运劲顺达、力点准确、连贯圆活、手眼身法步配合协调者，给予满分。凡与要求轻微不符者扣0.1～0.5分；显著不符者扣0.6～1分;严重不符者扣1.1～2分。

3. 精神、意识、速度及风格(2分)

凡符合神态自然、意识集中、速度适宜且风格突出的要求者,给予满分。凡与要求轻微不符者,扣0.1～0.5分;显著不符者扣0.6～1分;严重不符者,扣1.1分～2分。

(三)集体项目的评分标准

1. 动作规格(6分)

凡手型、手法、步型、步法、身型、身法、腿法及跳跃与规格要求不符者,每出现一次轻微错误扣0.05分;每出现一次显著错误扣0.1分;每出现一次严重错误扣0.2分;一个动作同时出现多种错误时,扣分不得超过0.2分;多次出现同一种错误时,扣分不得超过0.3分。

注:集体项目按失误的人数累计扣分。

2. 劲力、协调、精神、意识及风格(2分)

与要求轻微不符者扣0.1～0.5分;显著不符者扣0.6～1分;严重不符者扣1.1～2分。

3. 队形与动作整齐、动作与音乐和谐且服装统一(2分)

凡服装统一、动作与音乐和谐且队形与动作整齐一致者给予满分。

凡与要求轻微不符,每出现一种错误扣0.1分;每出现一次与要求显著错误扣0.2分;每出现一次严重错误扣0.2分;与要求严重不符的每出现一次扣0.3分。

八、其他错误的扣分标准

(一)没有完成套路:凡运动员没有完成套路中途退场者,均不予评分。

(二)遗忘:每出现一次遗忘,根据不同程度扣0.1～0.3分。

(三)器械、服饰影响动作:剑穗缠住身体任何部位影响动作,或出现剑穗、服饰掉地、服装开纽,以及器械触地、碰身等失误现象时,每出现一次扣0.1～0.2分。

（四）器械变形、折断、掉地：器械弯曲变形，根据不同程度扣0.1～0.3分；器械折断扣0.4分；器械掉地，每出现一次扣0.4分。

（五）失去平衡：每出现一次摇晃扣0.1分，每出现一次附加支撑扣0.2分，连续出现附加支撑扣0.3分，每出现一次倒地扣0.3分。以上五种错误扣分，均由裁判员执行。

（六）起势、收势：起势与收势不符合要求扣0.1分。

（七）重做

1. 运动员因客观原因造成比赛中断者，经裁判长同意，可重做一次，不予扣分。

2. 运动员因动作遗忘、失误、器械损坏等原因造成比赛中断者，可重做一次，扣1分。

3. 运动员临场因伤病不能继续比赛，裁判长有权令其中止，经过简单治疗即可继续比赛者，可安排在该组最后一名比赛；如果已是该组最后一名，则安排在该项目下一组的第一名比赛，按重做处理，扣1分。因伤病不能在上述规定时间继续比赛者，则作弃权论。

（八）比赛时间：太极拳为5～6分钟，5分钟时裁判长应鸣哨示意（基层比赛可设24式太极拳，比赛时间为4～5分钟，4分钟时裁判长应鸣哨示意）；太极剑为3～4分钟，3分钟时应鸣哨示意，完成套路超出或不足规定的时间达0.1～5秒者扣0.1分，达5.1～10秒者扣0.2分，依此类推。

（九）动作数量：动作数量超出或不足，每多或少一个动作扣0.3分。

（十）动作方向：凡偏离规定方向45°以上，每出现一次扣0.1分。

（十一）动作与套路规定内容要求不符者：每出现一次错误扣0.1～0.3分。

（十二）器械、服装不符合规定：如发现运动员所用器械、服装违反规定者，则取消该项成绩。

（十三）集体项目每少 1 人则在本队集体项目的最后得分中扣 0.5 分。

（十四）集体项目其他错误的扣分按失误的人数累计扣分。

第三节 木兰拳竞赛规则

一、竞赛性质

（一）竞赛性质由竞赛规程规定，可分为：

1. 个人竞赛；

2. 团体竞赛；

3. 个人及团体竞赛。

（二）年龄分组：

A 组：16 岁以下（含 16 岁）；

B 组：17～39 岁；

C 组：40～59 岁；

D 组：60 岁以上。

二、竞赛项目

（一）木兰拳规定套路（木兰拳、木兰单扇、木兰单剑、集体项目及其他）；

（二）木兰拳自选套路（木兰拳、木兰单扇、木兰单剑、集体项目及其他）。

三、名次评定

（一）个人单项名次：得分最多者为该单项的第一名，次者为第二名，依此类推。

（二）个人全能名次按各单项得分总和的多少进行评定：得分最多者为全能第一名，次者为第二名，依此类推。

（三）集体项目的评定：得分最多者为该项目第一名，次者为第二名,依此类推。

(四)团体名次的评定:根据竞赛规程的关于团体名次的确定办法进行评定。

(五)得分相等处理:

1. 个人单项得分相等而规程中又没有说明时,按下列办法处理:

(1)两组高分之和低者列前;

(2)两组低分之和高者列前;

(3)如分数均相等则名次并列。

2. 个人全能得分相等时,以获得单项第一名多者列前;如仍相等,以获得第二名多者列前;以此类推;仍相等,则名次并列。

3. 团体总分相等时,以全队在比赛中获得单项第一名多者列前;如仍相等,以获得第二名多者列前;以此类推。

四、服装、礼仪、进场、退场、起势、收势、套路计时与音乐

(一)裁判员应穿统一服装,佩带统一的裁判标志。

(二)比赛时运动员应穿规定的比赛服装、武术鞋或运动鞋。

(三)运动员听到点名后应立即进场,面向裁判长,行抱拳礼。待裁判长示意后,即走向起势位置。

(四)运动员身体的任何部位开始动作即为起势,并开始计时。

(五)运动员完成套路后,须并步收势,则计时结束。再转向裁判长行注目礼,即可退场。

(六)运动员应在同侧场地内完成相同方向的起势和收势。

(七)规定套路按规定音乐配乐,时间为 3 分钟～3 分 30 秒。自选套路的音乐可自选,时间为 3～4 分钟。表演项目需配乐者,音乐自备。各运动员、运动队必须在比赛前 30 分钟内将音乐送到大会指定地点。

(八)运动员须在赛前 30 分钟内参加检录,三次点名未到者

按弃权论。

五、场地、器械的规定

（一）场地的规定

比赛在长 14 米、宽 8 米的地毯（或地面）上进行，四周沿边线向内标明 5 厘米的边线，在场地的长边中间各做一条长 30 厘米、宽 5 厘米的中线标记（集体项目不受限制）。

（二）器械的规定

1. 扇子从扇端到扇顶全长不得短于 33 厘米，宽 2 厘米；

2. 剑采用金属剑，穗长不得长于剑身。

六、评分方法

（一）裁判员评分

裁判员根据运动员（队）的技术水平，按照竞赛项目的评分标准扣分，在各类分值中减去错误动作的扣分，即为运动员（队）的得分。

（二）应得分的确定

1. 去掉裁判员所评的一个最高分和一个最低分，余下评分的平均值为运动员的应得分；

2. 运动员的得分应取到小数点后两位数。

（三）最后得分的确定

1. 裁判长从运动员的应得分数中再扣除裁判长对其他错误的扣分数，即为运动员最后得分。其中视轻重程度扣 0.1～1 分。

2. 精神集中、舞乐和谐的分值为 1 分，不符则视轻重程度扣 0.1～1 分。

（四）集体项目的评分标准

1. 内容的评分：内容充实、风格和特点突出，此项分值为 4 分。

2. 质量的评分：动作正确、姿势舒展、动静分明、精神贯注且技术熟练，此项分值为3分（规定套路此项分值为4分）。

3. 配合的评分：动作整齐、舞乐和谐且服装统一，此项分值为2分。

4. 编排的评分：编排新颖、队形多样且变化有序，此项分值为1分（规定套路没有此项分值）。

七、木兰拳、器械的评分标准

各项比赛的最高得分为10分，评分和扣分标准如下：

（一）规定、自选套路（个人）项目的评分与扣分标准

1. 动作规格与方法（4分）

凡动作规格正确给予满分。

凡手型、手法、步型、步法、腿法、平衡及器械的方法与规格要求轻微不符者，每出现一次扣0.05分；显著不符者，每出现一次扣0.1分。同一手型、手法、步型、步法、步型、步法、腿法、平衡及器械的方法与规格要求轻微不符者，每出现一次扣0.05分；出现两次扣0.1分；超过三次以上习惯性错误一次总扣0.15分。显著错误出现一次扣0.1分；出现两次扣0.2分；出现三次以上习惯性错误一次总扣0.3分。

2. 演练水平（6分）

（1）神态、舞乐（2分）

凡神态自如、精神饱满、舞乐和谐、起收式动作与音乐配合相符者给予满分。

（2）协调、劲力（2分）

凡运劲顺达、动作连贯，手、眼、身、步法及器械配合协调者给予满分。

（3）风格特点（2分）

凡风格突出、特点明显、动作优美、舒展大方（自选：内容丰富，动作新颖，结构合理，布局匀称）者给予满分。

凡与要求轻微不符者，每出现一种错误扣0.1分；与要求显著不符者，每出现一种错误扣0.2分；与要求严重不符者每出现

一种错误扣 0.3 分。

（二）规定套路集体项目的评分与扣分标准

1. 动作规格（4 分）

凡动作规格正确给予满分。

凡手型、手法、步型、步法、腿法、平衡及器械的方法与规格要求轻微不符者，每出现一次扣 0.05 分；显著不符者，每出现一次扣 0.1 分。同一手型、手法、步型、步法、腿法、平衡及器械的方法与规格要求轻微不符者，每出现一次扣 0.05 分；出现两次扣 0.1 分；超过三次以上习惯性错误一次总扣 0.15 分。显著错误出现一次扣 0.1 分；出现两次扣 0.2 分；出现三次以上习惯性错误一次总扣 0.3 分。

注：集体项目按失误的人数累计扣分。

2. 演练水平（6 分）

（1）神态、舞乐（2 分）

凡神态自如、精神饱满、舞乐和谐、起收式动作与音乐配合相符者给予满分。

（2）协调、劲力（2 分）

凡运劲顺达、动作连贯，手、眼、身、步法及身械配合协调者给予满分。

（3）风格特点、整体配合（2 分）

凡风格突出、特点明显、动作优美、舒展大方且队形、动作整齐一致者给予满分。

凡与要求轻微不符者，每出现一种错误扣 0.1 分；与要求显著不符者，每出现一种错误扣 0.2 分；与要求严重不符者每出现一种错误扣 0.3 分。

（三）自选套路集体项目的评分与扣分标准

1. 动作规格的评分与扣分标准同规定套路集体项目。

2. 演练水平（6 分）。

3. 神态、舞乐（2 分）。

凡神态自如、精神饱满、舞乐和谐、起收式动作与音乐配合相符、服装统一者给予满分。

4. 协调、劲力、整体配合(2分)

凡队形、动作整齐一致、运劲顺达,动作连贯圆活,手、眼、身、步法及身械配合协调者给予满分。

5. 风格特点、编排(2分)

凡风格突出、特点明显、动作优美、舒展大方、内容丰富、动作新颖、结构合理且布局匀称者给予满分。

凡与要求轻微不符时,每出现一种错误扣0.1分;与要求显著不符者,每出现一种错误扣0.2分;与要求严重不符者每出现一种错误扣0.3分。

八、其他错误的扣分标准

(一)裁判员执行

1. 没有完成套路,中途退场,则该套路不予评分。

2. 比赛中每出现一次遗忘现象扣0.1~0.3分。

3. 器械(变形、折断、掉地)、服饰影响动作

(1)比赛中,因器械、剑穗、服饰等影响动作,轻微影响动作每出现一次扣0.1分,严重影响动作每出现一次扣0.2分;

(2)器械触地、碰身或变形扣0.1分,折断扣0.3分,掉地扣0.4分;

(3)扇子未打开和关扇超过50%,每出现一次扣0.1分;

(4)伸缩剑:缩短一节扣0.1分,缩短两节扣0.2,全缩进以器械折断处理扣0.3分;

(5)服装开纽扣0.1分,服饰掉地扣0.1分。

4. 每出现一次晃动、跳动扣0.1分,附加支撑扣0.3分,倒地扣0.4分。

(二)裁判长执行

1. 出界:一脚出界扣0.1分,两脚出界扣0.2分。

2. 重做

(1)运动员因客观原因造成比赛中断,可申请重做一次,且

不予扣分；

(2)运动员在比赛进行中因受伤中断比赛，经简单治疗即可继续比赛的，可申请重做，但应扣1分，如果不能继续比赛，则按弃权处理；

(3)运动员因失误、动作遗忘或器械损坏等原因造成比赛中断，可申请重做，但应扣1分。

3. 时间：规定套路时间以规定套路规定时间为准，每超过或少于规定套路时间1～5秒扣0.1分，达5.1～10秒者扣0.2分，依此类推。

4. 规定套路每遗漏、增加或改变一个动作扣0.3分。

5. 动作方向与规定不符，每出现一次偏离超过45°以上者(含45°)扣0.2分。

6. 起收势方向不符扣0.1分。

7. 集体项目人数每少于规定的1人扣0.2分，少两人扣0.4分，依此类推。

注：集体项目其他错误的扣分，按失误出现的人数累计扣分。

第十五章 跆拳道

跆拳道源于朝鲜半岛，跆拳道是一项利用手、脚和身体能力进行自身修炼和搏击格斗的东方武技，是奥运会正式比赛项目。我国于1995年正式开展此项运动，因其独特的运动形式、修炼方法，以及所具有的健身、防身、修身的作用，符合现代竞技体育和国际大众体育发展趋势，因而受到国人青睐并发展迅速，目前已成为我国竞技舞台不可或缺的一项重要赛事。依据竞赛性质不同，我国跆拳道比赛分为竞技跆拳道比赛和大众跆拳道比赛两类。下面重点对竞技比赛的规则及裁判法进行介绍。

第一节 竞赛规则（竞技）

一、比赛区

比赛区应为8米×8米、水平、无障碍物、正方形的场地，或由中国跆协批准使用的其他规格的比赛场地。比赛区应铺设经中国跆协监制或指定的专用比赛垫。必要时比赛区可根据实际需要置于一定高度的平台上。为保证运动员的安全，比赛场地边界线外应有与地面夹角小于30°的斜坡，如图15－1所示。

比赛区的划分：

1. 8米×8米的区域称为比赛区。

2. 比赛区的外缘线称为边界线。

3. 比赛记录台和临场医务台面对比赛区的边缘线为第1边界线，顺时针旋转依次为第2、第3、第4边界线，位置如图15－2所示。

4. 边界线以外需铺设比赛垫，保护运动员的安全；尺寸大小可根据比赛的实际情况确定，宽为 1～2 米。

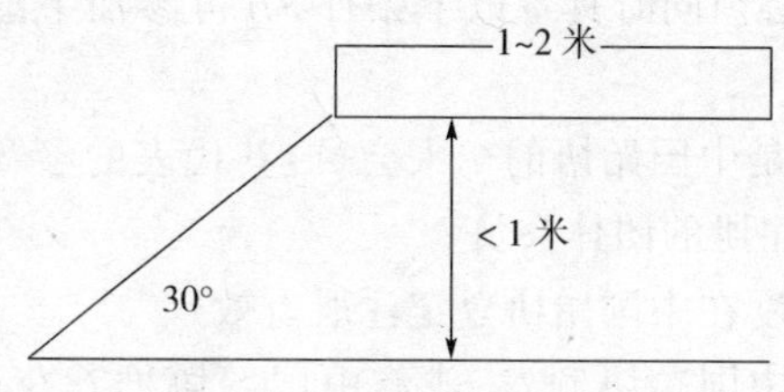

图 15－1　比赛台

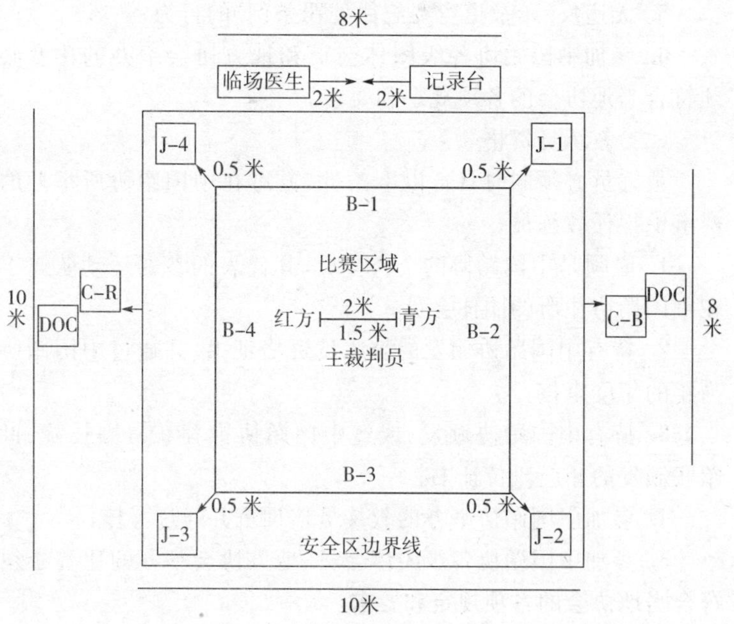

图 15－2　比赛场地

注：B1－4 边线 1－4；J1－4 边裁判员 1－4；C－R 红方教练；

C－B 青方教练；DOC 随队医生

二、运动员和教练员

(一)运动员资格

运动员必须同时具备以下条件,方可参加中国跆协所举办的赛事;

1. 必须是中国跆协的个人会员,其代表的参赛运动队属于在中国跆协注册的团体会员;

2. 当年度在中国跆协登记注册有效;

3. 持有中国跆协颁发、或经中国跆协推荐获得国技院、世跆联颁发的相应段位、级位证书;

4. 参加青少年比赛的运动员年龄符合中国跆协颁布的竞赛规程的规定;

5. 无违反《跆拳道竞赛纪律处罚条例》的行为;

6. 参加中国跆协各级团体会员和地方协会举办的比赛必须符合当地协会的各项规定和要求。

(二)教练员资格

教练员必须同时具备以下条件,方可在中国跆协所举办的赛事中担任教练员;

1. 必须是中国跆协的个人会员,其代表的参赛运动队属于在中国跆协注册的团体会员;

2. 持有中国跆协颁发的教练员资格证书,并通过中国跆协当年的年度审核;

3. 持有中国跆协颁发、或经中国跆协推荐获得国技院、世跆联颁发的相应段位证书;

4. 参加中国跆协举办的教练员培训班并通过考核;

5. 参加中国跆协各级团体会员、地方协会举办的比赛必须符合当地协会的各项规定和要求。

(三)比赛服装和护具

1. 运动员穿着的道服和佩戴的护具必须由中国跆协指定或认可。

2. 运动员比赛时须佩戴护具，包括护胸、头盔、护裆、护臂、护腿、护齿、手套等，其中护裆、护臂、护腿应戴在道服内。除了头盔，头部不得佩戴其他物品。与宗教信仰相关的物品，应提前获得许可并佩带在头盔或道服内。

3. 教练员在赛场执教时，必须穿规范的运动服、运动鞋。严禁穿与比赛不相适应的衣着入场执教。

(四)责任与义务

1. 比赛中发生伤害和死亡事故时，不得向主办方、组织方或对方运动员追究责任。过失行为导致的事故应追究过失方的责任。

2. 各级各类跆拳道竞赛应当统一为运动员办理跆拳道专项保险。

三、体重级别

(一)跆拳道比赛设置了体重分级体系，男、女运动员分别在各自的性别组和级别组进行比赛，两类分组如下。

1. 成年组

表 15－1　成年组体重级别

男　子	女　子
54 公斤以下	46 公斤以下
54～58 公斤	46～49 公斤
58～63 公斤	49～53 公斤
63～68 公斤	53～57 公斤
68～74 公斤	57～62 公斤
74～80 公斤	62～67 公斤
80～87 公斤	67～73 公斤
87 公斤以上	73 公斤以上

2. 奥运会、全运会

表 15-2 奥运会、全运会体重级别

男 子	女 子
58 公斤以下	49 公斤以下
58～68 公斤	49～57 公斤
68～80 公斤	57～67 公斤
80 公斤以上	67 公斤以上

（二）青少年比赛的级别设置，在保证安全的基础上，可根据实际情况进行调整，并由赛事组委会报请中国跆协认可。

（三）称重方式

1. 按级别于比赛日的前 1 天进行称重。

2. 所有级别于第一比赛日前 1 天进行称重。

3. 称重时间和地点由赛事组委会决定。称重必须在 2 小时内完成。如称重不合格，在 1 小时内有 1 次补称机会。

4. 称重时，男运动员着内裤，女运动员着内裤、胸罩。如运动员要求，允许裸体称重。

5. 赛事组委会应提供试称用的体重秤（误差不得超过 0.01 公斤），并将其放置于运动员驻地或训练场馆。

6. 运动员须持有效参赛证件参加称重，否则按称重不合格计。

7. 监督与确认

称重的各个环节须由裁判员和赛事组委会指定的工作人员共同执行。如有必要，可由参赛队代表进行监督；称重结果须经技术代表或有关技术官员签字确认，确认后不得更改。

四、比赛的种类和方法

（一）比赛种类

1. 个人赛：个人赛一般在相同体重级别的运动员之间进

行；运动员在1次赛事中只允许参加1个级别的比赛。

2. 团体赛

(1)按体重级别进行5人制团体赛，级别如下：

表15-3 5人制团体赛级别

男 子	女 子
54公斤以下	47公斤以下
54～63公斤	47～54公斤
63～72公斤	54～61公斤
72～82公斤	61～68公斤
82公斤以上	68公斤以上

(2)按体重级别进行8人制团体赛。

(3)按体重级别进行4人制团体赛(将8个体重级别中相邻2个级别合并为4个级别)。

(二)比赛方式

1. 单败淘汰赛；

2. 复活赛；

3. 循环赛或其他赛制。

(三)包括全运会在内的综合性运动会的跆拳道比赛一般采用个人赛制。

1. 团体名次应根据如下条款由总分决定：

(1)称重合格后，每一名上场比赛的运动员获得基础分1分；

(2)每赢得1场比赛加1分(包括轮空场次)；

(3)每1枚金牌加7分；

(4)每1枚银牌加5分；

(5)每1枚铜牌加3分。

2. 如2支参赛队积分相同，先后名次按以下办法排列：

(1)按各队获得的金、银、铜牌数顺序；

(2)参赛运动员人数顺序;

(3)大级别获得分数多者顺序。

3. 在团体赛中,每场团体赛的结果由单一参赛队成绩决定。

4. 8个体重级别模式:在8个级别的团体赛中,获胜5场以上为胜方。如果因两队平分不能确定先后名次(4∶4),则各队选派1名同级别的代表进行加赛,此时上场运动员不能为替补。

5. 在上述模式中,如果某一队在全部比赛结束之前就已经因获胜场数多而获胜,原则上剩下的比赛仍须进行。如失败的一方希望放弃余下的比赛,比赛结果不按累计积分计算而视为"失去比赛资格败"(以下简称"失格败")。

五、比赛时间

(一)比赛时间是指每场比赛为3局,每局比赛2分钟,局间休息1分钟;青少年比赛时间可根据情况适当调整。

(二)主裁判员中断比赛,下达"警告"或"扣分"口令时,比赛时间在主裁判员发出"暂停(Shi-gan)"口令的同时暂停,直到主裁判员发出"继续(Kye-sok)"口令,比赛才继续进行。

六、比赛程序

(一)个人赛程序

运动员在规定时间持有效参赛证件到检录区进行身份确认,领取护具,等候赛前检查。检录后,运动员必须接受包括至少1名裁判员在内的赛事组委会指定人员对其进行身体、服装、护具及用品的检查。检查合格后,在指定区域等候点名入场。入场前3分钟开始点名,每分钟点名1次,共点名3次。如比赛开始后1分钟仍未到场者,按弃权论。点名后,运动员和1名教练员进入比赛场地指定位置,并允许1名队医同时入场。

(二)团体赛程序

1. 两个参赛队的所有运动员在指定位置相向站立,按边界线方向顺序排列；

2. 比赛开始前和结束后的程序按第七条规定进行；

3. 双方运动员需到比赛场外指定位置等候上场；

4. 比赛全部结束后，双方运动员进场相向列队站立；

5. 主裁判员宣判比赛结果后，双方运动员退场。

七、比赛开始和结束

（一）每场比赛开始前，主裁判员给出“青（Chung）”、“红（Hong）”口令，示意双方运动员左臂紧夹头盔进入比赛区。

（二）双方运动员相向站立，听到主裁判员发出“立正（Cha-ryeot）”和“敬礼（Kyeong-rye）”口令时互相敬礼。敬礼时自然站立，腰部前屈不小于 30 度，头部前屈不小于 45 度。鞠躬完毕后，运动员戴上头盔。

（三）主裁判员发出“准备（Joon-bi）”和“开始（Shi-jak）”口令后开始比赛。

（四）每局比赛由主裁判员发出“开始（Shi-jak）”口令即开始，主裁判员发出“停（Keu-man）”口令即结束。即使主裁判员没有发出“停（Keu-man）”的口令，比赛仍将按照规定的时间结束。

（五）最后一局比赛结束后，运动员相向站在各自指定位置脱下头盔并用左臂夹紧。主裁判员发出“立正（Cha-ryeot）”、“敬礼（Kyeong-rye）”口令时相互敬礼，在主裁判员宣判比赛结果后退场。

八、允许使用的技术、允许攻击的部位

（一）允许使用的技术

1. 拳的技术：紧握拳头并使用正拳进行正面攻击的技术。

2. 脚的技术：使用踝关节以下脚的部位进行攻击的技术。

（二）允许攻击的部位如图 15 - 3 所示

1. 躯干：允许使用拳和脚的技术攻击躯干部位被护胸包裹

的部分，但禁止攻击后背脊柱。

2. 头部：锁骨以上部位只允许使用脚的技术攻击。

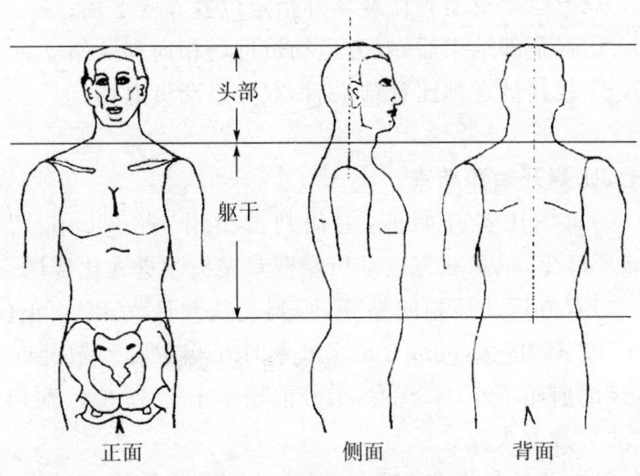

图 15-3 允许攻击的部位

九、得分

（一）使用允许的技术，准确、有力地击中得分部位时得分。

（二）得分部位

1. 躯干：护胸上用蓝色或红色部分覆盖的躯干部位，如图 15-4 所示。

2. 头部：锁骨以上的头颈部位（包括颈部、双耳和后脑在内的整个头部）。

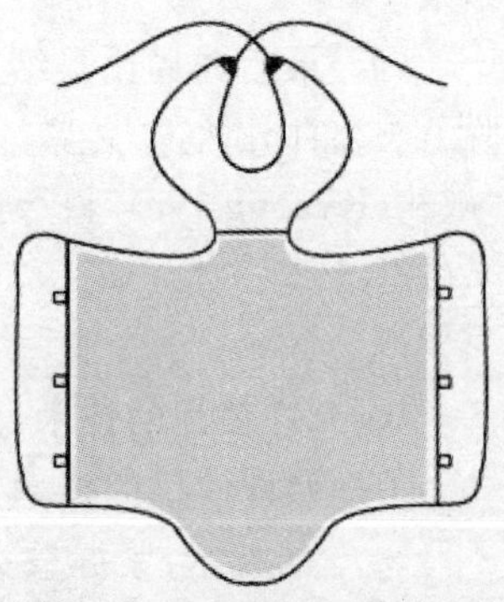

图 15-4 得分部位（躯干）

（三）分值

1. 击中躯干记 1 分；

2. 旋转踢技术击中躯干记 2 分；

3. 击中头部记 3 分，主裁判员读秒不追加分；

4. 一方运动员每被判两次“警告”或一次“扣分”，另一方运动员得1分。

（四）比分为3局比赛得分的总和。

（五）得分无效：运动员使用犯规行为得分时，所得分数视为无效。

十、记分和公布

（一）得分应立即记分并公布。

（二）使用普通护具时由边裁判员使用电子记分器或记分表记录有效得分。

（三）使用电子感应护具。

1. 躯干部位的有效得分由电子感应护具中的感应器自动记分；

2. 头部的有效得分由边裁判员用电子记分器或记分表即时记分。

（四）用电子记分器或记分表记分时，必须有3名或3名以上的边裁判员即时记分方为有效。

（五）在中国跆协主办的各类跆拳道比赛中，须使用中国跆协监制或认可的电子记分系统，包括电子记分器、电子记录台、电子显示屏等。

十一、犯规行为

（一）比赛过程中所出现的犯规行为，由场上的主裁判员执行判罚。

（二）判罚分为“警告（Kyong-go）”和“扣分（Gam-jeom）”。

（三）两次“警告”应给对方运动员加1分，最后一次奇数警告不计入总分。

（四）一次“扣分”应给对方运动员加1分。

（五）以下行为将被判罚“警告”

1. 双脚越出边界线；

2. 转身背向对方运动员逃避进攻；

3. 倒地；

4. 故意回避比赛，或处于消极状态；

5. 抓、搂、抱或推对方运动员；

6. 攻击对方运动员腰以下部位；

7. 伪装受伤；

8. 用膝部顶撞或攻击对方运动员；

9. 用拳攻击对方运动员头部；

10. 教练员或运动员有任何不良言行；

11. 提膝阻碍或逃避对方运动员的攻击。

（六）以下行为将被判罚“扣分”

1. 主裁判员发出“分开（Kal-yeo）”口令后仍攻击对方运动员；

2. 攻击已倒地的对方运动员；

3. 抓住对方运动员进攻的脚并将其摔倒，或用手推倒对方运动员；

4. 故意用拳攻击对方运动员头部；

5. 教练员或运动员打断比赛进程；

6. 教练员或运动员使用过激言语或出现严重违反体育道德的行为。

（七）运动员违背竞赛规则或故意不服从主裁判员时，主裁判员可计时 1 分钟后直接判其失格败。

（八）运动员被判罚警告或扣分累计达 4 分时，主裁判员判其犯规败。

（九）警告和扣分次数按 3 局比赛累计。

十二、加时赛和优势判定

3 局比赛结束后比分相等，则加赛 1 局，时间为 2 分钟，由突然死亡或优势判定确定胜负。

(一)突然死亡

1. 任何一方运动员先得分,则比赛结束,先得分者获胜;

2. 因犯规造成对方运动员得1分,则比赛结束,得分者获胜。

(二)优势判定

1. 加时赛结束时,双方运动员均未得分,进行优势判定。

2. 该场比赛裁判员填写"优势判定卡",按少数服从多数原则进行判定。

3. 优势判定的依据是加时赛中运动员表现出的主动性。

4. 优势判定程序:

(1)比赛前裁判员携带优势判定卡;

(2)若比赛进入优势判定程序,主裁判员给出"优势记录(Woo-se-girok)"口令;

(3)主裁判员给出口令后,边裁判员在10秒钟内填写好优势判定卡并签名递交给主裁判员;

(4)主裁判员收集所有优势判定卡并进行统计,依据多数原则判出比赛最后结果,并宣判获胜方;

(5)宣判获胜方后,主裁判员把优势判定卡交给记录台,由记录台交给技术代表存档备查。

十三、获胜方式

裁判员等技术官员依据本规则对比赛胜负进行判定。获胜方式包括以下6种:

(一)击倒胜(K、O胜);

(二)主裁判员终止比赛胜(RSC胜);

(三)比分或优势胜;

(四)弃权胜;

(五)失去资格胜;

(六)判罚犯规胜。

十四、击倒

运动员在比赛中受到合法的强有力攻击后，出现以下三种情况，均判定为击倒：

1. 除双脚以外的身体任何部位触地；

2. 身体摇晃，丧失继续比赛的意识和能力；

3. 主裁判员判定被攻击的运动员不能继续比赛。

十五、裁判员

（一）具备以下资格和条件时方可成为裁判员

1. 在中国跆协登记注册有效，同时属于中国跆协个人会员，持有中国跆协或世跆联颁发的有效裁判员资格证书；

2. 参加由中国跆协定期组织举办的裁判员培训班并通过考核者；

3. 裁判员须穿中国跆协指定的裁判员服装，禁止携带妨碍比赛的物品。

（二）裁判员配备与岗位设置

1. 使用普通护具时，一般须设 1 名主裁判员和 4 名边裁判员；

2. 使用电子感应护具时，一般须设 1 名主裁判员和 2 名边裁判员；

3. 主裁判员或边裁判员与场上运动员属同一单位或有连带关系时须回避。

（三）职责与任务

1. 主裁判员

（1）依据本规则的规定掌握和控制整场比赛，确保比赛安全、公正、精彩。

（2）比赛过程中根据场上情况即时发出“开始（Shi-jak）”、“分开（Kal-yeo）”、“暂停（Shi-gan）”、“继续（Kye-sok）”、“计时（Kye-shi）”、“扣分（Gam-jeom）”、“警告（Kyong-go）”、“结束（Ke-man）”等口令，并判定胜负。

(3)依据本规则独立行使判决权利。

(4)原则上主裁判员不参与记分,但是,如果比赛中 1 名以上的边裁判员举手提示有得分未被记分,主裁判员将召集 4 名边裁判员进行合议。临场 5 名裁判员的合议判定遵循少数服从多数的原则。

(5)加时赛结束时双方运动员均未得分,由主裁判员召集场上 4 名边裁判员判定胜负。

2. 边裁判员

(1)即时记分;

(2)对优势判定进行独立评判;

(3)如实回答主裁判员的问询;

(4)及时提醒主裁判员对比赛中出现的明显记分错误进行合议。

(四)判定责任:裁判员的判罚对仲裁负责;不通过仲裁,比赛结果不能变更。

第二节　竞赛裁判法简介

一、主裁判的执裁原则与步骤

(一)主裁判对犯规判罚的指导原则

根据竞赛规则总的精神,主裁判在执裁过程中的根本任务有三条,即倡导公平竞争的比赛;确保运动员的安全;保证运动员技术水平的发挥和比赛进程顺利。同时,还应考虑以下几个方面的情况并做出合理的判罚。

1. 有意无意。根据规则精神,原则上对有意或故意的犯规行为给予较重判罚,对无意或不可预料的犯规给予较轻判罚或不予判罚。

2. 有先有后。运动员在比赛全过程中,无论是正常的发挥技术还是出现犯规,都存在着严格的时间概念。主裁判应准确判断具体情况,根据规则精神做出合理判决。

3. 有主有次。有时出现的双方犯规，有主次或主动被动的情况，主裁判应分清主次，判罚引起犯规的主要责任方。

4. 有轻有重。根据受到伤害的程度衡量判罚尺度，做出公正、合理、恰当的判罚。

5. 有利无利。主裁判应清楚地了解双方运动员的比赛心理，维护比赛的公平竞争，该判的判，不该判的坚决不判，不让不合理的局面出现。

6. 黑白分明。裁判对犯规行为应坚决按规则规定执行，如不判罚，说明犯规程度不够处罚标准。主裁判不应当出现莫名其妙、模棱两可的提醒或判罚。

（二）击倒后的处理程序

1. 主裁判员立即发出“分开(Kal-yeo)”口令暂停比赛，并将进攻运动员置于远处。

2. 主裁判员从“1”到“10”向被击倒的运动员大声读秒，每间隔1秒读1次，并用手势在其面前提示时间。

3. 即使被击倒的运动员在读秒过程中示意可以继续比赛，主裁判员也必须读到“8”，使其获得休息，并确认是否恢复；如已恢复就发出“继续(Kye-sok)”口令继续比赛。

4. 主裁判员读到“8”时，被击倒的运动员仍无法示意可以继续比赛，则读秒至“10”后宣判另一方运动员“击倒胜”。

5. 即使一局或整场比赛时间结束，主裁判员也要继续读秒。

6. 如果双方运动员同时被击倒，有任何一方尚未恢复，主裁判员将继续读秒。

7. 读秒到“10”后双方运动员均不能恢复，应按击倒前的比分判定胜负。

8. 主裁判员判定一方运动员不能继续比赛，可以不读秒或在读秒过程中宣判另一方运动员获胜。

（三）比赛中断的处理程序

1. 主裁判员发出“分开(Kal-yeo)”口令，如判断属于因伤比赛中断情况则发出“计时(Kye-shi)”口令，记录台同时开始计时

1分钟。

2. 允许运动员在1分钟内接受治疗。

3. 运动员即使只受轻伤,但1分钟后仍不示意可以继续比赛,主裁判员判其负。

4. 因“扣分”行为造成一方运动员受伤,1分钟后不能恢复比赛,主裁判员判犯规者负。

5. 双方运动员同时受伤,1分钟后均不能继续进行比赛时,按受伤前双方得分判定胜负。

6. 主裁判员判定一方运动员严重受伤,明显神志不清或处于危险状态时,应立即中断比赛,安排急救。如果伤害事故是由“扣分”行为造成的,判犯规者负;如果攻击动作不是“扣分”行为,判不能比赛者负。

二、边裁判执裁原则与步骤

(一)记分原则

1. 即刻决策原则。裁判员应当在产生效果时(1秒钟内)马上做出判断,针对技术动作即时进行记分。

2. 独立判断原则。裁判员必须以自己的判断来记分,不能受别的裁判员记分及其他因素的影响。

3. 判定不更改原则。一旦做出判定,即使存在错误,裁判员也不能更改。合法的更改判定途径是通过仲裁。

4. 误判不补偿原则。如果裁判员意识到记分有所失误时,不应企图补偿而对另一方无故判罚或以微不足道的理由判罚,否则就犯了第二次类似的错误。

(二)一般工作步骤

1. 按指定位置就位,分为第一、二、三、四边裁判;

2. 按规则要求,贯彻规则规程及裁判组的记分原则和精神,对每一局比赛进行记分;

3. 在主裁判及仲裁委员会询问时说明自己的意见;

4. 认真及时地进行自我总结,提高执裁水平。

第三节　跆拳道品势比赛规则简介

本规则是根据世界跆拳道联盟品势比赛规则制定的，是中国跆拳道协会（以下简称“中国跆协”）和其所属团体会员单位主办或承办的跆拳道品势比赛所使用的规则，其目的是保证比赛公平顺利地进行。

一、比赛场地

比赛区设置在赛场内，该场地为 12 米×12 米的正方形，且是无障碍水平面。其地面为中国跆协认可的有弹性的垫子或木地板。根据需要可搭建 0.5～0.6 米高的比赛台，赛台倾斜角应小于 30°。进行综合比赛时，根据需要可以调整场地。

（一）比赛场地的划分

1. 将 12 米×12 米的比赛场地作为比赛区。比赛场地四周的外缘线称为警戒线。

2. 木地板赛场的比赛区应划出 5 厘米宽的白线加以区分。

（二）位置

1. 裁判员位置：比赛时共有 7 名裁判。按比赛场边线的位置，前方设 4 个裁判席，后方设 3 个裁判席，比赛场地和裁判员位置的距离是 1 米，裁判员间距为 2 米，裁判员的位置按顺时针方向排列。如采用 5 裁制时前方 3 名裁判，后方 2 名裁判。

2. 主裁判位置：位于 1 号裁判席。

3. 运动员位置：在比赛场中央向第 3 警戒线 2 米处。

4. 记录员位置：位于 2 号警戒线中央向外 2 米处。

5. 执行员位置：在赛场内 1 号警戒线与 4 号警戒线交点处向选手位置 1 米处。

6. 教练员和准备上场运动员的位置：位于第三、第四警戒线交叉点向场地外 3 米处。

7. 检查台位置：在赛场入口处。

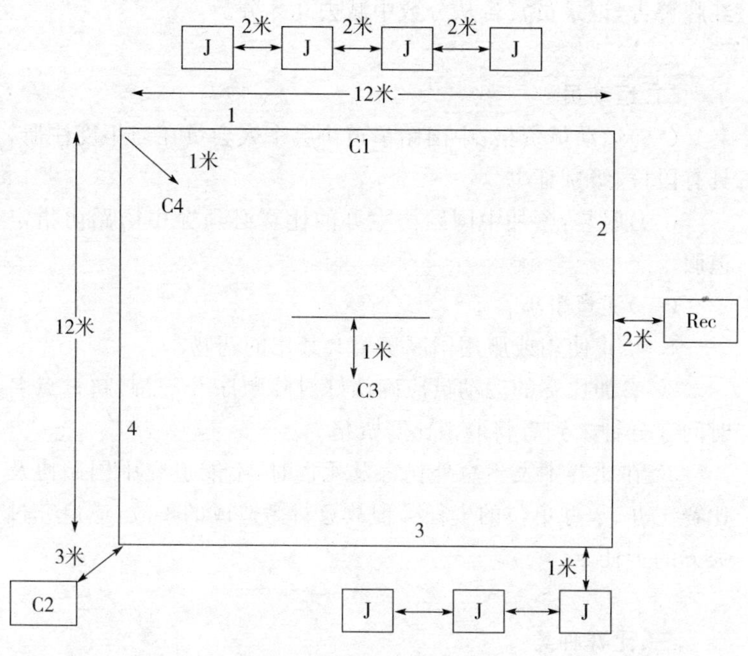

图 15-5　比赛场地平面图

注:J 为(1、2、3、4、5、6、7)裁判员位置;C1 为比赛区;C2 为教练员位置;C3 为运动员位置;C4 为执行员位置;1、2、3、4 为警戒线;Rec 为记录员。

(三)注意

1. 颜色:不能使用反射严重且对参赛者或观众带来视角疲劳的颜色;参赛者道服、用具、比赛及边界区域的所有颜色应该相互匹配。

2. 界线:原则上以白线为主,在不影响比赛的前提下根据情况可以使用别的颜色。

3. 检查台:检查台中确认参赛运动员的道服装备等,是否与中国跆协公认的用品相符合、是否合身,若不符合时可以取消其参赛资格。

4. 裁判指南:裁判应全面了解比赛区的活动范围。当运动员的一只脚在界线外时,进行口头警告;当两只脚都在界线外时红牌警告，记录员宣告从分数中减去0.5分。

二、运动员

（一）运动员资格：中国跆拳道协会个人会员在当年度注册，具有段位、级别证书。

（二）服装：参加中国跆协主办的比赛必须穿中国跆协指定道服。

（三）注意事项：

1. 禁止使用或服用国际奥委会禁用的药物。

2. 参加比赛的运动员应确认好对阵顺序并等待，超过点名时间3分钟未到者将取消比赛资格。

3. 在比赛中发生意外伤害及死亡时，不能追究中国跆协及比赛主办、承办单位的责任。但故意行为造成的事故，应追究过失方的责任。

三、比赛种类

（一）个人比赛：男、女个人赛

（二）混双比赛

（三）团体比赛：男、女团体赛

四、全国比赛组别划分

（一）个人赛

1. 个人赛一般在同年龄组之间进行，必要时可把相邻组合并。任何运动员只能参加一个组别。

2. 年龄划分见表15-4所列。

表15-4　个人赛年龄划分

组别	儿童组	少儿组	少年组	青年1组	青年2组	成年1组	成年2组
男子	8岁以下	9～12岁	13～17岁	18～24岁	25～30岁	31～40岁	41以上
女子	8岁以下	9～12岁	13～17岁	18～24岁	25～30岁	31～40岁	41以上

（二）混双比赛

1. 混双比赛的运动员为同年龄组的男、女运动员各 1 人。

2. 年龄组划分见表 15－5 所列。

表 15－5　混双比赛年龄划分

组别	少儿组	少年组	青年组	成年组
	12 岁以下	13～17 岁	18～30 岁	31 岁以上

（三）团体赛

1. 团体比赛的参赛运动员为同年龄组、同性别的 3～5 名运动员。

2. 年龄组划分见表 15－6 所列。

表 15－6　团体比赛年龄划分

组别	少儿组	少年组	青年组	成年组
男子	12 岁以下	13～17 岁	18～30 岁	31 岁以上
女子	12 岁以下	13～17 岁	18～30 岁	31 岁以上

五、比赛方式

（一）单败淘汰制

（二）Cut off 制

1. 预赛：各组别第一品势抽出一种进行比赛，选出 50％人进行半决赛。

2. 半决赛：各组别第二品势抽出一种进行比赛，选出 8 名进行半决赛。

3. 决赛：各组别第二指定品势除半决赛品势外，抽出 2 种进行比赛，根据 2 套品势平均分取前三名。

六、全国比赛指定品势

见表 15－7 所列。

表 15－7　全国比赛指定品势

分类	组别	第一指定品势	第二指定品势
个人	儿童组(8 岁以下)	太极 1、2、3 章	太极 4、5、6 章
	少儿组(9～12 岁)	太极 3、4、5 章	太极 6、7、8 章
	少年组(13～17 岁)	太极 5、6、7 章	太极 8 章、高丽、金刚
	青年 1 组(18～24 岁)	太极 8 章、高丽、金刚	太白、平原、十进
	青年 2 组(25～30 岁)	太极 8 章、高丽、金刚	太白、平原、十进
	成年 1 组(31～40 岁)	太白、平原、十进	地跆、天拳、汉水
	成年 2 组(41 岁以上)	太白、平原、十进	地跆、天拳、汉水
混双	少儿组(12 岁以下)	太极 4、5、6 章	太极 7、8 章、高丽
	少年组(13～17 岁)	太极 6、7、8 章	高丽、金刚、太白
	青年组(18～30 岁)	太极 8 章、高丽、金刚	太白、平原、十进
	成年组(31 岁以下)	金刚、太白、平原	十进、地跆、天拳
团体	少儿组(12 岁以上)	太极 4、5、6 章	太极 7、8 章、高丽
	少年组(13～17 岁)	太极 6、7、8 章	高丽、金刚、太白
	青年组(18～30 岁)	太极 8 章、高丽、金刚	太白、平原、十进
	成年组(31 岁以上)	金刚、太白、平原	十进、地跆、天拳

七、比赛时间

每场比赛时间为 1 分 30 秒。决赛时，在两套比赛品势之间休息 1 分钟。

八、犯规行为与处罚

（一）犯规行为由场内主裁判员进行处罚。

（二）处罚分警告和扣分

1. 犯规行为由主裁判进行判罚。

2. 发现犯规行为时将扣分。

3. 犯规行为包括：

(1)运动员或教练员做出不正当言行；

(2)让裁判觉得运动员或教练员做出跆拳道修炼者不该做的事情；

(3)干扰裁判员执裁或干扰比赛运动员进行比赛。

九、比赛程序

(一)运动员检录：比赛检录员在休息室按出场顺序进行运动员检录，每次5～10场比赛(点名后3分钟内未到场的运动员将被取消比赛资格)。

(二)运动员入场：检查完毕的运动员与一名教练员到等待席准备比赛。

(三)比赛开始与结束：主执行员让运动员入场，立正、敬礼、准备品势，并指定第一指定品势中的一个和第二指定品势中的一个，下达“开始”命令，结束时用“还原”命令结束。

(四)进行比赛的步骤：运动员根据主执行员口令入场并做好准备；敬礼；比赛开始；最后一个停留动作；根据执行员的口令还原到准备姿势。

(五)显示得分：比赛结束时，主执行员让运动员行礼后，向裁判下达显示准备命令和显示命令，然后按照第一裁判、第二裁判、第三裁判、第四裁判、第五裁判的顺序公布得分，并公布平均得分之后，运动员退场。

(六)比赛结束：结束比赛的运动员回到指定位置，等待全部分数公布后结束预赛。

十、主执行员

(一)资格：持有国技院段位，对跆拳道品势有丰富的经验者，由组委会任命。

(二)职责

1. 一场比赛有一名执行员；

2. 执行员负责引导运动员进退场；

3. 执行员负责执行比赛中所有的口令、得分宣布；

4. 其他辅助性工作。

十一、判分

判分标准严格按照世界跆拳道联盟规定执行。

(一)准确度:基本动作和品势的准确度。

(二)熟练度:动作的幅度、平衡性、速度和力度。

(三)表现力:动作的刚柔、缓急、节奏和气势。

十二、判分方法

(一)综合分数10分。

(二)分数组成。

1. 准确度

(1)基本分数5分；

(2)在基本动作和相关品势的正确性上有轻微失误时，每次扣0.1分；

(3)在基本动作和相关品势的正确性上有严重失误时，每次扣0.5分。

2. 熟练度

(1)基本分数5分；

(2)在熟练性所要求的均衡、速度、力度上有轻微失误时，每次扣0.1分；

(3)在熟练性所要求的均衡、速度、力度上有重大失误时，每次扣0.5分。

3. 表现力

(1)在表演所要求的刚柔、缓急、节奏和气势上有轻微失误时，每次扣0.1分；

(2)在表演所要求的刚柔、缓急、节奏和气势上有严重失误时，每次扣0.5分。

4. 比赛中的罚分事项

(1)超过比赛时间,在最终分数上扣 0.5 分;

(2)越出比赛场警戒线时,在最终分数上扣 0.5 分。

(三)分数计算

1. 按照准确度、熟练度和表现力,结合其他扣分事项合算;

2. 除去 7 名裁判的最高分和最低分后,取剩余分数的平均值。

十五、裁判员

(一)资格

在中国跆协注册的持有裁判员资格证者。裁判分为国家级(S、A、B 三级)、一级、二级。裁判等级的评定办法由中国跆协另行规定。

(二)职责

1. 主裁判员

(1)对运动员的品势表演进行判分;

(2)宣布比赛胜负和扣分事项;

(3)需要参考裁判员意见时,主裁判将中断比赛,召集裁判商议。

2. 裁判员

(1)对运动员的品势表演进行判分;

(2)回答主裁判员提出的问题。

3. 服装

(1)由中国跆拳道协会统一制作;

(2)裁判员不得携带可能影响比赛的私人物品。

4. 分配裁判有误,或进行不公正的比赛,或连续出现不应有的失误,竞赛督查委员会可在现场通过技术代表更换裁判员。

第十六章　自行车运动

第一节　项目简介

世界上第一辆自行车出现于1790年，由法国人希布拉克用木材制成，没有脚蹬，只能由双脚交替蹬地靠惯性滑行前进，称之为木马。德国男爵卡尔杜莱斯是公认的自行车发明者，他于1817年制造出有方向把手的木马自行车，他在车子前轮上装了一个方向把手，在两轮之间放上了马鞍形的坐垫，仍然靠人坐在上面由双脚交替蹬地惯性滑行前进，他的木马自行车在1818年正式获得德国及法国的专利，成为自行车的正式发明者。

1892年由比利时、加拿大、丹麦、英国、法国、德国、荷兰、美国的一些自行车运动爱好者发起，组织了国际自行车运动协会，该协会就是国际自行车联盟的前身。1893年组织了首届世界业余自行车锦标赛。1895年组织了首届世界职业自行车锦标赛。1900年4月14日正式成立了国际自行车联盟，当时总部设在瑞士的日内瓦，后迁往艾格勒(AIGLE)。

在1896年第1届奥运会上，自行车就被列入正式比赛项目。迄今为止奥运会已举行了23届，其中20届都设有自行车比赛项目。2008年的北京奥运会自行车运动项目共设公路自行车、山地自行车、MBX小轮车三大项及18个小项目，是除了田径和游泳项目以外的第三金牌大户。除奥运会外，国际上每年还举行一届男、女自行车锦标赛、男子青少年锦标赛、多日赛及洲、地区级比赛等。

目前国际自行车单项比赛均由国际自行车联盟(Union cycliste Internationale UCI)主办。国际自行车联盟简称国际自联，是世界自行车运动的领导组织。现有160个协会及会员国，是国际单项体育联合会总会的成员。中国自行车协会于1939年加入国际自联，1958年退出，1979年8月恢复会籍。国际自联总部现设在瑞士洛桑。

近年来随着我国国民经济的不断上升，人民生活水平不断提高，生活节奏不断加快，自行车已不是昔日人们的主要交通工具了，而已向休闲、娱乐、健身的工具转化，群众性自行车运动和竞赛层出不穷，把我国的自行车运动水平推向了新的高潮。

第二节　竞技比赛项目的分类

自行车竞技比赛一般分为：公路自行车赛、场地自行车赛、山地自行车赛等项目。

一、公路自行车赛的比赛方法、简要规则及裁判方法

公路赛是自行车运动比赛的一种，因在公路上举行而得名。分一日赛、多日分段赛、个人计时赛、团体计时赛、绕圈赛、个人赛等。比赛距离按青少年级、青年级、23岁以下级、精英级、大师级分别设定。

（一）一日赛

一日赛是自行车比赛项目之一，是公路赛的一种。世界锦标赛、奥运会、洲际运动会、国家运动会的公路个人赛常用一日赛的方式进行，以队的形式参加。各队在起点线后从左至右排成一路纵队集体出发。选择在有起伏的山坡、斜坡路面，且一般不少于6米（起终点不少于8米）的变化道路或环形公路上进行。运动员之间可交换食物、饮料、工具和配件。同队运动员之间可以交换车胎和自行车，可等待受伤或落后的运动员。公共和本队的维修器材车尾随在运动员的车后。允许接受补给站和本队的维修车上提供的补给品。名次按运动员通过终点的顺序决定，成绩优者名次列前。比赛距离按运动员级别和比赛种类

规定。

（二）多日分段赛

多日赛是自行车比赛项目之一，是公路赛的一种。根据级别决定比赛的天数，至少举行 2 天，多则 20 多天。赛段由序幕赛、个人赛、个人计时赛、团体计时赛等公路比赛的形式组合而成。赛程地形复杂，由平路、坡路、起伏路组成。以每分段的时间累计排列个人和团体总名次。每分段各队前三名运动员的时间相加为团体成绩。个人成绩领先的运动员在下一赛段中需穿黄色衫。赛段中途以积分方式设平路和坡路冲刺奖，总积分第一名冠以冲刺王和登山王。以队的形式参赛。混合队必须穿统一骑行服。常采用从一个城市到另一城市连续的、环绕国家或地区的方式。最长总距离达 4 000 公里。超过 10 天以上的比赛中，距离超过 260 里的赛段只能有 2 段。以精英级运动员参赛的顶级环国家多日赛有：环法国、环意大利、环西班牙自行车大赛等。

（三）个人计时赛

个人计时赛是自行车比赛项目之一、公路赛的一种。传统比赛在一个延伸方向、路面平坦、距离为 5～40 公里的转折公路上进行，也可在平坦的环形路上进行。至少每隔 5 公里（上坡段每公里）标明比赛所剩下的骑行距离。运动员以个人方式匀速骑完全程，每分钟平均心率达 185 次左右。运动员出发时间间隔为 30 秒～2 分钟（奥运会为 1 分 30 秒）。按运动员成绩优劣排列先后名次。

（四）团体计时赛

团体计时赛是自行车比赛项目之一、公路赛的一种，反映全队实力的项目之一，是世界性的传统比赛，在一个延伸方向、路面平坦、距离为 15～50 公里的转折公路上进行。奥运会和世界锦标赛上，此项目的比赛距离为 100 公里。每队 4 名运动员参加比赛，队与队之间相隔 2～3 分钟出发。4 名运动员根据风向编队，采用匀速方式高速骑行，每分心率保持在 180 次左右。每人轮流在前领骑200米左右下撤至队尾，相互换位领骑。在前抗风阻力领骑者每分钟心率通常高于尾随者10次左右。到达终点时取本队第三名运动员到达的时间为赛队的最终成绩，按各队成绩优劣排列名次。

（五）个人赛

个人赛是自行车比赛项目之一、公路赛的一种。参加者以个人名义报名参赛，是排列在起点线后集体出发的比赛。最长距离为170公里。在环路上进行时，环路的周长最少是10公里。

二、赛车场赛的比赛方法、简要规则及裁判方法

赛车场赛是自行车运动比赛的一种。在赛车场进行，赛车场有室内和室外之分。比赛项目有计时赛、争先赛、个人追逐赛、团体逐追赛、记分赛、凯林赛、奥林匹克竞速赛、麦迪逊赛、淘汰赛、捕捉赛、双人车赛、摩托领骑赛、六日赛，且前八项为奥运会项目。

（一）计时赛

计时赛是场地赛的一种，运动员单独在跑道上以起跑器原地出发的形式进行的一种个人计时赛。世界杯和世界锦标赛的比赛距离为男子1000米，女子500米。运动员出发采用起跑器。以上一年度的前10名运动员按倒数顺序编排为最后出发，其他运动员的出发顺序由抽签决定。所有运动员要在同一个单元内进行比赛，并按成绩优劣排出先后名次。

（二）争先赛

争先赛的正式比赛也是场地赛的一种，为短距离赛。在周长333.33米或250米的场地上骑行3圈或4圈（1 000米），周长大于333.33米的场地不少于2圈。不计全程总时间，以最先到达终点为胜。赛次分资格赛、1/8赛、1/4赛、1/2赛和决赛。正式比赛前通过200米计时赛的方式进行资格赛，取12～24名运动员进行争先赛。1/4赛前，负者之间可通过复活赛的方式获胜再次获得资格。1/4 赛后实行三战两胜的方式。比赛分组进行，每组 2～3 人在起点线上同时出发，出发后，里道的运动员必须以快于走路的速度领骑一圈。第二圈起，尤其是最后 200 米时，运动员采用各种战术，以最快的速度冲过终点线。战术主要围绕领骑和尾随进行。

（三）个人追逐赛

个人追逐赛是自行车正式比赛项目之一、场地赛的一种。比赛时，在固定的距离上，两名运动员分别在赛车场东、西跑道正中的起终点线上同时出发，然后相互追逐的比赛。赛距为男子 4 公里、青年男子 3 公里、女子 3 公里和青年女子 2 公里。比赛中，如后面的运动员与前面的运动员追成平排时，前面的运动员即被淘汰；如未追上，则以先到终点的获胜，获胜者进入下一赛次。赛次分资格赛、1/4 赛、1/2 赛和决赛。

（四）团体追逐赛

团体追逐赛是自行车正式比赛项目之一、场地赛的一种。比赛时，两队分别由 4 名运动员组成，在 4 公里内相互追逐，比赛的办法同个人追逐赛。

（五）记分赛

记分赛是自行车正式比赛项目之一、场地赛的一种。比赛时，以运动员在完成比赛距离途中领先主车群的圈数和最后冲刺所得分数来决定名次的特殊比赛。距离为成年男子 40 公里、成年女子 24 公里、青年男子 24 公里和青年女子 20 公里。赛次分资格赛和决赛。成年组超过 30 人或青年组超过 15 人可进行资格赛。资格赛距离为成年男子 24 公里、成年女子 16 公里和青年男子 16 公里、青年女子 10 公里。出发时半数运动员扶栏杆，另半数运动员在快速行驶线上排为一排，由指定的一名运动员领骑 1 圈作为预跑后，发令员鸣枪，比赛正式开始。途中冲刺每 2 公里一次。每次冲刺记前四名分数，按名次分别记 5 分、3 分、2 分和 1 分，最后名次首先决定于运动员所完成的圈数。如圈数分别都相等，则根据运动员的得分多少决定名次。如两名或更多运动员的圈数和积分相等，名次由获得冲刺圈第一名的分数来决定。比赛时如发生公认机械事故，运动员可享受1 300米的中立圈。

（六）凯林赛

凯林赛是自行车正式比赛项目之一、场地赛的一种。比赛时，一群运动员由摩托车牵引一定圈数后，再进行冲刺的比赛。比赛分第一轮资格赛、复活赛和第二轮资格赛、决赛。先分组进行第一轮资格赛，每组录取前 2 名，负者通过复活赛再录取前 2 名（333.33 米以上跑道录取前 1 名）。第二轮采用相同方法进行资格赛，录取前 2 名（333.33 米跑道录取前 4 名）。决赛在 6 名（333.33 米跑道 8 名）运动员中产生，以运动员通过终点线的先后顺序排列名次。按规定，运动员须排列在追逐赛起跑线，由随行人员扶车出发。摩托车领骑员以每小时 25 公里的速度逐步加速到每小时 45 公里。跟随的运动员不能超越摩托车。在离2 000米左右的距离还剩下 600～700 米时，裁判员发令摩托车离开，运动员冲刺。

（七）奥林匹克竞速赛

奥林匹克竞速赛是自行车正式比赛项目之一、场地赛的一种。比赛时，由两支队伍中各 3 名运动员同时原地出发，每名运动员领骑 1 圈，在跑道上完成 3 圈距离的比赛。先进行资格赛，按时间挑选成绩最好的 4 个队进行决赛。成绩最好的两个队决出第一和第二名，另两个队决出第三至第四名。胜者名次列前。世界锦标赛和全国比赛资格赛取 8 个队，按成绩第一对第八、第二对第七、第三对第六、第四对第五的方式排列，取 4 个胜队进入决赛。每位运动员在自己骑圈结束后退出比赛。换道必须在起终点线前后 15 米之间进行，违者将名次降至该赛次的最后。

（八）麦迪逊赛

麦迪逊赛是自行车正式比赛项目之一、场地赛的一种。比赛距离为 50 公里，以队为单位的 2 名运动员交替接力进行途中冲刺，以领先圈数和冲刺积分确定最后名次的比赛。途中冲刺第一至第四名的冲刺分分别为5、3、2、1分，最后一圈冲刺得分加倍。

(九)淘汰赛

淘汰赛是自行车正式比赛项目之一、场地赛的一种。比赛时，由多名运动员集体出发，将每次冲刺后的最后一名运动员淘汰的个人赛。参赛人数不限，人数过多可进行分组资格赛。指定一名运动员领骑第一圈作为中立圈后，运动员行进间出发。每2圈进行一个冲刺，大于333.33米的跑道每1圈进行一个冲刺。每个冲刺圈前用铃声提示冲刺。被淘汰运动员必须马上离开跑道。最后两名运动员进行最后的冲刺，名次根据通过起终点线的先后来决定。

(十)资格赛

资格赛是自行车比赛项目之一；亦是部分赛车场赛项目赛次的一种。通过计时赛或相同决赛的比赛方式挑选成绩优者，使其进入下一个赛次，并使进入下一次赛次的队数或人数符合赛次的要求。争先赛、团体追逐赛、个人追逐赛、奥林匹克竞速赛等采用计时赛方式，记分赛、淘汰赛和凯林赛采用相同名次决赛方式。

(十一)复活赛

复活赛也是自行车比赛的一种。在赛车场赛中，争先赛按参赛12～24名运动员编组进行1/8赛及之前的赛次。各个小组的负者可以获得一次负者之间的比赛，其中胜者可递升进入下一赛次，如再负将失去比赛资格。此赛次主要对确有能力、但在某一赛次中失误的运动员，给予复活机会，故得名。进入1/4赛赛次的负者无复活赛机会。凯林赛第一轮资格赛时，小组负者也可通过复活赛再次获得比赛资格。

三、山地自行车赛的比赛方法、简要规则及裁判方法

山地自行车比赛简称山地车赛，是自行车运动竞赛的一种，因在山地上比赛而得名。比赛路线尽可能包括森林公路和跑道、原野、土或砾石小道。经铺设的或沥青道路不能超过比赛路线总长的15%。比赛分越野赛、速降赛、分段赛、爬坡赛、双人绕杆赛、特技赛、超长越野赛、短程赛、耐力赛等。1996 年第二十六届奥运会首次将山地车男子、女子的越野绕圈赛列入正式比赛项目。

(一)越野赛

越野赛是自行车比赛项目之一,山地车赛的一种,分绕圈、超长、短程和耐力四种。绕圈赛赛程至少 1 圈,长 6 公里,持续时间随分类不同而不同。超长赛赛程至少 30 公里,有明显的海拔高度变化。集体或单人(计时赛)出发,通常比赛起终点非同一地点,但大圈的环形路可相同。短程赛路线每圈最多 6 公里,起终点设在同一地方,在保证安全的前提下,可设置自然或人为的障碍物。比赛路线上同时骑行的运动员最多 80 人。耐力赛是一项测验运动员操车技术、机械故障处理、按图骑行和速度耐力能力的长距离综合性项目,时间可持续 2 天或 2 天以上,并设有几个检查点和不同路线。

(二)速降赛

速降赛是自行车比赛项目之一,山地车赛的一种。较少蹬车,将快、慢、弯道、过障碍等技术串联组合,以自行车操控技巧性为主的比赛。比赛路线必须有 3%的路线为铺设的路面(如沥青、水泥等),必须全部是下坡骑行路段,由单人道、跳跃、慢地段、田野、森林道和砾石道混合组成。采用个人计时赛的方式,以成绩优劣排列名次。

山地自行车赛一般是按运动员的年龄进行越野、下坡、障碍和首次进行的 4 人追逐赛等 4 个项目的角逐。

第三节　休闲比赛项目的分类

群众性的自行车休闲比赛项目设置较为简单,一般由基层自行车协会或品牌自行车商组织实施,目的是为推广和普及自行车运动的健身理念、宣传自行车品牌。较好普及和容易操作的比赛项目为:公路自行车比赛;场地自行车慢骑比赛;山地自行车赛;小轮自行车赛等项目。

一、公路自行车比赛的方法、简要规则及裁判方法

群众性公路自行车休闲比赛项目在我国的各大城市和风景旅游地较为普及,其场地一般是选择在环形封闭的公路上,或者风景旅游地的一段山区盘山公路上。参赛者有人在画中行的感觉,即锻炼了身体又陶冶了情操。此公路自行车比赛可衍生为骑公路自行车进行比赛和骑山地自行车进行比赛的两种形式,即同时兼顾了两种不同车型的自行车爱好者对速度的追求。比赛时可以先发公路车,后发山地车,同种车型的参赛者以先到达终点者名次列前。

二、场地自行车慢骑比赛的方法、简要规则及裁判方法

场地自行车慢骑比赛是最为普及的群众性自行车休闲比赛项目之一,特别是崇尚企业文化的单位更是把这一项目作为企业运动会的明星项目来实施。因为比赛对参赛者的技术和场地的要求简单,且可不分年龄、性别、车型的同场竞技,深得大家的喜爱。比赛可以在标准的田径跑道上进行,也可以在任何长 30 米宽 15 米的场地上进行。参赛者听令后分道骑行,脚不得着地,车轮不得越线,不得定车,且以最慢的稳定车速行驶,以后到达终点者名次列前。如果参赛者较多,可分组进行计时赛,时间长者名次列前。

三、山地自行车越野比赛的方法、简要规则及裁判方法

山地自行车越野比赛也是广大山地自行车运动爱好者喜闻乐见、勇于参与的项目之一。比赛可在山区和城市郊区平原的非铺装路面或者混合路面进行,距离根据参赛者的性别、年龄及运动水平可长可短。可进行个人或团体的比赛,个人赛以先到

达终点者名次列前；参加团体比赛的队一般由4～8人组成，以团体的倒数第2人到达终点或者以整队同时到达终点的时间为该队的比赛成绩，时间短的队名次列前。

四、小轮自行车比赛的方法、简要规则及裁判方法

小轮自行车运动目前在我国民间普及的速度较快，特别在中学和大专院校。本项目非常受青少年自行车爱好者的青睐。比赛可分为场地竞速赛、花式自行车比赛和小轮车攀爬比赛等。

（一）小轮车自行车场地竞速赛

群众性场地竞速赛的场地规格可因地制宜，只要有一条100米以上的封闭泥地环道就行。比赛时可根据场地的容量决定参赛者的数量，参赛者以先到达终点者名次列前。

（二）花式小轮车自行车平地赛

花式小轮自行车平地比赛是在指定的平面场地里，利用小轮车做各种平衡花式滑行的动作而进行比赛，以完成规定动作和自选动作的质量来决定名次。比赛时，参赛者动作技巧娴熟、复杂、连贯、优美的程度，决定了比赛成绩的好坏。

（三）小轮自行车攀爬赛

小轮车攀爬运动作为新兴的群众性体育运动逐渐普及，我们时常能看见青少年们骑着他们心爱的小轮车征服台阶或者障碍物。此项比赛的场地是根据不同水平的参赛者来设置，以参赛者在规定时间里征服障碍物难度的高低来决定名次的优劣。

第十七章 游 泳

第一节 裁判员

一、人数

裁判员人数：总裁判长1～3人、技术检查员4人、发令员2～3人、转身检查长2人、每条泳道两端转身检查员各1人、计时长2人、每条泳道计时员3人（其中1人由转身检查员兼任）、终点裁判长1～2人、终点记录员6～9人、编排记录长1～2人、编排记录员8～12人、检录长1～2人、检录员3～5人、报告员1～2人及司线员2人。

二、职责

（一）总裁判长的职责

1. 总裁判长在大会领导下全面领导和分配裁判员的工作。

2. 裁判可根据规则和竞赛规程精神解决比赛中的有关问题，并可解决规则中未详尽或没有明文规定的问题，但不能修改规则和规程。

3. 总裁判长可随时干预比赛，以保证规则和规程得以执行，有权判决有关比赛进行时的各种异议。

4. 当裁判员的判定不能取得一致意见时，可由总裁判长做最后决定。当终点裁判员的名次与计时员计取的成绩不一致时，总裁判长有权决定名次。

5. 对犯严重错误或不称职的裁判员可做适当处理，必要时可停止其职务。

6. 根据本人的观察或其他裁判员的报告，有权取消犯规运动员的比赛资格或录取资格。

7. 应于赛前检查场地、器材是否符合规则的规定。如采用自动计时装置，应派专人负责检查自动计时装置是否准确可用。

8. 在比赛开始时，总裁判长应用连续短促哨声示意运动员脱外衣，然后用长哨声示意运动员站到各自的出发台上，两脚距出发台前缘相同距离（仰泳项目和混合泳接力项目的仰泳运动员应立即下水，在总裁判长发出第二声长哨时，仰泳运动员应迅速游回起点做好出发准备）。当所有运动员都做好出发准备时，总裁判长用手势通知发令员。如发现运动员抢码犯规时，总裁判长有权发出信号将运动员召回。

9. 各项、组的比赛成绩经总裁判长签名交给报告员并由记录员公布。

10. 副总裁判长协助总裁判长领导裁判工作。副总裁判长和技术检查员可与总裁判长轮流担任执行总裁判长来领导裁判工作（执行总裁判长在临场裁判工作中执行总裁判长的职责）。

（二）技术检查员的职责

1. 技术检查员位于游泳池两侧，在总裁判长直接领导下进行工作；

2. 技术检查员负责检查运动员在游进中的动作是否符合规则，协助转身检查员观察运动员转身犯规、到达终点和接力交接棒犯规情况；

3. 技术检查员如发现运动员犯规，应及时填写检查表并交给总裁判长。

（三）发令员的职责

1. 发令员有权管理由检录员带入场地等待比赛开始的运动员；

2. 发令员应站在游泳池侧面离出发池端 5 米以内处发令；

3. 发令员有权判定运动员出发时是否犯规。取消运动员比赛或录取资格须经总裁判长同意；

4. 运动员延误比赛、蓄意不服从命令、在出发时有任何(除出发抢码犯规外)犯规行为，经总裁判长同意后，有权取消运动员的比赛资格，但这一取消不算作一次出发抢码犯规；

5. 另一发令员应协助发令员记录运动员出发犯规情况。

(四)转身检查长的职责

1. 转身检查长(终点一端和转身一端各一人)负责领导和分配本端转身检查员的工作；

2. 转身检查长应审核转身检查员交来的检查表，签字后及时上交给总裁判长。

(五)转身检查员的职责

1. 转身检查员位于每条泳道的两端。

2. 转身检查员负责检查运动员从出发和入水后至第一次划水动作结束和转身动作是否符合规则(从触壁前最后一个手臂动作开始至转身完成第一次手臂动作为止)。

3. 终点一端的转身检查员还要负责检查运动员到达终点动作是否符合规则；接力项目比赛中应检查运动员是否在前一名运动员触及池壁后离开出发台；在 800 米和 1 500 米的个人项目中，运动员到达终点前 105 米时，应用铃声或哨声向运动员发出信号；兼做计时员的工作。

4. 转身一端的转身检查员还要负责在 800 米和 1 500 米个人项目中用报趟牌向运动员报所剩趟数。

5. 转身检查员在发现运动员犯规后，应及时填写检查表并交给转身检查长。

(六)计时长及计时员的职责

1. 计时长负责领导和分配计时员的工作。副计时长协助计时长工作。

2. 计时长应于比赛开始前检查计时表是否准确可用。

3. 计时长和计时员在发令员“发出信号后”后立即按动计时表，在运动员抵达终点时立即按停计时表。

4. 计时员负责计取运动员在比赛中所得的成绩及100米以上距离项目分段成绩，并将成绩登记在比赛卡片上交给计时长。如计时长要求查看计时表时，应将计时表出示受检。没有得到"回表"的信号前，计时员不得回表。

5. 计时长计时表作为检查、校对或补充之用。每组比赛完毕，收集各泳道的比赛卡片，必要时查看计时员的计时表，核实比赛成绩。与终点长核对名次后交总裁判长审查。

(七)终点裁判长及终点裁判员的职责

1. 终点裁判长负责领导和分配终点裁判员的工作。在各组比赛中观察全部情况，综合终点裁判员的判断，确定每组比赛名次。副终点裁判长协助终点裁判长工作。

2. 终点裁判员按分工情况准确地判断每组比赛名次。

3. 终点裁判员应坐在梯形架上，位于终点线的延长线上，以便在全部比赛中能清楚看到整个泳程和终点线。

(八)编排纪录长及编排纪录员的职责

1. 编排纪录长负责领导和分配编排纪录员的工作，提示总裁判长在成绩单上签字。副编排纪录长协助编排纪录长工作。

2. 编排纪录员于比赛前，应根据规则、规程、报名单、大会日程及有关材料编制秩序册。

3. 比赛开始后，要准确记录和及时公布每项、每组比赛成绩；预赛后，按成绩编排决赛秩序册。

4. 比赛结束后，应尽快编制成绩册，经总裁判长签字后送交大会。

(九)检录长及检录员的职责

1. 检录长负责领导与分配检录员的工作，副检录长协助检录长工作。

2. 检录员负责布置检录处，赛前核对运动员比赛卡片。

3. 检录员在每组比赛前负责点名，并带领运动员入场；比赛完毕后带领运动员离场。

发奖时，负责点名及引导工作。检录员还要负责检查运动员服装是否符合规定。

注:运动员必须穿不透明的游泳衣(裤)参加比赛。女游泳衣必须是连体的。

(十)报告员的职责

报告员在总裁判的领导下,将比赛项目和进行情况及时向观众介绍,并宣布比赛成绩。

(十一)司线员的职责

司线员负责掌管召回线,当听到了召回的信号时,应迅速放下召回线将运动员拦回。每场比赛前要认真检查召回线的设备。

第二节 比赛通则

一、参赛办法

(一)参加单位必须按竞赛规程规定,确定每项参加人数和每人参加的项数,并在规定的时间内办理报名手续。

(二)运动员在报名后不得替补和更改项目。

(三)接力比赛以队为单位,每个单位可在报名参加比赛的同组运动员中任选 4 人参加。在预、决赛中参加者可任意调换,但是必须在该场比赛开始前将按接力棒次顺序的运动员名单交检录处,否则以弃权论。在接力比赛中如颠倒棒次或冒名顶替者均应判为犯规。

二、编排

在报名单上要注明运动员的最近成绩,以便于竞赛编排工作。未注明成绩的,则作为成绩最差的安排比赛次序。如这样的运动员超过 2 人时,应以抽签决定其比赛次序。

(一)编组

1. 一组时,其赛次应作为决赛。

2. 两组或三组时，成绩最好的运动员或接力队应编在最后一组，次好的编在第二组，依此类推。从最后一组编到第一组后，再以同样的办法编排每个组的第二个运动员或接力队。依此类推把所有的运动员或接力队编排完毕。

3. 运动员人数超过三组以上时，成绩最好的 24 名运动员或接力队按 2 的办法编最后三组，所剩运动员或接力队按其成绩顺序编满倒数第四组，如还剩有运动员或接力队再编满倒数第五组，依此类推。

4. 两组或两组以上的任何预赛组内应至少有 3 名运动员或 3 个接力队。但在编排后，如有运动员或接力队弃权，预赛组内可少于 3 名运动员或 3 个接力队。

5. 比赛中不得将不同项目、不同距离和不同性别的运动员混合编组。

（二）泳道安排

1. 在设有 8 条泳道的游泳池比赛时，同一组成绩最好的运动员或接力队应安排在第 4 泳道上，运动员或接力队按成绩从高到低以 5、3、6、2、7、1、8 泳道的顺序进行安排。

成绩相同的运动员或接力队应用抽签的方法决定先后。

2. 50 米项目的出发在哪一端进行，应根据大会的决定执行，但其泳道的编排均按其他项目在出发一端进行出发的方法安排。

注：基层比赛可根据具体情况编排。

（三）弃权

1. 运动员或接力队弃权，应按照规程和有关规定处理。

2. 运动员或接力队的决赛弃权，须在该项预赛结束后 30 分钟内向有关部门提出，方可按运动员或接力队的预赛成绩依次替补。

三、出发

（一）自由泳、蛙泳和蝶泳的各项比赛必须从出发台起跳出发，仰泳应在水中出发。当听到总裁判长发出长哨声信号后，运动员应站到出发台上，两腿距出发台前端相同距离；仰泳各项运动员下水，在总裁判长发出第二声长哨时，仰泳运动员应迅速游回池端并做好出发准备。当发令员发出“各就各位”的口令后，运动员应至少有一只脚在出发台前缘做好出发准备；仰泳各项运动员在水中做好出发准备。当所有运动员都属于静止状态时，发令员应发出“出发信号”（鸣枪、电笛、鸣哨或口令）。运动员在听到“出发信号”后才能做出发动作。

（二）运动员如在出发信号发出前出发，应判出发抢码犯规。第一次出发抢码犯规，发令员应召回运动员并组织重新出发。第一次出发抢码犯规后，无论哪个运动员抢码犯规（不论该运动员是第几次犯规），均应取消其比赛资格或录取资格。如果在出发信号发出后发现运动员抢码犯规，应继续比赛，但在该组赛结束后取消犯规运动员的录取资格。如果在出发信号前发现运动员抢码犯规，则不再发出发信号，取消抢码犯规运动员比赛资格后，再次组织出发。

（三）发令员发现运动员抢码犯规或总裁判长判定运动员抢码犯规鸣哨后，发令员应连续不断地发出召回信号直至将运动员召回。

四、人工计时

（一）由1名裁判员按动开始和停止的计时秒表，只作一个表对待。

（二）使用精确至1/10秒的计时表：所记取的成绩，如秒针稍过，应按较差的时间决定成绩，即1分11秒4，秒针稍过，他的成绩应为1分11秒5（同时也就是1分11秒50），所以记录、公布及上报时应写（读）为1分11秒5。使用精确至1/100秒的计时表，应按所记取的1/100秒成绩记录、公布及上报。

（三）在3名计时员中，有两个以上的计时表所计的成绩相同时，此成绩应为正式成绩。如三个计时表所计的成绩都不相同时，应以中间的成绩作为正式成绩。如只有两只计时表时，而所计的成绩不相同时，应以较差的成绩作为正式成绩。

(四)若终点名次和计时成绩顺序不一致时(如第二名的成绩反而比第一名的成绩好)，若总裁判长的判定以终点名次为准，应将第一名与第二名的成绩加起来平均，作为第一名和第二名的成绩，但平均成绩出现在前分位秒数时应舍掉；若总裁判长判定以计时为准，应以计时成绩顺序重新排列名次。若出现两名以上的运动员的终点名次和计时成绩顺序不一致时，仍按此办法处理。

五、比赛和犯规

(一)运动员必须在自己的泳道内完成比赛，否则即算犯规。

(二)游出本泳道或用其他方式干扰、阻碍其他运动员者应取消其录取资格。

(三)由于某运动员犯规而干扰、阻碍的运动员获得优良成绩时，则应准许被干扰、阻碍的运动员补测成绩或直接参加决赛。如在决赛中发生上述情况，应令该组重新决赛(犯规运动员除外)。

(四)比赛中，运动员转身时必须使身体某一部分触及池壁。转身必须从池壁蹬出，不得在池底跨越或走动，否则即算犯规。

(五)在比赛中除在自由泳中可以在池底站立外，其他泳式(包括自由泳)均不得跨越或行走，否则即算犯规。

(六)在比赛中，运动员不得使用或穿戴任何有利于其速度、浮力的器具，否则即算犯规。

(七)接力比赛中任何一名队员犯规即算该队犯规。

(八)接力比赛时，如本队的前一名运动员尚未触及池壁，而后一名队员即离台出发，则应算犯规。如该队员重新返回并以身体任何部分触及池壁再游出时，不作犯规论。

第三节 各项泳式的比赛规定

一、自由泳

（一）自由泳比赛中，可采用任何泳式；

（二）转身和到达终点时，可用身体的任何部分触池壁。

二、仰泳

（一）运动员面对出发端，双手抓住握手器，两脚（包括脚趾）应处于水面下，禁止蹬在水槽内、水槽上，且禁止用脚趾钩住水槽边。

（二）出发和转身时，运动员应蹬离池壁，并在整个游进过程中呈仰卧姿势。除在做转身动作外，运动员必须始终仰卧。

（三）在整个游进过程中，运动员身体的某部分必须露出水面。在转身过程中，允许运动员完全潜入水中，但在出发和每次转身后，运动员潜泳距离不得超过 15 米，在 15 米后运动员的头必须露出水面。

（四）在转身过程中，当运动员肩的转动超过垂直面后，可进行一次连续单臂划水或双臂同时划水动作，并在该动作结束前开始翻滚。一旦改变仰卧姿势，就允许做与连续转身动作无关的打水或划水动作。运动员必须呈仰卧姿势蹬离池壁。转身时运动员身体的某部分必须触壁。

（五）运动员到达终点时，必须以仰卧姿势触壁。

三、蛙泳

（一）出发和每次转身后，从第一次手臂动作开始，身体应保持俯卧且两肩需与水面平行。

（二）两臂和两腿的所有动作应始终并在同一水平面上，且不得有交替动作。

（三）两手应由胸前同时在水面、水下或水上伸出，并在水面或水下向后划水，除最后一个动作外，在手臂的完整动作中，两肘不得露出水面。除出发和每次转身后的第一次划水动作外，向后划水不得超过臂线。

（四）在蹬腿过程中，两脚必须做外翻动作，不允许做剪夹、上下交替打水或向下的海豚式打水动作。只要不做向下的海豚式打水动作，允许两脚露出水面。

（五）在每次转身和到达终点时，两手应同时在水面、水上或水下触壁，触壁前两肩应与水面平行。在触壁前的最后一次向后划水动作结束后，头可以潜入水中。但在触壁前的一个完整或不完整的配合动作中，头应部分露出水面。

（六）在每个以一次划臂和一次蹬腿顺序完成的完整动作周期内，运动员头的某一部分应露出水面。

四、蝶泳

（一）除在做转身动作时，身体必须始终俯卧。从出发和每次转身后的第一次手臂动作开始，至下一个转身或到达终点时，两肩应与水面平行。任何时候都不允许转成仰卧姿势。

（二）两臂必须在水面上同时向前摆动，在水下同时向后划水。

（三）两脚的动作必须同时进行，允许两腿和两脚在垂直方向上同时做打水动作。两腿或两脚可不在同一水面上，但不允许有交替动作。

（四）在每次转身和到达终点时，两手应在水面、水上或水下同时触壁，触壁前两肩应与水面平行。

（五）在出发和每次转身后，允许运动员在水下做一次或多次打水动作和一次划水动作，这次划水动作必须是由身体升到水面。

五、混合泳

（一）个人混合泳须按照下列顺序进行比赛：

蝶泳、仰泳、蛙泳、自由泳(蛙泳、仰泳及蝶泳以外的任何泳式)。

(二)混合泳接力须按照下列顺序进行比赛:

仰泳、蛙泳、蝶泳、自由泳(蛙泳、仰泳及蝶泳以外的任何泳式)。

(三)在个人混合泳和混合泳接力项目上仰泳转蛙泳过程中,运动员肩转动超过垂面之前必须呈仰泳姿势触及池壁。

第四节　场地和器材设备

举行全国综合性运动会的游泳比赛,全国游泳冠军赛、锦标赛、达标赛和短池锦标赛的游泳池必须符合以下规定:

一、游泳池

(一)游泳池应长 50 米,短池池长为 25 米(误差范围为 50 米池为＋0.03 米、－0.00 米;25 米池为＋0.02 米或－0.00 米)。两端池壁自水面上 30 厘米至水下 80 厘米的范围内,必须符合此要求,安装自动计时装置触板后,误差也不得超过此范围。游泳池宽 21 米或 25 米。以上规格必须经国家承认的测绘单位测量并提供书面证书。

(二)水面至池底的深度应在 2 米以上,两端池壁必须垂直平行。两端自水面上 30 厘米至水面下 80 厘米的池壁,必须结实、平整、防滑。游泳池与跳水池之间至少应隔 5 米。应在离水面不超过 1.2 米的池壁上设休息台,台面宽为 10～15 厘米。池的四壁可设水槽(池的两端如设水槽,应按规定在水面上 30 厘米处留有安装触板的地方,必须有铁栅或挡板遮盖住水槽),水槽必须有调节阀,以保证池内正常水位。

(三)池水:水温 26℃(误差±1℃),室外游泳池水温最低不得少于 25℃。

比赛时,池水必须保持正常水位,水面要平稳。如采用循环换水，池水不得有明显的流动或漩涡。池水要达到能使运动员看清池底和池壁标志线的清晰程度。

(四)灯光：整个游泳池的灯光强度不得少于1 500勒克司。

二、泳道、分道线及标志线

(一)游泳池内设八条泳道，由九条分道线构成。每条泳道宽2.50米。第一、九分道线距池边至少0.50～2.50米。

(二)分道线必须拉至水池两端。固定分道线的拉钩应安装在池壁内。分道线必须拉紧，由直径5～15厘米的单个浮标连接而成。从分道线两端开始至5米处的全部浮标的颜色必须与其他不同，每两条泳道之间必须有一条分道线。

(三)泳道标志线：各泳道中央的池底应有清晰的绿色标志线，线宽20～30厘米，线长46米(短池线长21米)，线两端距池端均为2米。在泳道标志线的两端应各画一条长1米、与泳道标志线同宽并与其垂直的横线。两泳道标志线的中心距离应为2.50米。池端目标标志线应画在两端池壁上，且位于各泳道中间，宽为20～30厘米，从池的上缘一直延伸到池底。在水面下30厘米处的池端目标标志线中心上画一横线，横线长50厘米，宽20～30厘米。

三、出发台

(一)出发台应正对泳道的中央，其前缘应高出水面50～70厘米。出发台的面积至少为50平方厘米。台面向前倾斜不超过10°，以不滑为准。出发台必须坚固且没有弹性，并保证运动员出发时能在前缘和两侧抓住出发台。

(二)仰泳出发的握手器必须同时有横的和竖的，并设在出发台上，高出水面30～60厘米。横握手器与水面平行，竖握手器应与水面垂直。握手器应与池壁在同一垂直面上，不得在池壁之外。

(三)出发台四周应用明显的阿拉伯数字标明泳道号数。两侧的字应尽量靠前,使裁判员能看清。

出发台的号应在出发一端的池边上从右至左(面对池)依次排列。

四、召回线及仰泳转身标志线

(一)出发召回线必须横跨游泳池并系在离出发池端15米处的固定柱子上(距水面1.2米以上),要求能迅速放入水中,并能有效地盖住全部泳道。

(二)仰泳转身标志线为横跨游泳池的旗绳。旗绳两端分别固定在离游泳池两端5米的柱子上,高出水面1.80～2.50米。在距离游泳池两端15米处的泳池两侧和各泳道分道线上必须有明显标记。

五、自动计时装置

自动和半自动计时装置应能判定运动员到达终点的先后,并记录运动员的成绩。记取的成绩应精确到百分之一秒。任何安装的装置不得影响运动员的起跳、转身或溢水系统的功能。这种装置应由发令员启动;装置的电线尽可能不要露在池岸上;能够按名次和泳道显示出各泳道所有记录下的信息;提供易读的运动员成绩。

自动计时装置应包括以下设备:

(一)终点触板

终点触板最小应为240厘米×90厘米。最大厚度为1厘米,触板应露出水面30厘米,浸入水中60厘米,各泳道的触板应独立安装,以便单独控制。触板的表面必须颜色分明,并划有规定的池端标志线。

1. 安装:终点触板应安装在泳道中心的固定位置上,触板应轻便,以便容易拆卸。

2. 灵敏度:触板的灵敏度应不会受水浪的波动而产生作用,只对运动员的轻重触动产生作用。触板的顶沿应是灵敏的。

3. 标志线：触板上的标志线应与池壁的标志线一致并重叠，触板的周围和边缘应标有2.5厘米的黑边。

4. 安全性：触板应没有触电的危险，触板的边缘应平滑。

（二）启动装置（出发音响）

1. 供发令员发布口令的话筒；

2. 如使用发令枪，必须带有换能器；

3. 话筒和换能器应与各出发台的扬声器相连，使运动员都能同时听到发令员的口令和发出信号；

（三）自动计时装置至少有下列配件和功能

1. 在比赛中能重复打印各种信息；

2. 成绩公布板；

3. 精确到百分之一秒的接力出发判断器；

4. 自动计趟器；

5. 分段成绩公布板；

6. 总名次排列计算机；

7. 误触板纠正器；

8. 自动充电器。

六、人工计时表

每小时误差不得超过正负0.3秒。

每条泳道配备能记取分段成绩的计时表至少1～2个。

七、基层比赛的游泳池

基层比赛的游泳池水深不得少于1米；泳道宽不得少于2米；第一泳道与最后一道到两侧池壁的距离不得少于20厘米。在离池端1～5米的范围内的池水应至少有1.20米深；出发台和另一池端上方的灯光强度不得少于600勒克司；泳道数和池宽不限。

第十八章 台 球

第一节 斯诺克(Snookered)标准规则

一、器材

(一)球台规格

1. 尺寸:球台内沿长 3 569 毫米×1 788 毫米(允许偏差±13毫米)。

2. 高度:从地面到库边顶部高度为 851～876 毫米。

3. 袋口:

(1)球台四角各一个(位于黑球点后的称为顶袋,位于发球区后的称为底袋),球台中间两端各一个(称为中袋)。

(2)袋口标准应遵照中国台球协会的规定。

(二)开球区——开球线和D形区

1. 平行于球台底库,距库边(内沿)737 毫米,并与左右库边相交的直线称为开球线。

2. D 形区:以开球线中点为圆心,以靠近底库半径 292 毫米的半圆形称为D形区。

3. 置球点:四个置球点位于球台纵向中线上。

(1)距顶库 324 毫米的点为黑球点;

(2)顶库与底库的中点为蓝球点;

(3)蓝球点至顶库的中点为粉球点;

(4)开球线的中点为棕球点;

(5)D 形区与开球线左边的交点为绿球点,右边的交点为黄球点。

（三）球

比赛用球直径为 52.5 毫米，允许偏差±0.05 毫米，并且：

1. 每副球之间重量偏差不能超过 3 克；

2. 更换某个球或整副球须征得双方选手的同意或者由裁判决定。

（四）球杆

球杆长度应不少于 91.4 厘米，不能脱离传统的材料，并且要具有公认的形状。

（五）辅助器材

辅助器材是指当选手不利于击球时使用的各种架杆、长打杆、延长棒和接杆等，包括其他选手或赛会提供的各种通用器械。

二、术语

（一）局（Frame）

一局是指从第一杆击球开始，直到由以下行为导致比赛结束的一段时期。

1. 一方选手在轮到其击球时放弃击球；

2. 当台面上仅剩黑球而双方之间比分差距超过 7 分时，比分低的一方认输；

3. 黑球入袋或仅剩下黑球时犯规。

（二）场（Game）

一场球是指约定或规定好的局数。

（三）比赛（Macth）

一次比赛是指约定或规定好的场数。

（四）球（Balls）

1. 白色球为主球；

2. 15 颗红球和 6 颗彩球为目标球。

（五）击球方（Striker）

轮到其击球或正在击球的选手为击球方，直到裁判裁定他此次击球结束为止。

(六)一击球(Stroke)

1. 当选手用球杆顶部皮头击打到主球,无论是否得分、犯规或失误都为一击球。

2. 当一击球没有违犯规则时为正确击球。

3. 一击球直到所有的球都停止移动时才视为完全完成。

4. 一击球可以是直接击打或者间接击打,如:

(1)主球在碰触库边前就击中目标球,称为直接击球;

(2)当主球碰触库边一次或几次后才击中目标球,称为间接击球。

(七)入袋(Pot)

当一个目标球在与另外的球碰撞后落入袋口,并未违犯本规则,称之为入袋。

(八)一杆球(Break)

击球选手从第一次击球得分起,再次击球得分,连续击球得分直到失误或犯规为止,这一轮次里一系列击球的总和称为一杆球。

(九)手中球(In-hand)

1. 以下情况时,主球为手中球:

(1)每局开始之前;

(2)当主球落袋;

(3)主球跳离台面。

2. 在以下情况前,主球为手中球:

(1)从手中球开局;

(2)犯规时主球仍留在台面上。

3. 当主球如上所述成为手中球时,击球者应被告知。

(十)赛中球(Ball in play)

1. 当主球不是手中球时即为赛中球;

2. 目标球自开球后直到落袋或跳离台面前始终为赛中球;

3. 彩球在重新摆回台面后即为赛中球。

(十一)活球(Ball on)

凡可以被主球第一次合法撞击,或虽不能如此但仍然可以入袋的球,称为活球。

(十二)指定球(Nominated Ball)

1. 指定球是由击球方声明过或经裁判同意、击球选手力图第一次用主球击中的球;

2. 当裁判询问时,击球方必须声明他将要击打哪颗球。

(十三)自由球(Free Ball)

自由球是指在犯规后出现斯诺克时,击球方指定为活球的目标球。

(十四)离开台面(Forced off the Table)

当一个球不在台面上停止或落入袋口,或当其仍为赛中球时被击球方拿起来。

(十五)犯规(Foul)

违犯本规则的任何行为都视为犯规。

(十六)斯诺克(Snookered)

若由于死球阻碍而主球不能同时直线完全通过任意球两边时,即称为斯诺克;如果任何一个活球可以被主球同时直线击打到最薄的二边缘,都不能称为斯诺克。

1. 当球为手中球时若出现上述情况,同样称为斯诺克。

2. 如果是在击打活球时主球被一个或多个死球以上述方式所阻碍,则:离主球最近的球为造成斯诺克的球,并且如果有多个与主球是等距离的球,此类球都被看做是造成障碍的球。

3. 红球为活球时,如果主球击打时被其他红球如上述所阻碍,此时不算作斯诺克。

4. 当主球如此述情况受阻时,击球方被称为受到斯诺克。

(十七)置球点被占(Spot Occupied)

彩球放回置球点且未能与任何球相贴,如若不然,即称之为置球点被占。

(十八)推杆(Push Stroke)

当有如下情形出现时,即造成推杆:

1. 主球开始向前运动后皮头仍与主球相贴;

2. 当主球与目标球相接触时皮头仍与主球相连。当主球与目标球几乎相贴,如果主球很轻微地接触到目标球边缘,则不判作推杆。

(十九)跳球(Jump Shot)

击球时,若主球从目标球任何部分上超过,无论是否与其接触到都判作跳球,除非:

1. 主球首先击中一个目标球后才跳过其他的球;

2. 主球跳起击中目标球,但并未落在目标球前方;

3. 当主球合法击中目标球后,与库边或其他球发生碰撞后跳过所击中的目标球。

(二十)空杆(Miss)

主球没有首先击中活球后,若裁判认为击球选手没有尽全力,则称为空杆。

三、比赛方法

(一)概述

斯诺克台球可以由两个或多个选手单独或分组进行。比赛方法如下:

1. 白球一个,选手轮流作主球,目标球 21 个,包括:15 个红球,每个 1 分;彩球 6 个,其中黄球 2 分,绿球 3 分,棕球 4 分,蓝球 5 分,粉球 6 分,黑球 7 分。

2. 选手在轮到自己击球时,在红球全部离开台面之前,必须交替击打红球和彩球。红球全部离开台面后,按照彩球分值从低到高依次击打彩球,直到结束比赛。

3. 当合法进球后,则给击球选手加上相应的分值。

4. 犯规的罚分加给对手。

5. 一局中的任何时候,将主球停在死球后面给对手作斯诺克都是一种策略。如果一个选手或一方落后的分数超过台面上所剩的分值，做斯诺克让对手罚分更是一种很重要的方法。

6. 一局中，当一个选手或一方满足下列条件，即可获胜：

(1)得分最高；

(2)对手弃权。

7. 一场中，当一个选手或一方满足下列条件，即可获胜：

(1)赢得多于或等于所需的局数；

(2)所获相应积分最多。

8. 当一个选手或一方所赢场数最多，或者所获相应积分最多，即赢得此比赛。

(二)球的位置

1. 每局开球前，主球为手中球，目标球如下放置：

(1)红球摆成正三角形，顶点处于球台中线上，与粉球尽量接近但不能相贴，三角形底边与顶库平行；

(2)黄球置于开球线与D形区右边的交点；

(3)绿球置于开球线与D形区左边的交点；

(4)棕球置于点(蓝球点)；

(5)蓝球置于粉球点；

(6)粉球置于黑球点；

(7)黑球置于黑球点。

2. 在每局开始之后，活球可以且只能由裁判在击球方的合理要求下清洁。

(1)如果球的位置不在置球点上，则应先用定位器定位后再拿起进行清洁；

(2)当某个球需要清洁时，定位器常用来标记其位置，直到这个球清洁完毕后放回台面。击球方以外的任何选手若触动了定位器，都将受到处罚。如果触动定位器的是击球方，那么将失去本次的击球资格。即使是已经拿起，必要时，裁判也可以把定位器或正在清洁的球放回原位，直到他认为满意为止。

(三)比赛方法

比赛选手可以抽签或由任何双方同意的方式来决定击球顺序。

1. 决定好的顺序在一局里不得改变,除非是一方在对手犯规后要求其重打。

2. 在每场比赛里,双方轮流开球。

3. 每局在开球选手球杆的皮头接触到主球时正式开始,或者:

(1)当打出一击球时;

(2)当主球正式生效时。

4. 每个轮次的第一次击球时,如果台面上还有红球,红球或自由球都被当作活球来处理,其分值与红球相同,直到红球全部离开台面。

5. 如果红球或自由球被认定为活球时入袋,那么击球选手下一杆则应击打其他的彩球,若入袋,则加上彩球对应的分值并将彩球置回原位。红球与彩球交替入袋使一杆球继续下去,直到红球全部离开台面。当最后一颗红球入袋后,还必须击打一次彩球。此后,彩球则成为活球,按照其分值从小到大逐个击打,直到停止进球。

6. 击球方没能进球得分或者犯规、失误,那么其此次击球结束,换由对手从主球静止处或手中球开始击球。

(四)局、场或比赛的结束

1. 当仅剩下黑球时,当击球方首先得分或犯规时,该局即结束,除非有以下情况:

此时双方比分相等,并且积分不同。

2. 当出现第1项所述的两种情形时:

(1)黑球应放回原位;

(2)双方选手须抽签决定击球顺序;

(3)下一位选手击球时须从手中球开始;

(4)再一次得分或犯规时该局结束。

3. 当整场或整个比赛结束时，以双方总分高低来决定胜负。若在最后一局时总分相等，双方选手应遵照第二项所述程序重置黑球以决定胜负。

（五）从手中球开始

从手中球开始时，主球可向任意方向击打，但摆放位置不能超出D形区。

1. 裁判可以根据情况判断主球放置是否适当（即是否超出D形区）；

2. 当放置主球时若皮头触及主球，但裁判认为并不是在击球，那么主球不算赛中球（即不算犯规）。

（六）同时击中两颗球

除了两颗红球、一颗自由球和一颗活球外，其他任何球都不能被主球在第一次碰撞时同时击中。

（七）彩球放置

任何彩球进袋或跳离台面，在下一击球之前须重新放回台面，直到它依规则入袋。

1. 由于裁判未能恰当地放置台球而引起的错误，选手不负责任。

2. 当彩球依次入袋后被错误地重新放置，那么在被发现时这颗彩球应被从球台上拿掉但不做任何处罚，比赛继续进行。

3. 如果放置不正确的球已被击打，随后的击球中将被放置。任何忘记摆上台面的彩球都应重新摆放。

（1）由于以上的原因造成的过失不予处罚；

（2）若选手在裁判还未完成置球动作时就进行击球，此种情况应予以处罚。

4. 若某一彩球的置球点被占，应将其放置在分值最高的置球点上。

5. 如果有不止一个彩球置球点被占，则分值高的彩球优先放置。

6. 若置球点全部被占，彩球就置于自己置球点与顶库边垂直连线上最接近置球点的位置。

7. 放置粉球和黑球时，如果它们的置球点和其他置球点均被占，而在其置球点与顶库之间已无空间放置时，该彩球就放置在纵向中线上距其置球点最近的位置上。

8. 任何时候，彩球在放置时都不能与其他球相贴。

9. 在放置彩球时，必须依照本规则用手来将其放置到恰当的位置。

（八）贴球

1. 当主球静止，且与一个或多个活球相接触时，称之为贴球。发生贴球时，裁判应向选手宣布贴球，并指出是哪颗球与主球相贴。

2. 当裁判宣布贴球后，击球选手必须将主球打开而不能使与主球相贴的球移动，否则就造成推杆。

3. 出现贴球后，在如下情形下，击球选手没有使目标球移动，将不予处罚。

(1)与主球相贴的是活球；

(2)与主球相贴的球可以作活球，并且击球选手已声明将其作为活球，并且他要击打的目标球是另一个可以作为活球的球。

4. 当主球与一个死球相贴或几乎相贴时，选手须按照上条规则所述击打，且必须首先击打活球。

5. 当主球同时与活球和死球相贴时，只能将活球看作贴球。如果选手向裁判询问此死球是否也是贴球时，裁判应予以答复。

6. 在选手击球时贴球发生移动，而裁判认为这不是他引起的则不被判犯规。

7. 如果一个固定目标球经裁判查看当时认为未与主球相贴，但随后又被认定为相贴，只要一击球未完全完成，那么这个球应当由裁判摆回原位。

（九）袋口球

1. 如果袋口球未受其他球的撞击、触动而落入袋中，此球应重新放回原位，选手所得的其他分数应予以计算。

2. 如果袋口球被一球击中，但在受到撞击之前就落入袋中，则：

(1)如果没有违犯本规则，则所有的球都应被原样放回，由击球方重复同样的击打，或者选择另一种不同的打法；

(2)如果是犯规引起的，击球方将受到处罚，所有的球原样重置，此时下一位选手拥有选择的权力。

3. 如果一个球在袋口持续短暂平衡之后落入袋口，则不必重置，并应予以记分。

(十)犯规后的斯诺克

在犯规以后，如果主球遇到斯诺克，裁判将应宣布为自由球。

1. 当下一位选手选择自己击的下一击球时，他可以指定任意一个球为活球，并且任何指定球被当作活球来对待，分值相同，如果自由球入袋，应重新置回原位。

2. 出现以下情形，则为犯规。

主球未击中指定球，或第一击同时击中非活球，或使用自由球给对方做斯诺克(仅剩粉球和黑球时除外)。

3. 若自由球入袋，按相应活球的分值记分并重新摆回置球点。

4. 若主球击打自由球的同时或之后有活球入袋，则只计活球分值，但活球不必重摆。

5. 如果自由球与活球一同入袋，只计活球的分值，除非自由球是红球，则自由球应重新放回置球点，但活球不必重摆。

6. 如果要求犯规选手继续，则自由球取消。

(十一)犯规

选手犯规后裁判应立即宣布犯规(Foul)。

1. 如果击球方还未击球，他的此轮击球立即结束，并且由裁判宣布处罚。

2. 如果击球方已经击球，裁判应等到此击球完成后再宣布处罚。

3. 如果犯规行为在下一击球开始前裁判未作出判定，未击球方也没有提出请求，则不予追究。

4. 彩球除了跳离台面后应当正确摆放外，如果未被放置到正确的位置，就一直保持此位置。

5. 一杆球在犯规前所得的分数都予以计算，但是被判犯规的一击球所得的分数不能计算在内。

6. 下一位选手从主球停下的位置继续击球，如果主球离开台面，则从手中球开始。

7. 如果一击球内有超过一次的犯规，应以最高的罚分处罚。

8. 犯规的选手

以下第1项到第3项规定中的犯规最少罚4分，若有高于4分者按实际分值处罚，判罚如下：

(1)以下情况按活球的分值判罚

① 击打主球一次以上；

② 双脚同时离地击球；

③ 不按顺序击球；

④ 开始手中球时不正确，包括开球；

⑤ 未击中任何目标球；

⑥ 主球落袋；

⑦ 击打自由球时造成斯诺克；

⑧ 跳球；

⑨ 使用非标准球杆击球。

(2)以下情况按所涉及球中最高的分值判罚

① 球未停止时击球；

② 在裁判将彩球放置好之前击球；

③ 使非活球落袋；

④ 主球未首先击中活球；

⑤ 推杆；

⑥ 贴球时，除了主球与皮头相接触之外的一击球；

⑦ 使球离开台面。

(3)主球同时击中两颗球时，若这两颗球不是红球或是一个自由球和一个活球，则应按活球的分值或最高分值判罚。

(4)下列犯规一律判罚 7 分

① 使用台面的球以达到一定目的；

② 使用其他对象测量间隙或距离；

③ 击入红球或自由球后又击打红球；

④ 不使用白球使用其他球作主球；

⑤ 当裁判要求指定球时未报就开始击球；

⑥ 红球或自由球入袋后，在指定彩球前犯规。

(十三)重打

对手犯规之后，选手要求其重打，但一旦提出即不能更改。犯规者在被要求重打时，有以下权利：

1. 可重新选择如何来打；

2. 可任意选择要击打的球；

3. 合法击入袋的任何球都应予以记分。

(十四)无意识救球(Foul and a miss)

击球方应尽最大努力击中活球，如果裁判认为违反这一规则，他将宣判无意识救球，除非台面仅剩黑球，或在此位置不可能打到活球。就后一种情况来说，必须是击球方确实尽全力，直接或间接地朝活球方向上给予了足够的力量。

1. 在意识救球后，对手可以要求犯规选手在主球停止的位置上继续击打，或要求他复原上一次的位置重打上一击球，即：

(1)红球为活球时，可击打任意红球；

(2)红球全部离开台面后，击打成为活球的彩球；

(3)当选手在红球入袋后击打彩球时被判无意识救球，此时应击打上次选择的彩球。

2. 若主球可以明显直线击中任意活球的任意部分时，而他在击球时并未首次撞击到活球时，裁判须判罚无意识救球，除非选手之前需要斯诺克，或裁判确认击球者不是故意如此的。

3. 如果主球与活球之间有明显可以通达的直线(就红球而言,即主球可以不受阻碍地直线碰触到任意红球的最薄处)而出现如上第2项所述的情况,即称为空杆(Miss)。此时如果同样击打再次未能首先击中活球,不管距离远近,一律判为无意识救球。如果被要求重新从原位击打,裁判应警告选手若出现三次这样的情况,将会被判输掉此局。

4. 主球依本规则重新放置后,主球可以明显直线碰触到任意活球的任意部分,如果一击球未完成时选手因其他原因而犯规(包括试击主球),不能称为空杆(Miss)。此时应依据规则进行恰当的处罚,并且下一位选手可以选择自己接着击打或要求犯规选手从主球停止的位置继续击打,也可以要求裁判将球全部置回上次击打时的位置,由犯规选手重新击打。如果上述位置发生多次空杆(Miss),裁判可对其提出警告,并依规则判其输掉此局。

5. 是否空杆(Miss)须由裁判判定。在击球者出现空杆并要求将主球恢复原位重打时,已受触动的目标球除非裁判认为会给击球者有机可乘,否则就保持现有状态不必重摆。当裁判认为目标球有必要重摆时,全部受触动的球都得恢复一击球时的状态,若彩球离开台面,则须摆回其置球点。

6. 当空杆后裁判将球重置,犯规选手和下一位选手可以对任何一颗球的位置进行查看并提出意见。

7. 在对重置球的位置进行商议时,若任何一位选手触动了台面上的赛中球,不管击球顺序如何,他都被当作击球方来进行处罚。受触的球由裁判重新放置直到满意为止,必要时可以再拿起来。下一位选手如请示从原始位置进行下一击球,他可以询问裁判是否打算重置主球以外的其他球,对此裁判应予以答复。

(十五)非击球方原因而受触或受干扰的球

无论静止或运动中的球,如果不是由击球方原因而受到干扰,受干扰的球应由裁判根据其判定,将球摆放到他认为应该的位置上，并决定是否处罚或判本局结束。

1. 此规则包括任何人干扰的球，击球方同伴引起的除外；

2. 由裁判对球的干扰，任何选手都不受处罚。

(十六)僵局

如果裁判认为比赛陷入僵局或即将陷入僵局，应向选手提议重新进行本局。若有选手不同意，裁判须允许选手继续击打，但应提醒其若不能在规定期间(通常是每方各三击球，但应以裁判的决定为准)打破僵局，裁判将宣布本局无效，所有的球都被重摆，本局比赛重新开始，并且：

1. 由同一选手开球；

2. 击球顺序不变。

(十七)双打比赛

1. 在双打比赛中，各局双方轮流开球，每局比赛前决定的击球顺序在本局中不得更改。

2. 在每局开始时选手可以变换击球顺序。

3. 如果有选手犯规且被要求重打，即使是在不轮他击球时犯规，他都必须重打，原击球顺序保持不变，这样可能会导致犯规选手的同伴失去一轮击球。

4. 一局中同伴之间可以相互商讨，但是以下情况不允许商讨：

(1)当击球方正式击球时；

(2)在一击球至一杆球结束期间。

(十八)辅助器材的使用

击球方有权在球台上放置和移动自己可能用到的器材。

1. 击球方对自己所有器材负责，如拿到台面上的架杆和延长棒，无论是自己的还是提供的，只要在使用器材时犯规，都会受到处罚。

2. 器材通常可在球台边找到，并由裁判或同伴提供。如果器材明显有缺陷而造成击球方触动台球，不能判为犯规。

四、选手

(一)超时

如果裁判认为选手一击球或选择一击球所用时间太长,可以警告选手这种行为会被判输掉此局。

(二)不正当行为

选手拒绝继续比赛,或故意连续犯规,或有不正当行为,包括:在被警告后继续超时,作出粗俗行为,选手将被判输掉此局,并且选手将被警告若再有此行为,将输掉整场比赛。

(三)处罚

1. 若某局依此规则被终结,则犯规者输掉此局,并且犯规者的得分被取消,台面上所剩球的分值全部加给其对手,此时每个红球计 8 分,任何非正常离开台面的彩球都被看做仍在台面记分。

2. 若选手依此规则被判输掉一场,则输掉如第 1 项所述的一局,并且输掉本场中未打的几局,或者失去剩余几局的积分,每局以 147 分计算。

(四)非击球方

当击球方击球时,非击球方应避免在其瞄准视线内站立或走动,而应坐在或站在离球台适当距离的位置。

(五)缺席

当比赛时非击球方暂时离开赛场时,他可以指定一个代理人监视场上比赛,必要时可以指出对方犯规。代理人的指定必须在离开前告诉裁判。

(六)弃权

1. 已为击球方时选手才能弃权,对此,其对手有权接受或拒绝,若其对手选择继续比赛,则此次弃权作废。

2. 当选手弃权时,其得分保留,台面上所剩球的分值全部加给其对手。在此情况下,每个红球计 8 分,任何非正常离开台面的彩球都被看做仍在台面记分。

五、官员

(一)裁判

1. 裁判的职责

(1)犯规或不犯规只能由裁判判定；

(2)在为了公正比赛的情况下可以自由作决定,但不能与规则有太大的出入；

(3)在发现违反规则的事情时进行干预；

(4)当如果选手要求,须告诉选手球的颜色；

(5)在选手合理要求时对球进行清洁。

2. 裁判不可以

(1)回答任何本规则以外的问题；

(2)在选手即将失误时给以暗示；

(3)给出任何影响比赛的意见和建议；

(4)回答关于比分差异的问题。

3. 如果裁判没有注意到某事,他可以向记分员、其他官员或观众询问,以帮助他作出妥当的判决。

(二)记分员

记分员应当保证显示在比分牌上的比分正确并协助裁判计算出每一杆球得分的总数。

(三)记录员

记录员应记录每一击球的得分,在犯规处作记录,并计算出每一杆球得分的总数。

(四)官方协助

1. 击球方要求时,裁判和记分员应移动或关闭灯光设备(照明),以免影响选手击球。

2. 根据情况,裁判或记分员在必要时可对残疾选手给予帮助。

此外,斯诺克还形成了一些特有的规矩：

(1)双方可以通过抛硬币决定谁先开球,但是注意不要在台球桌面上旋转硬币，以免损坏台布。

(2)当双方在打球时，尽量保持肃静，注意不要站在对方瞄准的袋口后面，或者其他容易影响到打球方的位置。

(3)在友谊赛和平时对阵时，场上无裁判。这时，在对方进了彩球后，应该帮忙将彩球摆回台面，并且主动报分数。

(4)当自己打了失误球时，即使裁判没有看出，都应主动声明。

(5)要有端正的态度和良好的举止。斯诺克同高尔夫一样，要求参加者具有高水准的体育精神和绅士风范。

第二节　美式普尔(8 球)标准规则

一、比赛方式

8 球比赛使用同一颗主球(白色)，1 到 15 号共 15 颗目标球，1 到 7 号球为全色球，8 号为黑色球，9 到 15 号为双色球(又称花色球)。比赛双方按规则确定一种球(全色或花色)为自己的合法目标球，在将本方目标球全部按规则击入袋中后，再将 8 号球击入袋的一方获胜该局。若一方在比赛中途将 8 号球误击入袋或将 8 号球击离台面，则对方获胜该局。

二、器材

(一)球台：内沿尺寸 2 540 毫米×1 270 毫米，从地面到库边顶部高度为 800～850 毫米。

(二)球杆：须符合中国台球协会认可的标准。

(三)架杆：比赛须采用赛会所提供的。

(四)置球点：球台长边中线上距顶库 635 毫米的点。

(五)开球线：平行于球台底库，距底边 450 毫米，并与左右两库相交的直线。

(六)开球区：由赛事组委会在台面上画出的有效开球区(一

般出现在职业赛事上)。

三、摆放球

开球前目标球排列为三角形,共 5 排,每排球数分别为 1 至 5。第一排的 1 颗球置于置球点,8 号球位于第三排的中间位置,其他目标球全色和花色间隔开随意摆放,但必须彼此紧贴。比赛双方均有权检查球摆放是否符合规则,并要求修正不符合规则的摆放。

四、开球

(一)首局开球权的确定由双方在开球线后分别同时向底边击打同一规格的两颗主球,碰底边弹回后静止。球离顶边较近的一方获得开球权。若击出的球未触底边或入袋则为犯规,由对方获开球权;若双方球离顶边距离相同或双方犯规,则重新进行直到一方获开球权。

(二)竞赛组委会可在赛前确定多局比赛时为双方轮流开球或由胜方开球。

(三)开球后,必须使任何一颗目标球入袋或至少 4 颗目标球碰触台边。若开球后主球跳离台面或主球入袋,或碰触台边的目标球数少于 4 颗,则为犯规。

违反本项规则的处罚:对方可要求摆球,由自己或犯规方重新开球;或对方获线后自由击球权。

(四)若开球后 8 号球直接入袋,则由开球方重新开球。

(五)开球后若无进球且无犯规,则换对方继续击球。

五、确定花色

(一)一方在开放球局中合法进球后,其所进球的种类(全色或花色)为该方该局合法目标球,另一类球为对方该局合法目标球,球局关闭。

(二)开球有球入袋,不论数量、花色、先后,开球方继续击球并有权继续选择种类。此后，其所选择的一类球有合法入袋，则球局关闭；若其选择的一类球没有入袋，则球局仍开放，换对方击球且可继续选择种类；若其选择的一类球虽有入袋，但同时伴有主球入袋或主球、目标球出台等犯规，则球局仍开放，对方获自由击球权。

（三）球局开放时，击球方可用一种花色的球间接地将不同花色的球传击入袋或用8号球将其他目标球传击入袋而不处犯规，但该进球不能使球局关闭，换对方击球。

六、击球

（一）选手每次击球无需指定入袋球或袋口（打8号球时除外），其击球全部过程没有犯规，则本方目标球入袋均有效，获继续击球权；若本方目标球入袋同时有对方目标球入袋，对方目标球亦不再拿出；若仅有对方目标球入袋，亦不犯规，换由对方击球。

（二）任何一方击球后，主球最先碰触的必须是本方目标球（本方目标球已全部入袋后，8号球为本方目标球）。

违反本项规则的处罚：对方获自由击球权。

（三）一方击打主球碰触目标球后，若没有目标球入袋，必须至少有一颗球碰触台边（含主球）。

违反本项规则的处罚：对方获自由击球权。

（四）击球后，未入袋的目标球和主球必须停留在台面上。

违反本项规则的处罚：若8号球停留在台面以外，则击球方该局负；若其他球停留在台面以外，则对方获自由击球权，跳离台面的目标球合理消失。

（五）击球过程中（包括出杆前后），击球者除杆头以外的任何身体部分（包括服饰）、器材（包括杆身、架杆、擦粉）均不得碰触台面上的任何球。

（六）在一次击打过程中，杆头不能碰触主球两次或两次以上。

违反本规则的处罚：对方获自由击球权。

七、贴球

（一）主球与台面上本方目标球相贴时，击球方击打主球后，可以使该目标球移动，且出杆角度没有限制，但击打动作必须明显；若反向击打，该目标球没有移动，并不算已碰触目标球。

违反本项规则的处罚：对方获自由击球权。

（二）主球与台面上非本方目标球相贴时，击球方击打主球后，该目标球不能因此而直接移动。

（三）目标球与台边相贴时，主球击打该目标球后，该目标球必须离开台边后再次碰触台边或有其他球碰触台边或有目标球入袋。

违反本项规则的处罚：对方获自由击球权。

八、跳球

（一）击球方可根据技术需要将主球击离台面，跃过其他目标球直接击中本方目标球，但规则六的条款依然适用；

（二）跳球时，击球者只能用杆头击打主球球面 1/2 以上的区域，且所用球杆不能短于 90 厘米。

违反本项规则的处罚：对方获自由击球权。

九、连续三次犯规

当一方在同一局比赛中连续三次犯规时，则其该局负。但裁判有义务在一方连续两次犯规后，对其提出警告。

连续三次犯规——指一方连续三次击球过程均出现犯规行为，与中间对方击球、进球或犯规与否无关。若一方已连续两次犯规，轮其上场击球后，一击有合法进球，则犯规不再连续。

十、输局

（一）对方在没有犯规的情况下击打 8 号球并使其落入指定

的球袋或己方连续三次犯规；

（二）未将本方目标球全部击入袋中而先将8号球击入袋；

（三）将8号球击出台面（开球时除外）；

（四）击打8号球时，主球落袋或跳离台面；

（五）一击使本方最后一颗目标球与8号球同时或先后入袋；

（六）打8号球时所进球袋非指定球袋。

第三节　9球规则及裁判法

一、球的摆放

球用三角框排成菱形，1号球在最前方，9号球在中间，其他球随意。1号球的中心在置球点上方，9颗球必须紧密排列。

二、开球权

开球权的取得通过比球进行，参赛的双方各持一颗球，从发球线后同时向对面台边击打，反弹回来后，离底台边最近的一方取得开球权。每一局的获胜者取得下一局的开球权。

注意事项：

（一）开球方必须先撞击1号球，9个球中最少要有4个彩球碰到台边，或有彩球进袋，方算开球有效。

（二）开球后，母球进袋或被击出台面，对手获得自由球机会。

（三）开球后，若把除9号球之外的花球击出台面，离台的球不必拿回台面，对手获开自由球。

（四）开球后，若9号球被击出台面，要重新摆回置球点，若置球点上有球挡住，则把9号球摆在置球点与顶台边的垂直线上靠近置球点的位置上，由对手开自由球。

三、犯规行为

(一)母球击打的不是台面上分值最小的球;

(二)出杆后无球进袋,且母球、花球均未触帮;

(三)花球飞出台面,除9号球需拿回台面重排外,其他球无需拿回;

(四)母球飞出台面;

(五)母球落袋;

(六)击球时台面上的球未完全静止;

(七)开球时,母球放在了开球线外,经裁判告知后,仍强行出杆;

(八)球杆、身体、衣服等碰触台面上的任何球;

(九)击球时双脚离地。

四、自由球

一方犯规后,接下来进攻的一方获得自由球。球手开自由球时,母球可置于球台任何位置但不能碰触任何花球。

五、间接进球

选手根据规则,击打台面最小分值的花球后,花球或母球撞击其他花球进袋,则有效。可继续击球,如果撞进了9号球,则赢得这一局。

六、跳球

母球与目标球被其他花球挡住,选手可采取合法跳球方式跳跃障碍,击打目标球。击球必须从母球的上半圆位置出杆,这样为合法跳跃。若从母球的下半圆位置出杆,铲球以达到跳球目的,属犯规行为。

七、推球

开球后，如花球进袋后，台面球势的位置不理想，选手有一次推杆机会，把球击到另一位置上，母球可不必碰到台边，但推杆前必须先告知裁判或对手，如果选手开球后没有进球，对手击球时若发现台面球势位置不理想，也可采用推球。推球后对手有权不打，则选手必须自己继续打。

八、连续三次犯规

同一局中，选手连续犯规三次，则输掉此局；目标球与台边的距离一球之内时。选手以轻微及合法的方式击球，以两次为限，若选手以相同方式第三次出杆，则三次球全属犯规，输掉此局。选手连续犯规达两次时，裁判或对手应予告知，否则其犯规记录仍为两次。

九、故意犯规

选手每次的击球时间为一分钟，超时为犯规，裁判应在45秒时警告选手。如果第二次超时出杆，裁判可裁定其“故意犯规”。

选手不可用任何东西在台面上做记号，亦不可以用工具测量球与球之间的距离，违反规定可判故意犯规。

故意犯规的处罚：

选手第一次故意犯规时，此次犯规应记录下来并被判丧失该局；当第二次发生故意犯规时，应立即取消其比赛资格。

第十九章　趣味运动

一、拔河比赛

(一)形式:比赛准备时,运动员手持绳直立,比赛预备时,运动员手持绳半蹲,听到比赛信号后身体后倒进行比赛。第一位队员握住靠近2米线外侧的绳子,脚位不能超过2米线;双方队长互相确认准备完毕,分别向裁判作出明确示意。三局两胜。

(二)规则:每局胜负判定:当中心红绳被拉到2米红色线时,即绳子向一方移动2米,判断比赛胜负;如果双方相持不下,则以30秒为限,重新开始比赛;主裁判可视危险程度,宣判进行中的比赛中断,并以绳子中心记号区的位置判定胜负;参赛队员从始至终都由一开始报名的队员参加,不得中途随意换人。

(三)场地和器材:每组一条长约30米的长麻绳,中间系一条红丝带;比赛在硬地上举行;用标记明显划出中间线和两条边线,边线距中间线1米,中心线至两端白色记号线各设定为2米;秒表。

二、心心相印(背夹球)

(一)形式:两端(约20米)各站6人,每端分成3组,每组2人(一男一女),背夹一篮球(或气球),步调一致向前走,到终点后交给下一组,依此类推,直至最后一组到达终点,比赛结束。用时最少者为胜。

(二)规则:向前走时,双手必须在前方,不能碰到球,否则将视为犯规;篮球掉地由2人自行捡起回原位并继续比赛。进行接力时,接力方必须在接力区内完成接力动作。气球落地、夹破都被视为犯规。

(三)场地和器材:划出跑道、起点和终点线;篮球或气球若干;秒表。

三、飞镖大比拼

(一)形式:抽签决定比赛顺序后,依次进行初赛,每位队员射3镖,3×3镖环数之和为该队该项成绩;环数多者胜出。

(二)规则:

1. 飞镖盘为圆环靶,记分为10、25、50、75、100环;
2. 飞镖靶中心离地高度1.7米,飞镖投掷距离2.4米;
3. 每位运动员投7镖,前2镖试投,后5镖计成绩;
4. 掉镖或撞镖均不得分,以全部投完后在镖靶上的成绩为准;
5. 踩线或越线者中镖无效。

场地和器材:飞镖盘;飞镖。

四、纸衣接力

(一)形式:两端(约20米)为起点和终点,各4名参赛者,第一名参赛者从起点出发,将白纸贴在胸前,在奔跑过程中保持不掉,到终点后交给下一组,依此类推,直至最后一组到达终点,比赛结束。用时最少者为胜。

(二)规则:如果白纸掉了要重新捡起继续跑,跑到对面交给第二名参赛者;进行接力时,接力方必须在接力区内完成接力活动。

(三)场地和器材:划出跑道、起点和终点线;白纸或报纸;秒表。

五、抢收抢种

(一)形式:两端(约20米)为起点和终点,参赛者手持装有10个球(乒乓球)的托盘起跑,依次将球放进沿途设置的10个杯子(一次性纸杯)中;跑到折返点后返回,依次将球捡起放回盘中后跑回起点交给队友，依次进行，直到全部参赛者完成比赛；用时最少者为胜。

（二）规则：如果出现乒乓球掉出来，必须捡起重放。

（三）场地和器材：划出跑道、起点和终点线；10 个乒乓球；10 个一次性纸杯；秒表。

六、小马过河接力赛

（一）形式和规则：两端（约 20 米）为起点和终点，两边各站 4 人，对面接力。第一个参赛者从起点用两个游泳圈（或呼啦圈）依次向前摆放，每次参与者的双脚必须踏在圈内，到终点后交给下一参赛者，依此类推，直至最后一名参赛者到达终点，比赛结束。用时最少者为胜。

（二）场地和器材：划出跑道、起点和终点线，两端约 20 米；游泳圈（或呼啦圈）；秒表。

七、跳绳

（一）跳短绳

1. 形式：每人跳 1 分钟；裁判员发令开始比赛；跳绳计数多者为胜。

2. 规则：若中途被拌停，可自行恢复比赛状态，而在此过程中竞赛时间不停，直至比赛结束，按跳跃绳子总次数记入成绩。

如涉及成绩相等，则相关运动员加赛一次，直至决出名次为止。

（二）集体依次跳长绳

1. 形式和规则：2 人摇绳，6 人排纵队按顺序跳绳，每摇 1 次绳，只可 1 名队员跳，比赛开始后采取鱼贯进入的方式（跑动的路线可以不规定，绕 8 字或 0 字均可），每人跳一次后跑出。1 分钟内跳绳计数多者为胜。

2. 规则：队员不能空穿过绳，一名队员不能连续跳 2 次。如果有队员在中途使比赛中断，则此人不记入成绩，从下名队员开始继续比赛，继续记录次数。

（三）集体同时跳长绳

1. 形式和规则：2人负责摇绳，4人同时跳绳，一分钟内跳得多的为胜。

2. 场地和器材：短绳和长麻绳若干；秒表。

八、呼啦圈过山车

（一）形式：10名运动员同时上场站在规定的区域内，手拉手一字排开，队员与队员之间距离1米左右。第一名运动员手持1个呼啦圈，当听到发令号后，利用身体的摆动来移动呼啦圈给下一位队员，依此类推，直到最后一名队员完全摆脱呼啦圈，比赛结束。用时最少者为胜出者。

（二）规则：比赛过程中，当前一名队员完全完成动作后，下一名队员方可进行摆动，其他时间内不得移动身体和脚，其他队员不允许帮助移动呼啦圈，否则将视为犯规。惩罚措施为：第一位置队员完成动作后排在队尾，成为最后一名队员，余下动作规则同上。

（三）场地和器材：呼啦圈；划出规定区域线；秒表。

九、两人三足跑

（一）形式和规则：两端（约20米）为起点和终点。比赛开始前先把每一组队员（最好是一男一女）的左腿和右腿（膝关节以下）分别绑在一起，多组并排一起站在起跑线上，裁判口令后，各队齐出，以到达终点的先后顺序决定名次。本运动也可以为迎面接力，第一组参赛者手拿标志物从起点跑到终点后交给另一组参赛者，依此类推，直至最后一组参赛者到达终点，比赛结束。用时最少者为胜。

（二）场地和器材：划出跑道、起点和终点线，两端约20米；绑腿绳若干；接力的标志物；秒表。

十、十人九足

（一）形式和规则：比赛全程为 30 米，每队 10 人，5 男 5 女交叉排成一横排，相邻的人把腿（膝关节以下）绑在一起，一起走或跑向终点，用时最短的为胜。

（二）场地和器材：划出跑道、起点和终点线，两端约 30 米；绑腿绳若干；秒表。

十一、袋鼠跳

（一）形式：比赛直线距离为 20 米，来回一次是全程。每组队员以接力方式进行比赛，参赛者用大布袋套住下半身，双手提着袋口向前跳。跳到终点后脱下袋子交由队友接力，每位队员必须在前一位队员完成所有路程后才可开始，用时最短的队伍胜出。

（二）规则：比赛过程中，如有摔倒可以自行爬起，但布袋必须始终套在腿上；如有滑落必须重新套上后方可继续比赛。从开始脱下布袋交接，至下一名队员的布袋完全套好前，整个交接过程必须在跑道端线以外进行，不能越线。

（三）场地和器材：划出跑道、起点和终点线，两端约 20 米；大布袋若干；秒表。

十二、同舟共济

（一）形式：3 人的双脚分别穿在同一个“鞋子”上，所有人的左脚固定在一支长条木板上，所有人的右脚固定在另一支长条木板上，这样一队 3 人行走时就必须同时迈动左脚或右脚。然后手扶前面队员一起往前走。10 米直线距离，来回一次为全程。如果途中被绊倒需重新穿好“鞋子”继续比赛，用时最短的队伍胜出。

（二）规则：每队通过终点线的标志是两只脚中较后的一只所在木板的后沿越过终点线。如果某队在比赛中摔倒，可自行爬起，但不得脱离木板。如果某队在比赛中脱离木板，必须在脱离时立即停下，并在重新固定后继续比赛。比赛中各队必须沿本队的跑道线行进，不能越线。如果本队的木板越线，则比赛成绩无效。

（三）场地和器材：划出跑道、起点和终点线，两端约 10 米；特制的长条木板；秒表。

十三、端水梅花桩

（一）形式：两端（约 20 米）为起点和终点，迎面接力。每队 4 人，两男两女，男女间隔。比赛开始后，第一个人从起点处的水桶中向自己的水盆中倒满水，然后端着水盆向终点跑去。到达终点后将水盆中的水倒进下个队员的水盆，再由下个队员完成同一任务。4 个人循环轮流。从开始计时，当起点处的水全部被运送到终点后这一队的比赛完成。当所有队完成比赛后比较每队运到目的地的水量，以多者为胜。当水位相差不足 0.01 米的，用时短的取胜。

（二）场地和器材：划出跑道、起点和终点线，两端约 20 米；装满水的大水桶；水盆若干；障碍物（木板或方砖）；秒表。

十四、自行车慢骑

（一）形式：比赛距离为 20 米，跑道宽度为 1.22 米；比赛使用自行车由大会统一提供，队员不得对比赛用车做任何调整。每位参赛队员需在规定的跑道内骑完全程，不准压跑道线。比赛过程中，运动员（包括自行车）不可以与地面有第三个接触点，否则以触点时的慢骑时间作为比赛成绩。以用时长者取胜。

（二）规则：开始时，运动员必须坐在自行车上，仅可以单脚支撑地面以维持平衡，自行车前轮压在起跑线上，鸣枪后即要撤除支撑（支撑脚离开地面）向前行驶，否则裁判员有权取消其比赛资格，自行车前轮压到终点线即为比赛结束。比赛过程中不得定车，否则裁判员有权终止其比赛。

（三）场地和器材：划出跑道、起点和终点线，两端约 20 米；自行车；秒表。

十五、单人毽子

(一)形式:每组比赛由数人参加,每人一只毽子,比赛场地为硬地,用明显的标记划出一直径为 3 米的圆圈。在 2 分钟时间内连踢毽子次数最多者为胜。

(二)规则:裁判员发令后选手开始抛出毽子,并开始计时。选手在圈内进行比赛。毽子落地后必须用手拾起,从腰部以上重新抛出。每次抛出毽子后,脚每一次接触毽子不计入次数。每次踢起毽子必须高过腰部,否则视为落地。踢毽子过程中选手必须用脚部接触毽子,身体其他部位接触等同于落地。身体任何部位不得越过边界圈,否则视为落地。

(三)场地和器材:比赛场地为硬地,划出一直径为 3 米的圆圈;毽子;秒表。

十六、蒙眼罚篮

(一)形式:分为男子和女子两组分赛。每次 4 名运动员进行比赛,每人 4 个篮球。运动员先看清楚篮筐的方向,待运动员准备好后带上眼罩进行罚篮,每人有十次机会,进球多者胜。

(二)规则:男子在罚球线后就位,女子在罚球线前圆弧线后就位,就位后不得移动。看清篮筐后由裁判员为其配戴眼罩。每个运动员都有十次投篮机会,每次投篮从做出投篮动作并将球投出算完成一次。这十次投篮必须在 3 分钟内完成。超过 3 分钟的不计入成绩。运动员从裁判员手中接球投篮,每次将球投出后裁判应设法尽快将球拾回,保证运动员随时可拿到篮球。此项属于个人参与赛,以十球进多者胜,如有成绩一样的运动员,根据情况加赛。

(三)场地和器材:比赛场地为篮球场;篮球;眼罩;秒表。

十七、三分球大赛

(一)形式:每次 4 名运动员参赛,每人 5 个篮球,各有 5 次机会投篮,投中多者为胜。

(二)规则:每人有五次投篮的机会,分别在0°、45°、90°投篮。每次投篮起跳必须双脚在三分线外,降落可以随意,做出投篮动作并将球投出算完成一次投篮,完成5次投篮必须在一分钟内完成,裁判必须严格执行规则,计时员要在时间还剩10秒钟的时间根据情况给运动员做出提示。如果中篮数相等,则以完成所用时间少者名次位前。

(三)场地和器材:比赛场地为篮球场;篮球;秒表。

十八、滚铁环

(一)形式:甲队员手持木棒插入铁环在线外站立,听到发令后,用木棒推动铁环向终点前行,到线后将木棒和铁环交与线后乙面队友,循环往复,时间最短者获胜。每单位限报两组,每组限报8人,每组队员不可重复。

(二)规程

1. 起点、终点都必须在线外,偷跑者不算成绩;

2. 不可用手推铁环前行,必须用木棒推动铁环,木棒不可离开铁环前行;

3. 铁环若中途倒下,须在原地扶起后方可前行。

十九、坐花轿

(一)形式:甲面3位队员两人双手抬起小木板凳,一位队员坐在小木凳上双手扶在两位抬凳队员的肩上快步前行,将板凳交给乙面三位队友,循环往复,时间最短者获胜。每单位限报两组,每组限报12人,每组队员不可重复。

(二)规程

1. 起点、终点都必须在线外,偷跑少跑者不算成绩;

2. 若中途落下或摔倒,需原地爬起后继续前行。

参考文献

[1] 田径竞赛规则(2008). 北京:人民体育出版社,2008.
[2] 谢慧耘. 田径教学文件的制定与范例. 北京:北京体育出版社,2010.
[3] 篮球规则. 北京:光明日报出版社,2007.
[4] 中国排球协会. 排球竞赛规则2005—2008. 北京:人民体育出版社,2006.
[5] 高子琦. 排球裁判法图解. 北京:北京体育大学出版社,2002.
[6] 唐奎. 排球竞赛裁判手册. 北京:人民体育出版社,2001.
[7] 赵青,孙平,刘立君. 软式排球. 北京:北京体育大学出版社,2009.
[8] 赵青. 沙滩排球. 北京:北京体育大学出版社,2009.
[9] 何志林. 大众足球. 北京:人民体育出版社,2008.
[10] 中国足球协会审定. 足球竞赛规则2009/2010. 北京:人民体育出版社,2009.3—91.
[11] 中国足球协会. 足球竞赛规则1999. 北京:人民体育出版社,1999.
[12] 中国足球协会裁判委员会. 足球竞赛规则与裁判法分析. 北京:人民体育出版社,1999.
[13] 何志林,杨一民. 足球. 北京:人民体育出版社,1991.
[14] 孙克成,冯振旗. 大学体育. 北京:航空工业出版社,2008.
[15] 中国羽毛球协会. 羽毛球竞赛规则. 北京:北京体育大学出版社,2008.
[16] 林晓彦. 乒乓球入门. 合肥:安徽科学技术出版社,2002.
[17] 蔡继玲,吴修文. 乒乓球. 北京:北京体育大学出版社,2002.

[18] http://zhidao.baidu.com/question/87539190.html? si=1

[19] 陶志翔．网球裁判必读．北京：北京体育大学出版社,1998

[20] 网球竞赛规则．国家体育总局网球管理中心2005年．

[21] 孙卫星．网球裁判双语教程．北京：北京体育大学出版社,2006.

[22] 徐中秋,邱建钢．中国学生健身健美操竞赛评分规则(第三版).2008.

[23] 杨晓捷,周子华．新健美操教程．南京：河海大学出版社,2003.

[24] 张燕．形体健美．合肥:合肥工业大学出版社,2003.

[25] 李育林．健与美教程．南京:南京大学出版社,2002.

[26] 秦文明．体育舞蹈．合肥:合肥工业大学出版社,2003.

[27] 国家体育总局武术管理中心审定．木兰拳规定套路．北京:人民体育出版社,2000.

[28] 国家武术协会审定.1996年武术套路竞赛规则．

[29] 国家武术协会审定.2003年武术套路竞赛规则．

[30] 中国跆拳道协会．跆拳道竞赛规则及解释(竞技).2009.

[31] 中国跆拳道协会．跆拳道竞赛规则.2003.

[32] 中国跆拳道协会．中国大众跆拳道教程．北京:人民体育出版社,2009.

[33] 吴寿章．体育竞赛规则汇编．北京:北京体育大学出版社,1998.

图书在版编目(CIP)数据

全民健身竞赛简明裁判法/季汝元，袁同春主编．—合肥：合肥工业大学出版社，2011.4

ISBN 978-7-5650-0377-6

Ⅰ.①全… Ⅱ.①季… Ⅲ.①全民体育—体育运动——裁判法

Ⅳ.①G811.31

中国版本图书馆 CIP 数据核字(2011)第 026820 号

全民健身竞赛简明裁判法

季汝元　袁同春　主编　　　　责任编辑　陆向军

出版	合肥工业大学出版社	**版次**	2011年4月第1版
地址	合肥市屯溪路193号	**印次**	2011年4月第1次印刷
邮编	230009	**开本**	880毫米×1230毫米　1/32
电话	总编室：0551-2903038	**印张**	12
	发行部：0551-2903198	**字数**	296千字
网址	www.hfutpress.com.cn	**印刷**	安徽江淮印务有限责任公司
E-mail	press@hfutpress.com.cn	**发行**	全国新华书店

ISBN 978-7-5650-0377-6　　　　定价：25.00元